ERRATA

Page 2, 7e ligne. — Au lieu de « Voir annexes de 1 à 14 », lire « Voir annexes I, II, III, IV ».

Page 11, 18e ligne. — Au lieu de « signal de terres prochaines », lire « signal des terres-prochaines ».

Page 17, 13e ligne. — Au lieu de « voir annexe 14 », lire « voir annexe IV ».

Page 29, 34e ligne. — Au lieu de « l'inégalité des profils », lire « l'inégalité des profits ».

Page 44, 6e ligne. — Au lieu de « provoquaient un éclat trompeur », lire « provoquaient d'un éclat trompeur ».

Page 47, 37e ligne. — Au lieu de « Annexe 16 », lire « Annexe VI ».

Page 48, 8e ligne. — Au lieu de « Annexe 15 », lire « Annexe V ».

Page 57, 1re ligne. — Au lieu de « 1.600 piastres », lire « 16.000 piastres ».

Page 59, 4e ligne. — Au lieu de « que le Vice-Consul fut appelé », lire « que le Vice-Consul fut appelé à Santiago ».

Page 59, 10e ligne. — Au lieu de « An 32 à 38 », lire « An XX ».

Page 74, 20e ligne. — Au lieu de « Annexe 18 », lire « Annexe VIII ».

Page 73, 18e ligne. — Au lieu de « Annexe 20 », lire « Annexe X ».

Page 74, 20e ligne. — Au lieu de « Annexe 22 », lire « Annexe XI ».

Page 74, 17e ligne. — Au lieu de « An 21 », lire « An XII ».

Page 78, 33e ligne. — Au lieu de « Le Ministre de France arguerait-il quelque difficulté », lire « le Ministre de France arguerait-il de quelque difficulté ».

Page 82, 30e ligne. — Au lieu de « Vous leur imposez », lire « Vous la leur imposez ».

Page 84, 5e ligne. — Au lieu de « Annexe 24 », lire « Annexe XIV ».

Page 87, 5e ligne. — Au lieu de « soutenus », lire « compromis ».

Page 110, 29e ligne. — Au lieu de « Annexe 28 », lire « Annexe XVII ».

Page 112, 3e ligne. — Au lieu de « Annexe 29 », lire « Annexe XVIII ».

Page 165, 27e ligne. — Au lieu de « qui les débarquent », lire « qui le débarquent ».

Page 181, 13e ligne. — Au lieu de « garantissait », lire « garantirait ».

Page 184, avant-dernière ligne. — Au lieu de « accordé ou garanti », lire « accordé au garanti ».

Page 205, 41e ligne. — Au lieu de « An. 40 », lire « An XXVI ».

Page 275, 21e ligne. — Au lieu de « suppression », lire « suspension ».

(1) NOTE. — Aux annexes documentaires, j'ai quelquefois assemblé sous un même chapitre, pour des raisons de méthode et de clarté, des documents qui portaient des numéros différents au moment où s'imprimait la relation de voyage proprement dite. Aussi les numéros des renvois ne correspondent-ils pas exactement aux numéros des Annexes. Mais la recherche des documents est très facile; il n'y a pour ainsi dire pas de recherche à faire, surtout si l'on tient compte des rectifications de cette page.

RELATION

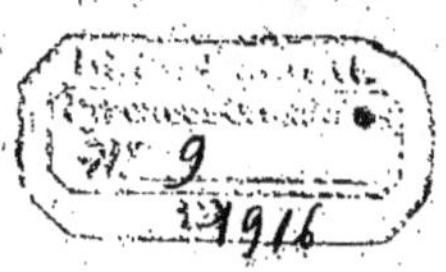

DE VOYAGE

AU CHILI

AVANT-PROPOS

Ces pages ont été écrites sans haine ni passion.

Si elles n'ont pas d'autre mérite il suffira qu'elles en aient un : elles disent la vérité.

J'ai dénoncé une forme particulièrement grave du favoritisme administratif : celle qui consiste à aggraver ce favoritisme d'une sorte d'aberration du sentiment patriotique et à favoriser le favoritisme en l'abritant sous le drapeau.

J'étais allé à Iquique pour y fonder et diriger un collège sous les auspices de l'Alliance Française.

C'était une œuvre patriotique pour laquelle je m'étais imposé de lourds sacrifices.

Quelque modeste que fût cette œuvre elle avait pour la patrie l'intérêt d'une expérience. Une expérience de cette nature est toujours intéressante, même quand elle ne réussit pas, parce qu'on peut voir comment elle échoue et quelles fautes la font échouer.

Le collège français d'Iquique était la première entreprise française de cet ordre au Chili.

Or, le Chili est un pays germanisé et il faudrait essayer de soustraire cette ancienne colonie espagnole au germanisme envahissant : cela est possible, car le Chili parle encore l'espagnol et il porte endormies mais vivantes les sympathies latines.

Dans ma modeste sphère d'action je me suis heurté au privilège de protection internationale particulière de l'Alliance Française.

Ce livre a été écrit non point pour protester contre le Privilège de l'Alliance Française mais pour en signaler une modalité inacceptable qui est acceptée par le ministère des Affaires Etrangères.

L'Alliance Française pour le développement de la langue française à l'étranger rend à la patrie des services considérables.

Elle rendrait à la patrie des services plus considérables si elle renonçait au bénéfice de certaines manières de faire qui procèdent d'un patriotisme très spécial.

L'Alliance Française rendrait à la patrie des services beaucoup plus considérables si elle comprenait qu'elle peut laisser employer par ses comités des « moyens commerciaux » pour fonder des écoles, mais qu'elle ne doit pas, parce qu'elle est une société patriotique, laisser employer tous les moyens commerciaux.

Partout où elle enseigne le parler de France, l'Alliance Française devrait faire éclater les mérites français et notamment l'amour de la France pour le travail dans la paix bienfaisante du droit. Il y a des libertés qu'il faut qu'elle respecte. Il y a des traditions qu'il faut qu'elle continue. Sa nationalité même lui impose des obligations auxquelles elle ne saurait se soustraire sans danger pour la patrie.

L'Alliance Française, ainsi qu'on le verra par la lecture de mon exposé, a été protégée, par les services de Protection Française au Chili, comme elle ne devait pas être protégée. Elle a accepté, elle aussi, cette protection.

Elle était censée représenter les intérêts de la patrie. En réalité, elle représentait des intérêts divers qui n'étaient que de petits intérêts de personnes habilement dissimulés sous les plis du Drapeau.

Or, il est désirable que le mandat public de Protection Française à l'étranger protège à la fois les intérêts des particuliers et l'intérêt de la patrie ; mais il est inadmissible que des droits essentiels soient sacrifiés à des intérêts personnels sous le couvert de l'intérêt patriotique mal entendu.

Je n'ai pas voulu me livrer à des attaques personnelles. Si je m'y suis livré parfois, c'est parce que j'ai été forcé de me défendre. Mais je ne parle pas de la vie privée et quand je parle de faits personnels, il ne s'agit que de faits qui sont en même temps des actes de fonction.

Dès l'instant qu'il s'agit d'actes de fonction, j'ai le droit de les critiquer publiquement parce qu'ils engagent la responsabilité de l'Etat autant que la resposabilité personnelle des fonctionnaires et tombent sous la libre censure du citoyen libre d'une libre République.

Ceci dit, je m'excuse de n'avoir pas fait dans cette publication una part plus large aux choses d'ordre général.

Si M. Foncin le géographe qui a fondé l'Alliance Française, était allé à la pampa chilienne. il en aurait rapporté des renseignements géographiques.

Mais je ne suis pas géographe

Au surplus, si M. Foncin. était allé à la pampa chilienne il y eût trouvé auprès de la Protection Française des facilités d'information qui m'ont fait défaut, puisque, de Paris même et sans s'imposer comme moi un déplacement pénible et coûteux, M. Foncin a pu, avec son Alliance Française, monopoliser la Protection Française au Chili.

La Protection Française au Chili ayant été monopolisée au profit de l'Alliance Française je n'ai même pas pu m'informer auprès de la Protection Française sur les lois chiliennes dont j'avais à me servir et sur beaucoup d'autres choses que je désirais étudier.

Si donc quelqu'un regrette que je n'aie pas écrit sur le Chili un livre plus substantiel. je suis sûr qu'il fera retomber sur l'Alliance Française et la Protection Française tout le poids de ses regrets.

Je m'excuse aussi de n'avoir pu, à cause du temps qu'on m'a fait perdre depuis deux ans. soigner dans tous les détails la composition de ce livre. Du reste la Relation de voyage est un genre libre qu'on ne saurait soumettre à toutes les rigueurs de la composition sans violenter la nature des choses.

Relation

de Voyage au Chili

<table>
<tr><td>

</td><td>

Au 15 Décembre 1912, un membre du Comité de l'Alliance Française d'Iquique me demanda, au nom de cette Association, si je n'accepterais pas de venir fonder et diriger un Collège français dans le grand port salpêtrier de la province de Tarapaca

</td></tr>
</table>

L'Alliance Française d'Iquique était bien présentée.

Le vice consul de France était Président d'honneur. Les. plus hautes personnalités de la ville faisaient partie du Comité.

La profession de foi était intitulée, en grosses lettres :

ALLIANCE FRANÇAISE

Au siège social de l'Alliance Française, 186, boulevard Saint-Germain, à Paris, le Comité de l'Alliance Française d'Iquique était reconnu.

Le Bulletin de l'Alliance Française célébrait la reconstitution, sous l'heureuse initiative du vice-consul de France, du Comité de l'Alliance Française d'Iquique. Soixante capitaines de voiliers français en rade d'Iquique avaient spontanément adhéré à cette œuvre.

Après avoir échangé une série de câblogrammes avec le Président du Comité de l'Alliance Française d'Iquique, je fixai mon départ au 26 janvier 1913. (Voir annexes, de 1 à 14).

❀ ❀ ❀

Départ pour IQUIQUE — Pour aller à Iquique on passe par Panama ou par Magellan.

On peut aussi prendre le bateau jusqu'à Buénos-Ayres, le chemin de fer transandin de Buénos-Ayres à Valparaiso et reprendre la voie de mer jusqu'à Iquique.

Via Panama, il faut de 18 à 20 jours pour aller à Colomb, trois heures pour couper l'isthme en chemin de fer (le canal n'était encore pas ouvert) et onze jours de Panama à Iquique.

Via Magellan, la durée du parcours est de 40 à 45 jours.

Via Cordillère, on fait le voyage de La Rochelle à Buénos-Ayres en une vingtaine de jours, on s'arrête deux ou trois jours à Buénos-Ayres, en attendant le départ du transandin qui quitte Buénos-Ayres pour Valparaiso tous les lundi et vendredi, on passe 36 heures dans le transandin, on séjourne encore trois ou quatre jours à Valparaiso jusqu'au prochain courrier pour le nord et on va de Valparaiso à Iquique en une semaine.

Le trajet via Magellan, qui est le plus long, est le plus économique et le moins fatiguant. C'est celui qui évite le plus d'ennuis pour le transbordement des bagages et les formalités d'enregistrement et de douane. Au moins est-on tranquille, une fois qu'on est monté sur le paquebot, jusqu'au jour du débarquement.

Muni d'un billet de passage par Magellan, je quittai Paris le 20 janvier pour rejoindre à La Rochelle, quelques jours après, le paquebot « Orita » de la Pacific Steam Navigacion Co, qui devait quitter Liverpool le 24 à destination de Callao. Iquique était un des derniers ports de la traversée. Je partirais de La Rochelle le 26 janvier pour être à Iquique le 8 mars.

❀ ❀ ❀

LA ROCHELLE   Le 26 janvier au matin j'arrivai à La Palice, port de la Rochelle où l'*Orita* faisait escale.

J'étais tout heureux d'aller fonder un Collége français au Chili.

D'aller servir la France en terre lointaine, en pays fraternel d'ailleurs — car les Chiliens sont des latins de par l'Espagne — d'aller collaborer à l'œuvre si admirable de l'Alliance Française, d'aller faire aimer par les Espagnols d'Amérique notre parler de France qui a les mêmes origines que leur parler d'Espagne, d'aller faire des cours et conférences et communiquer un peu de notre pensée, de notre idéal à des hommes que des affinités de cœur et d'esprit rapprochaient de nous et désignaient naturellement pour une expérience qui me paraissait tout à fait simple, bref d'aller accomplir là-bas, au fond des sables, une tâche intéressante et utile à mon pays, cela me remplissait d'allégresse et d'espoir.

Il y avait aussi pour moi des avantages matériels que je prenais en considération.

L'ouverture d'un Collège français à Iquique, l'ouverture d'un Collège français au milieu de ce campement d'industriels qui avaient là des mines de salpêtre et des maisons de bois et qui manquaient de bonnes écoles pour leurs enfants, cela voulait dire, par les renseignements qui sortaient du Consulat de France, c'est-à-dire d'une maison officielle d'information et de protection, cela voulait dire clairement succès certain dès le principe, bonne aisance immédiate et fortune indubitable en peu d'années ?

La côte de Charente, d'ordinaire si grise et désolée près des rochers de La Palice, était, ce matin-là, toute fleurie de lumière. Le soleil était d'une blancheur éclatante, le cristal pleuvait sur les eaux, l'atmosphère avait une transparence provençale et c'était jusqu'aux bords de l'Atlantique comme une prolongation du charme méditerranéen.

Un homme s'approcha et me dit qu'il était un spécialiste de la mise en cale des bagages. Je lui remis mon billet de passage pour l'accomplissement des formalités nécessaires.

Quand il en eut fini avec la mise en cale, il prit sur ses
épaules la malle-cabine qui restait et se dirigea vers l'escalier d'entrée du paquebot.

A bord, un garçon de cabine, britannique d'aspect aussi
bien que de race, me conduisit jusqu'à la cabine dont le
numéro était indiqué sur le billet de passage. Il y avait dans
la cabine quatre couchettes, quatre porte-manteaux, quatre
ceintures de sauvetage, une table de toilette, une glace, une
lampe électrique et un ventilateur.

Quelques minutes après, je faisais le tour du bateau, en
attendant l'heure du déjeûner. C'était confortable et reluisant.
Le réfectoire offrait l'aspect d'une salle de restaurant parisien. A la cuisine, il y avait des piles d'assiettes sur une table
et toute une rangée de marmites sur le fourneau.

Il y avait un piano au salon. La musique est le seul moyen
d'expression du sentiment et de l'idée qui permette de saisir
et de fixer pour soi-même et pour autrui, par le son qui
l'extériorise, quelques-unes des plus délicates nuances de
l'émotion intérieure. Puisqu'on avait un piano et probable-
ment des pianistes, on aurait sans doute le plaisir d'écouter
de la musique pendant la traversée.

Pendant le déjeûner, avant le départ du paquebot, je fis
quelques connaissances.

C'était l'Angleterre qui dominait, naturellement, parmi les
passagers. Mais l'Italie, la Suisse, la Belgique et la France
étaient représentées.

L'*Orita* ne put lever l'ancre qu'assez tard dans l'après-
midi, à la marée montante.

Accoudés à la balustrade du pont, nous regardions s'en-
fuir les dernières maisons de France. La mer était engageante. L'*Orita* glissait comme un cygne. Les bouffées d'air
marin étaient encore chargées des douceurs de la terre. Mais
bientôt l'*Orita* fut au large, la terre disparut, le soleil se
couchait, les eaux étaient rouges et frémissantes et l'ombre
bientôt envahit tout. Les espoirs d'outre-mer flottaient dans
l'atmosphère.

A 7 heures du soir, il n'y avait plus personne sur le pont.

L'*Orita* marchait à sa vitesse normale, c'est-à-dire à douze
ou quatorze nœuds à l'heure.

Après le repas, on alla au fumoir, puis au salon.

Vers 10 heures, presque tous les passagers regagnèrent leurs cabines.

Les couchettes sont étroites, mais on y dort assez bien.

La mer était un peu houleuse dans le golfe de Gascogne. L'*Orita* dansait un peu, mais ce n'était rien, c'était peu de chose, on avait un peu de malaise et voilà tout.

V I G O Nous fîmes notre première escale à Vigo, où nous arrivâmes le 27 janvier vers 11 heures du soir.

L'*Orita* resta à un mille de la terre et ne devait s'arrêter que quelques heures pour l'embarquement et le débarquement.

On distinguait très vaguement, dans le lointain, comme une grosse masse brune tachetée de blanc. C'était une montagne qui gardait le sommeil d'un troupeau de maisons.

Des lumières étaient piquées çà et là, mais aucun bruit ne montait de la ville et c'est à peine si l'on entendait contre les rochers du rivage le clapotement monotone des vagues dans la nuit.

Quelques passagers montaient.

L'embarquement des bagages était rapide.

Le débarquement ne comprenait guère autre chose que les sacs du courrier et quelques ballots de marchandises.

L I S B O N N E Le lendemain matin, au lever, on était en route pour Lisbonne, où nous arrivâmes le 29 janvier.

Vue du large, Lisbonne, avec ses maisons à toits rouges, est comme une immense robe de cardinal étalée sur le rivage; la robe fait des plis à cause des mamelons et des vallées.

Je n'ai pas eu le temps de visiter Lisbonne, car l'*Orita* ne faisait qu'une courte escale et je ne disposais que d'une heure pour une promenade au hasard de mes jambes.

L'intérieur de la ville a des rues étroites et montueuses où les tramways à crémaillère remplacent souvent les tramways à traction animale.

Il y a peu d'animation, même sur l' « Avenida Palace » qui est une des avenues les plus réputées de la ville et dans la « Rua de Ouro » qui est une des rues les plus fréquentées.

Les mendigots sont innombrables. Ils sont tous va-nu-pieds, vu que, disent-ils, les souliers sont dans les pays chauds comme un meuble inutile ! L'explication me plaît : elle est stoïque. Invoquer la chaleur et non pas la misère, remercier la bonne nature de dispenser du superflu au lieu d'accuser le désordre humain de vous empêcher de compléter votre nature quand votre nature se suffit à elle-même sans inutile complément, c'est la beauté dans la sagesse, c'est Diogène ressuscité...

Telles sont les réflexions auxquelles je me livrais en traversant, pour regagner l'*Orita*, la grande « Place du Commerce » que décore une belle statue de José Ier.

Que peut-on dire d'une grande ville où on a passé une heure au cours d'un voyage fatigant, quand on note ses souvenirs un an après ? Rien ou presque rien. Je me rappelle seulement que dans l'ensemble, et réserve faite pour les détails que je n'ai pas vus, Lisbonne ne m'a pas laissé cette impression de ville d'art et de beauté que Paris produit toujours sur l'étranger de passage. Ce qui m'a le plus impressionné à Lisbonne, c'est la superbe tache rouge que la ville fait près des eaux grises du Tage ; nulle part on ne voit tant éclater le rouge.

A Lisbonne, je connus les premiers ennuis du change :

La pièce de 20 fr. y vaut théoriquement 4000 reis, mais en fait on la paye seulement de 3600 à 3800 reis, c'est-à-dire qu'en échange d'une pièce d'or de 20 fr. on vous donne 18 pièces de 200 reis ; chacune de ces pièces correspond à la pièce en argent de 1 fr. de notre monnaie. En réalité, on perd 2 fr. sur un louis de 20 fr.

J'ajoute, et je ne fais là que répéter ce qu'on m'a dit, mais l'expérience m'a fait constater qu'on avait eu raison de me le dire, que lorsqu'on voyage à l'étranger, il faut se munir de monnaie d'or et de préférence de livres sterling. La monnaie de papier réserve de cruelles déceptions, car on est exploité par les changeurs.

Quant à la monnaie d'argent et autres monnaies de billon. ou de nikel, elles n'ont aucune valeur d'échange en dehors du pays où elles ont été émises.

Jusqu'à Lisbonne on avait suivi les côtes sans les voir, car le paquebot passait au large.

Après Lisbonne, d'où nous partions le 29 janvier au soir, le paquebot prit la haute mer et se dirigea vers les îles Canaries.

LAS PALMAS — Le 31 janvier, nous étions à Las Palmas.

Des femmes du peuple, coiffées de foulards multicolores, venaient vendre à bord des dentelles, des cartes postales et des cigares. Toutes étaient misérablement vêtues et disaient qu'on était très pauvre dans le pays.

Lss émigrants affluaient. Presque tous allaient en République Argentine où on les utilise principalement aux travaux de l'agriculture.

Le paquebot chargeait pendant ce temps du charbon et des denrées alimentaires.

SAN VINCENTE — Le 3 février, nous fîmes escale aux îles San Vincente. Les nègres arrivaient jusqu'à l'*Orita* dans de petites barques de pêcheurs pour vendre aux passagers quelques chapeaux de paille. D'autres restaient dans les barques et attendaient qu'on leur jetât des sous dans la mer ; ils plongeaient aussitôt et revenaient sur l'eau avec leur sou entre les dents.

Je descendis à terre pour voir un peu comment vivait cette population.

Elle habite des taudis infects, construits avec de vieilles planches et recouverts de chaume. Il n'y a généralement qu'une pièce au rez-de-chaussée qui sert d'abri à une nombreuse famille. Nourriture presque exclusive : les produits de la pêche et les bananes. Vêtements rudimentaires pour les grandes personnes et nudité de règle jusqu'à douze ou treize ans.

Sur la place du marché de vieilles négresses vendent du poisson, de la viande et des fruits. Elles ont le visage renfrogné, le regard noir et triste, le nez ratatiné et la bouche tordue. Elles fument la pipe. Si la pipe s'éteint, elles la renversent, secouent la cendre et demandent du tabac qu'on ne leur refuse point.

Dans les rues, on voit des négrillons et des négrillons, et puis encore des négrillons. Quelle abondante progéniture !...

Les plus petits, ceux qui ne savent pas marcher encore, sont enveloppés dans un grand linge et suspendus en bandoulière au dos de leur mère. Et c'est un spectacle merveilleux dans sa simplicité que celui de ces pauvres négresses qui portent deux fois le fruit de leur chair et le portent encore avec tant de fierté, avec une gaîté si touchante et si douce que la maternité semble être tout le ciel qu'elles ont sur cette terre.

Quand les petits négrillons savent marcher, leurs mères les lâchent sur les passants.

« Ho señor una peseta » ; c'est le premier mot qu'ils savent dire.

Et ils se cramponnent après vous et leurs camarades arrivent après eux et ils vous remplissent les oreilles de leurs doléances et de leurs requêtes. Quand on leur a donné des sous ils demandent des pièces, ou bien ils réclament des cigarettes, ou bien ils offrent de vous en vendre en vous les faisant payer quatre fois plus cher qu'elles ne valent.

Un policeman arrive avec un fouet pour les disperser. Alors, on les voit fuir à toutes jambes comme des lapins noirs effarés. Mais quand le policeman a tourné le dos, les lapins sont revenus. Le policeman insiste avec son fouet. Pour les soustraire à la police, on est obligé de leur jeter des sous dans la mer : ils font aussitôt un plongeon et nagent à la barbe du policeman comme des grenouilles. Je m'excuse de comparer ainsi des êtres humains à des animaux inférieurs mais je ne trouve pas de comparaison qui exprime mieux la vérité des choses.

J'ai visité en passant une école portugaise dirigée par des dames. C'était une pauvre école où ces saintes femmes exerçaient un apostolat. Elles me disaient que le nettoyage des négrillons était à la base de l'œuvre scolaire. Quand ces mioches sortent de l'eau où ils passent une bonne partie de leur temps, ils vont se rouler dans la poussière parce qu'ils n'ont pas de serviette pour s'essuyer et c'est pourquoi ils sont toujours sales. On leur apprend à lire, écrire et compter. Avec quelques sujets, on obtient de bons résultats. Mais il est malaisé d'assurer la fréquentation scolaire. Les négresses ne peuvent pas surveiller tous les enfants qu'elles ont. Les négrillons vont à l'école quand çà leur plaît. D'autre part l'école n'étant pas gratuite, beaucoup de mères sont gênées pour payer la modeste contribution scolaire mensuelle qu'on leur demande. L'école fonctionne quand même de mieux en mieux grâce au zèle des directrices.

Les îles Saint-Vincent sont à peu près incultes ; elles ne servent guère que de point de ravitaillement pour le charbon aux nombreux paquebots qui passent là. Les nègres sont employés aux travaux de transport du charbon et n'ont pas d'autre occupation sérieuse.

L'une des îles pourtant, l'île San Antonio que nous n'avons pas vue, aurait une terre assez fertile et produirait en assez grande quantité les fruits des pays chauds, particulièrement les oranges, les ananas et les bananes.

La différence de climat entre les îles Saint-Vincent et la France que nous avions quittée depuis une semaine est considérable: nous étions encore en saison froide à La Rochelle ; on avait le climat tropical aux îles Saint-Vincent.

La chaleur devenait de plus en plus chaude à mesure que nous descendions vers l'Equateur.

Entre les îles Saint-Vincent et Pernambuco une piscine fut improvisée sur le pont à l'aide de quelques planches qui servaient de barrage. L'eau de la mer remplit bientôt la piscine et on put se baigner matin et soir.

Beaucoup de passagers eurent le mal de mer pendant cette période du voyage. C'est un mal difficile à définir. On a du brouillard dans la tête et un grand trou au fond de l'âme, mais tout cela est bien différent des manifestations analogues qui peuvent se produire sur terre et jamais on ne comprend mieux que pendant la durée de ce phénomène *sui generis* les paroles si profondément vraies de Pascal : « L'homme n'est qu'un roseau, le plus faible, le plus calamiteux de la nature... mais c'est un roseau pensant.

Il y avait des Royalistes à bord	A Lisbonne il était monté quelques Portugais qui parlaient leur langue nationale et aussi la

langue espagnole qui ne diffère pas beaucoup de la langue portugaise. Ils étaient venus occuper à notre table des places restées libres, et, pendant le repas, ils nous enseignaient le vocabulaire castillan, harmonieux et sonore. Ils nous parlaient quelquefois de la République de leur pays. Ils nous en parlaient comme d'une chose dangereuse. Ils étaient hommes de tradition et d'autorité. Ils avaient le regret du passé qui s'en va. Ils aimaient la monarchie. Ils l'aimaient avec la logique du cœur. Ils l'aimaient « afin d'être fidèles à leurs principes », c'est-à-dire à leurs sentiments. Fidélité respectable entre toutes !

Nous nous efforcions à calmer leurs regrets, en leur disant que la monarchie avait pu rendre des services en Portugal comme partout et qu'on devait en conséquence avoir pour elle la reconnaissance du souvenir, mais que la République méritait confiance et espoir, car l'avenir était à elle dans toutes les nations.

Nos contradicteurs étaient forcés en somme de reconnaître que la monarchie avait fait son temps, qu'elle était le régime des âges révolus.

Ils étaient forcés de reconnaître que la philosophie de 89, d'où la conception républicaine des temps modernes nous est venue, repose pour les nations sur des nécessités vitales, qu'elle traduit les exigences définitives et les commandements impérieux de la conscience des peuples. Mais ils objectaient que la forme du gouvernement n'est après tout qu'une forme et que la monarchie anglaise, par exemple, est républicaine dans ses principes, ses traditions et ses allures, tandis que beaucoup de Républiques de nom sont monarchiques de fait. Et ils pensaient que la République n'est acceptable que sous l'habit du monarque qui représente le Passé dans le Présent et unit l'un à l'autre dans l'histoire. La forme monarchique d'ailleurs leur paraissait comme un régulateur des libertés publiques dont ils se méfiaient car ils accusaient la Révolution Française qui les a données au monde de n'avoir pas prévu qu'elles ne suffiraient point à le transformer, de n'avoir pas prévu qu'au régime du roi qui gouverne le peuple se substituerait sans doute, avec l'abus des libertés, le régime du peuple qui croit gouverner tout et ne gouverne rien, esclave rejetant les chaînes imposées pour se jeter ensuite à de nouvelles chaînes, esclave maintenant des maîtres qu'il choisit, esclave de lui-même et de ses libertés.

Nous gagnions nos contradicteurs à la cause républicaine en leur disant que d'habiller en monarchie vétuste la jeune République florissante et belle n'était qu'accoutrement, n'était que dérision, que pour le reste le peuple, encore mal discipliné se ferait à lui-même une discipline et qu'il réaliserait ses virtualités, mais dans la République seulement, par l'exercice de plus en plus correct de la souveraineté nationale et par la pratique de plus en plus attentive des devoirs et des vertus civiques qui sont l'indispensable complément des libertés populaires.

❀ ❀ ❀

Les Mouettes — Les mouettes avaient accompagné l'*Orila*. Elles ne vont pas bien loin des terres. Elles préfèrent rester dans les ports où elles trouvent leur nourriture dans les débris d'aliments jetés par les navires. Mais elles suivent volontiers sur une distance de plusieurs milles les paquebots en partance, puis s'en retournent avec les paquebots qui rentrent : elles sont pour eux le signal de terres prochaines. Elles volent à une vingtaine de mètres au-dessus du niveau de la mer. Elles ont un beau plumage blanc, des ailes épaisses et larges, un bec très long et un regard expressif et perçant. Si on jette un morceau de pain, elles l'aperçoivent très vite, descendent en vol plané et attrapent toujours le morceau.

A une demi-journée du port, il n'y avait plus de mouettes.

❀ ❀ ❀

Les Poissons volants — Il y avait des poissons volants. Ils sont tout au plus gros comme des sardines, mais ont des nageoires aussi longues que leur corps : ces nageoires leur servent d'ailes ; ils les agitent avec une grande rapidité pour se soutenir dans l'air, à fleur d'eau, sur d'assez longues distances, afin d'échapper à la poursuite des gros poissons voraces.

❀ ❀ ❀

Les Marsouins — Nous regardions aussi sauter les marsouins.

Ils rappellent le jeu de saute-mouton ; ils s'élancent, font des bonds d'un mètre cinquante au-dessus de l'eau, plongent, nagent à une profondeur de deux mètres pendant une ou deux minutes et sautent encore pour plonger de nouveau. Ils vont deux par deux, côte à côte, et forment parfois des groupes assez nombreux.

On parlait de requins et de baleines. On n'en voyait pas. Les baleines ne sont pas dans ces parages ; elles se font de plus en plus rares d'ailleurs, un peu partout. Quant aux requins, nous les verrions sans doute à Pernambuco.

L'*Orita* fonçait sur Pernambuco à la vitesse maxima.

La mer était brûlante. Dès l'aube et jusqu'au soir le soleil surchauffait l'atmosphère. Il n'y avait pendant le jour aucune variation dans cet embrasement. La fraîcheur ne montait qu'à la nuit.

* * *

UNE FOURNAISE Alors, dans la cabine c'était encore une fournaise ; la lucarne restait ouverte et le ventilateur fonctionnait sans interruption, mais l'air ne se renouvelait pas assez vite. On était forcé de déserter la place. On montait sur le deuxième pont pour y dormir au frais sur les chaises pliantes, les hamacs ou les bancs. Les étoiles éclataient, la lune était dorée et le ciel tropical d'une douceur exquise. Mais le vent du large piquait trop et il fallait encore regagner la cabine.

Les jours passaient.

Les distractions n'étaient pas très variées. On grillait des cigarettes, on jouait à la manille, au bridge ou au poker, on lisait, on causait, on rêvait.

Pour que le temps paraisse moins long en mer, le régime des paquebots anglais multiplie les repas. On prend le petit déjeûner à 8 h. 1/2 ; on fait un repas plus copieux à midi 1/2 ; on collationne à 4 h.1/2. Le principal repas est servi à 6 h.1/2. Thé à 8 heures et musique le soir au salon.

Bientôt nous eûmes franchi l'Equateur.

* * *

PERNAMBUCO Mais la température était toujours très élevée et nous arrivâmes à Pernambuco sous un ciel de feu, après une semaine de pleine mer.

C'est ici que commence l'Amérique. Pernambuco est là comme un défi du Nouveau-Monde à la vieille Europe.

Nous n'avions pas vu dans les environs les requins dont on nous avait parlé. Il y en a beaucoup cependant, à certaines époques, dans cette partie de l'Atlantique.

La terre d'Amérique n'impressionne pas à Pernambuco. Elle manque tout à la fois de charme et de grandeur. Elle est quelconque. On n'aperçoit que des rochers pelés et gris. La mer est agitée et écumeuse à cause des vagues qui se brisent contre les récifs de la côte.

Dans les eaux de Pernambuco, le paquebot est une balançoire. Il s'enfonce à gauche, se relève à droite pour s'enfoncer de nouveau à droite et se relever à gauche ; c'est le mouvement perpétuel Les vagues lancent contre les flancs de l'*Orila* les petits canots qui attendent les passagers ; ceux-ci s'aventurent dans l'escalier de sortie au moment où il est en haut, puis, quand ils ont descendu six marches, ils sont obligés de faire un saut périlleux dans le canot pour ne pas prendre un bain complet d'eau salée ; c'est très rare qu'ils échappent à un bain de pieds et de jambes. De la balustrade du pont, on s'amuse à regarder ce pauvre monde.

❀ ❀ ❀

B A H I A   Il y a plus de fertilité, une vie naturelle plus puissante à Bahia qu'à Pernambuco. Les cocotiers, les bananiers, les palmiers, les arbres à pin, le caféier, la canne à sucre font la richesse du pays. La terre est couverte d'une végétation luxuriante et les maisons que l'on aperçoit sur le rivage disparaissent sous la verdure.

L'Amérique est plus troublante ici qu'à Pernambuco. La terre est plus nouvelle. Des odeurs exotiques arrivent jusqu'à nous.

Les eaux de Bahia sont plus calmes que celles de Pernambuco. On débarque avec aisance et sans secousses.

J'aurais bien voulu descendre à terre à Bahia, comme à Lisbonne et aux îles St-Vincent, mais c'était impossible. Le prix du passage à terre pour « l'ida y vuelta » (aller et retour) était quatre fois plus élevé qu'à Lisbonne et on risquait par dessus le marché d'être rançonné une fois à terre ; car voici ce qui se produit : les canotiers vous demandent sans pudeur une livre sterling pour « l'ida y vuelta » ; le bateau étant à un kilomètre du rivage à peine, 25 francs c'est un peu cher si on considère surtout qu'un canotier peut prendre une dizaine de passagers ; mais si vous acceptez ces conditions, vous ne payez rien d'avance ; vous descendez à terre, vous ne payez rien encore ; seulement quand vous faites appel pour le retour à votre bon pilote qui vous a généreusement fait crédit, pour une heure, du prix de l'aller, il exige pour le retour le payement anticipé de trois livres ; vous vous indignez, il vous prie de vous adresser à un de ses collègues qui, lui, vous demande six livres ; c'est la règle du syndicat ! elle est inéluctable. Ceux qui ont expérimenté la chose disent qu'on se plaindrait vainement à la police, qui participe aux bénéfices de cette exploitation éhontée, et qu'on n'a qu'à subir la rançon ou rester à terre.

Les passagers de l'*Orita* préféraient ne pas s'exposer à ces désagréments et restaient à bord.

D'ailleurs nous quittâmes Bahia deux ou trois heures après y être arrivés.

L'*Orita* longeait la côte maintenant. L'Amérique s'étalait à quelques milles du paquebot. Elle était odorante et colorée. Elle laissait deviner des formes gracieuses sous des lignes indécises que l'indécision même faisait plus séduisantes. Sous la ceinture de dentelles des vagues écumeuses, la terre apparaissait, disparaissait, reparaissait au gré du caprice des eaux.

Là-bas, c'était le Nouveau-Monde. Qu'était-ce que le Nouveau-Monde pour ceux qui arrivaient de l'Ancien Continent ? Beaucoup de passagers ne connaissaient l'Amérique que pour avoir employé plusieurs boîtes de couleur à dessiner autrefois, à l'école primaire ou au lycée, de ces cartes de géographie où l'on met au hasard de la palette du noir, du bleu, du rouge, du cramoisi et de l'orangeat, ou bien pour avoir lu quelques descriptions littéraires de Bernardin de St-Pierre, de Chauteaubriand ou de Leconte de Lisle, ou bien encore pour avoir avalé des récits de voyage où l'on parle de forêts vierges et de serpents à sonnettes, de tigres, de lions, de panthères et de jaguards, de ouistitis et de perroquets, de cataractes et de cascades, d'Indiens qui ont des plumes sur la tête et qui trouent le nez de leurs femmes pour y suspendre des anneaux d'étain ! Mais c'était si vague, tout cela ! L'Amérique restait un problème.

Les jours coulaient à bord monotones et lents.

La terre se laissant à peine deviner, nous regardions la mer éducatrice et forte.

La mer provoque l'attention.

La terre disperse notre esprit par la variété des spectacles.

La mer le concentre par la répétition des mêmes formes et des mêmes couleurs.

Elle invite au recueillement dans la communion naturelle.

Elle donne à l'homme l'oubli de soi en fondant sa pensée dans la vie extérieure.

Sur terre où tout lui rappelle l'homme, l'homme pense à l'homme. Il oublie la nature ou bien ne l'entrevoit que dans le rêve humain nébuleuse et voilée sous le travail des siècles.

Sur mer, l'homme est en communication directe avec les choses. Son âme se relie à l'âme du dehors.

La mer étant restée ce qu'elle fut toujours, car les vagues ont comblé les sillons des navires, elle nous fait évoquer l'homme des premiers âges : elle retrempe le cœur aux sources de la vie.

La mer par son mystère et par sa majesté inflige le respect à notre petitesse. Elle nous dit le soir, quand les flots se courroucent, que nous sommes fragiles et qu'elle a le mépris plus encore que la terre de « l'humble passager qui dut lui être un roi ». Elle nous crie dans le vent que nous ne sommes rien parmi l'immensité et que nous nous devons, dans les haines apaisées et l'orgueil rabattu, la pitié mutuelle au fond de la faiblesse.

La mer illustre le mot de Pascal « l'homme est un raccourci d'atome ». Elle nous enseigne que ce que nous pouvons c'est par l'effort commun et l'action solidaire. Elle pratique elle-même la solidarité : ce sont des gouttes d'eau qui luttent de concert qui font toute sa force.

La mer nous prêche l'ordre et la résignation à ce que veut la loi : si grande qu'elle soit, elle ne se soustrait pas aux lois de la matière.

La mer apaise et console. Elle est un réservoir d'énergie et d'amour. Et que de consonances entre les flots mouvants et les âmes inquiètes ! Que de similitudes entre le drame humain et le drame éternel des profondeurs marines !

❖ ❖ ❖

RIO-DE-JANEIRO — Le 11 février, nous entrions dans la rade de Rio-de-Janeiro qui a la réputation d'être la plus belle rade du monde. C'est un immense bassin ovoïdal qui contiendrait plusieurs escadres. La montagne qui lui sert de paravent l'abrite contre les plus fortes tempêtes. Un certain nombre de mamelons, presque tous de même hauteur et de même forme, sont semés dans la rade comme des sentinelles aux avant-postes de la ville.

La ville de Rio-de-Janeiro est construite, partie sur deux ou trois mamelons, partie dans les bas fonds. Les bas-fonds sont habités par l'aristocratie et le monde du commerce. Les mamelons sont les faubourgs du peuple.

Rio-de-Janeiro est très riche. Dans le bas, il y a des avenues bordées d'hôtels splendides. L' « Avenida Rio Branco », qui a plus de cinq kilomètres de longueur, est la plus luxueuse. Mais il n'y a là que de la beauté sans originalité et sans caractère, du trompe l'œil et du clinquant. L' « Avenida Rio Branco » a une suite d'hôtels à façades magnifiques, mais l'art en est absent, exception faite pour quelques cas particuliers. L'ensemble étonne, éblouit ; on admire ici l'industrie des Américains, plutôt que leur sentiment esthétique.

Quand on visite les hauteurs de Rio-de-Janeiro, après avoir visité le bas de la ville, et quand on traverse les quartiers pauvres, il y a tout de suite quelque chose qui met au cœur de la tristesse : c'est le spectacle de l'extrême misère du peuple américain ; la maison du pauvre est délabrée et sale ; pas même d'hygiène élémentaire ici ; indigence et servitude. On évoque les masures lamentables de St-Vincent. Maisons en bois, à cloisons vermoulues, une seule pièce, une seule ouverture qui sert à la fois de porte et de fenêtre. Rues étroites et tortueuses, immondices de ci, de là, partout.

On demande à une femme du peuple : « Porque hay aca tauta pobreza ? »

Elle répond en désignant d'un geste douloureux les quartiers du bas de la ville :

« Porque hay alli mucha richeza !

La chaleur est accablante, le jour, à Rio-de-Janeiro.

La température se rafraîchit beaucoup, la nuit.

La vie est très chère ; les repas coûtent deux fois plus cher qu'en France. La proportion est la même pour les chambres d'hôtel, et le redoublement des prix par rapport aux prix français s'applique à peu près à tout ce dont on peut avoir besoin en cours de voyage.

A Rio de-Janeiro, j'eus pour la première fois l'occasion de faire appel à la protection française.

◇ ◇ ◇

Un câblogramme inattendu
J'avais reçu à bord de l'*Orita* un câblogramme d'Iquique par lequel on me priait de prendre mes dispositions pour quitter le paquebot *Orita* à Buénos-Ayres et passer par la Cordillère des Andes. Mais en quittant Paris, je m'étais muni d'un billet de passage par le détroit de Magellan, conformément aux indications qu'on m'avait données dans les lettres reçues d'Iquique.

Le câblogramme m'annonçait une lettre explicative que je recevrais à Montévideo. Il invoquait l'urgence de l'ouverture du collège. (Voir Annexe n° 14).

Quand j'avais pris mon billet aux bureaux parisiens de la Pacific Steam on m'avait dit que, le cas échéant, je pourrais, sans supplément de prix, passer par les Andes, en informant les services de bord qui me remettraient un billet gratuit de seconde classe pour le chemin de fer transandin Il y a effectivement entre la Pacific Steam et la Cie du chemin de fer transandin une entente et un compte courant pour faciliter aux passagers ces modifications de trajet en cours de route. Les services parisiens de la Pacific Steam remettent, sans difficulté trois billets au lieu d'un, le billet de passage pour Buénos-Ayres, le billet de Buénos-Ayres à Valparaiso par le chemin de fer transandin, et le billet de passage de Valparaiso à destination d'un des ports de la côte occidentale de l'Amérique du Sud.

Or quel inconvénient y a-t-il à ce que le passager prenne d'abord un billet par Magellan pour une destination de la côte occidentale et puis demande, en cours de route, aux services de bord, un billet pour le chemin de fer transandin ?

La valeur du billet pour le transandin est à peu près la même que la valeur du billet afférente au trajet par voie de mer de Buénos-Ayres à Valparaiso. Si le billet transandin vaut un peu plus, cette majoration disparait dans les combinaisons spéciales et des diminutions de prix dont la Pacific Steam bénéficie en commandant ses billets directement à la Cie du Transandin.

La modification du trajet demandée par le passager, en

cours de route, n'est donc qu'une affaire de comptabilité et d'écritures. En fait, cette modification est accordée sans supplément de prix, à tous les voyageurs de première classe qui la sollicitent des services de bord. Les voyageurs de seconde classe obtiennent la même faveur très souvent, mais il paraît que la règle comporte pour eux des exceptions assez nombreuses. J'ai subi l'exception.

Les services du bord de l'*Orita* avaient refusé de me délivrer un billet pour le Transandin et de me rembourser la somme afférente à mon trajet par la voie de mer de Buenos-Ayres à Valparaiso : « Passez par les Andes à vos frais », m'avait-on dit.

Un autre voyageur de seconde classe, un Espagnol, muni comme moi d'un billet par Magellan, avait réussi à se faire délivrer, grâce à une recommandation consulaire, un billet pour les Andes sans le payer entièrement, mais il l'avait payé en partie en versant un supplément.

Comme les dépenses que j'allais faire en prenant le Transandin devaient être, en définitive, supportées par l'Alliance Française, j'eus l'idée de passer au Consulat de France à Rio-de-Janeiro pour demander si, à titre gracieux, on ne pourrait pas signaler cette situation au capitaine de l'*Orita*. Le service que je demandais, je le demandais pour l'Alliance Française et je pensais que dans un Consulat de France on ne ferait aucune difficulté pour être agréable à un Français ou plutôt pour être utile à une œuvre patriotique française.

Il s'agissait d'ailleurs de peu de chose. Avec une recommandation consulaire française j'eusse facilement obtenu de la Pacific Steam ce que le passager dont j'ai parlé avait obtenu avec une recommandation consulaire espagnole ; car la Pacific Steam n'eût pas hésité à renoncer en faveur d'un Français, au bénéfice exceptionnel qu'elle réalisait du fait que pendant près de deux semaines elle allait toucher le prix de mon passage sans que je fusse passager. Mais c'était pour le Consulat un dérangement. On ne voulut pas se déranger. La Pacific Steam y gagna ce que j'y perdis : le prix de mon passage, sans que je fusse passager, de Buénos-Ayres à Valparaiso par Magellan, c'est-à-dire près de 3)0 francs et je dus dépenser pour mon voyage transandin environ 500 frs (plus de 300 fr. pour le prix du billet et 150 frs. pour frais de séjour à Buénos-Ayres en attendant le départ du transandin et à

Valparaiso en attendant le départ d'un paquebot pour le nord).

⁂

SANTOS   Entre Rio-de-Janeiro et Montevideo, nous
fîmes escale à Santos, où le paquebot embar-
qua l'aéroplane des frères Rapini qui allaient voler à Buénos-
Ayres, puis sur la côte occidentale d'Amérique et enfin en
Bolivie. Bien que les aviateurs fussent italiens, cela me rap-
pela que l'aviation était quelque chose d'essentiellement
français. L'aéroplane des frères Rapini portait d'ailleurs l'âme
de France dans ses ailes : c'était un biplan Blériot.

⁂

MONTEVIDEO   Deux jours après, nous étions à Montevideo.

Je reçus a Montevideo la lettre que le câblogramme de Rio-
de-Janeiro m'avait annoncée et qui le confirmait.

Promesse m'était faite du remboursement de tous les frais
supplémentaires que j'allais m'imposer en passant par la
Cordillère. Je pouvais bien consentir à l'Alliance Française
une avance de quelques centaines de francs. Plus de deux
années se sont écoulées depuis et le remboursement n'a pas
été fait ! Mais nous reviendrons sur ce détail.

Montevideo que j'ai visitée très vite m'a laissé le souvenir
d'une ville charmante. Montévideo a moins d'éclat que Rio-
de-Janeiro. Sans doute y a-t-il, à Montevideo comme à Rio-de-
Janeiro, de splendides hôtels, mais la splendeur est plutôt la
caractéristique des quartiers riches de Rio-de-Janeiro, tandis
que c'est par la coquetterie que se distingue Montevideo, où
les quartiers pauvres eux-mêmes sont beaucoup plus propres
qu'à Rio-de-Janeiro. Les maisons riches de Montevideo sont
bordées de balcons fleuris, où les dames reçoivent les saluts
ou les hommages des passants qu'elles connaissent. La mode
du pays veut que ce soit au balcon que les amoureux fassent
la cour à leur belles. L'essaim des amoureux se meurt sous
les balcons. Car c'est sous les balcons que l'amour se déclare.
Et c'est sous les balcons qu'on échange les gages de l'éternelle foi. Règlementairement le feu s'allume là. Quand l'in-
cendie commence c'est alors seulement qu'on reçoit les
amours derrière les balcons.

Les femmes de Montevideo sont réputées pour leur grande
beauté. Elles méritent le plus souvent cette réputation. Elles
ont de la plastique et de l'allure. Des pieds jusqu'à la tête
elle chantent l'opulence et la force profonde.

La beauté féminine de Montevideo rappelle la beauté des
femmes d'Andalousie, mais c'est un type Andalous moins
bruyant Il y a plus de blanc dans la toilette et peut-être
moins de rouge sur les lèvres.....Pourtant en ce qui concerne
le rouge sur les lèvres et d'une façon générale le fard et tout
ce qui sert au maquillage, mouches artificielles sur les pom-
mettes ou le menton, kohl ou fusain sous les paupières, les
femmes de Montevideo, sans tomber dans l'abus, font un
usage raisonnable de ces choses.

En passant à Montevideo, j'obliquai jusqu'à Posita, plage
aristocratique des environs où s'étale tout le luxe des villes
d'eaux et où l'on voit tout ce que l'on voit en France dans les
stations balnéaires mondaines : riches villas, théâtres, casino,
établissements de jeux, etc.....

❆ ❆ ✤

BUÉNOS-AYRES   De Montevideo à Buénos-Ayres, je fis
la traversée du Rio de la Plata sur le
« *Triton* » petit vaisseau côtier qui va d'un port à l'autre dans
une nuit.

Je débarquai à Buénos-Ayres le 17 février à 9 heures du
matin.

Le port de Buénos-Ayres est un des ports les plus important de l'Amérique du Sud. Il s'est développé considérable-
ment depuis plusieurs années. Son développement est parallèle au développement du pays. La République Argentine a
une situation privilégiée parmi les républiques de l'Amérique
du Sud ; elle est une des plus prospères; elle doit sa prospérité à la richesse de ses terres, à la variété de ses produits,
à la douceur de son climat et à diverses circonstances qui ont
favorisé l'immigration étrangère, particulièrement l'immigration italienne.

Buénos-Ayres est le principal débouché de la République
Argentine. On dit de Buénos-Ayres : « c'est un petit Paris ».

L'euphémisme est exact, car Buénos-Ayres devient de jour
en jour une capitale de plus en plus importante qui a presque
toutes les ressources de la capitale de France, qui en a dans

certains quartiers l'animation et la vie. Buénos-Ayres a près
de deux millions d'habitants et s'agrandit avec une extrême
rapidité. Cette ville a, d'ailleurs, un avantage que Paris n'a
pas, l'avantage d'être port de mer. Tout le commerce essentiel
de l'Amérique du Sud se faisant par voie de mer, on devine
l'intérêt que présente cette particularité pour un port bien
situé comme Buénos-Ayres.

Le port est toujours rempli de paquebots nombreux qui
enlèvent, pour l'exportation, les produits très variés de la
République Argentine.

Ce petit Paris est une ville en voie de formation sur laquelle
on peut fonder les plus magnifiques espérances. L'intérieur
de la ville est aussi beau que celui de Rio-de-Janeiro. Mais
c'est quelque chose de moins éblouissant et aussi de plus
artistique. De ci de là, un cachet d'antiquité que Rio-de-Janeiro n'a pas.

Quartiers misérables comme à Rio-de-Janeiro, mais avec
moins de misère, en tout cas avec moins d'étalage de la misère. La misère des quartiers pauvres de Buenos-Ayres se
cache avec plus de discrétion. On dirait qu'ici le pauvre a
honte de sa pauvreté; il couvre ses haillons et sa vermine,
tandis qu'à Rio-de-Janeiro, il semble tellement habitué à l'indigence qu'il n'éprouve aucune gêne à la découvrir dans toute
sa hideur.

Vie très chère à Buénos-Ayres comme à Rio-de-Janeiro,
mais on est exploité avec plus de réserve.

✠ ✠ ✠

Par « LOS ANDES » La gare où je pris le transandin à
Buénos-Ayres est une gare sans in-
térêt, comme toutes les gares de l'Amérique du Sud : cons-
truction quelconque, art quelconque, confort quelconque.

Il doit y avoir des pickpokets là aussi, puisque des pancar-
tes nombreuses conseillent la méfiance.

Le courrier transandin part deux fois par semaine de
Buénos-Ayres.

Le train a des compartiments de première et de seconde
classe.

En seconde classe, on est moins bien qu'en troisième classe
dans les trains français.

La disposition des compartiments n'est pas la même qu'en

France. Chaque wagon forme un seul compartiment comprenant une quarantaine de places, avec couloir au milieu et bancs de part et d'autre. Tous les wagons communiquent d'un bout à l'autre du train.

En première classe, la disposition est la même, mais les bancs sont rembourrés.

Un wagon est réservé au restaurant. Comme on reste trente six heures dans le train avant d'arriver à Valparaiso, le restaurant est indispensable. On y est assez bien nourri pour cinq francs par repas, vin non compris. Le vin coûte aussi cher que le repas.

Le wagon-restaurant s'approvisionne, à Buénos-Ayres, car en cours de route l'approvisionnement serait impossible. Il est à peine besoin de dire, en effet, qu'il n'y a aucune ressource sur la Cordillère, au point de vue alimentation.

Avant d'arriver à la Cordillère, on traverse les plaines immenses de la République Argentine. Les stations sont peu nombreuses. Le train marche pendant cinq ou six heures sans s'arrêter, après avoir quitté Buénos-Ayres, puis il s'arrête deux ou trois fois jusqu'à la Cordillère.

L'allure du train est très modérée et on peut admirer, à son aise, la belle plaine qu'on traverse. C'est une des terres les plus fertiles du globe.

Jusqu'à Mendoza, c'est à perte de vue la prairie naturelle ou bien les champs de luzerne et de céréales. Pays d'élevage; troupeaux de bœufs et de moutons; parcs à chevaux; porcs, dindons, poules et canards. Pas de grandes villes, hameaux dispersés et surtout beaucoup de fermes, de « haciendas », comme on dit dans le pays ; vie champêtre et pastorale.

A Mendoza, la culture change : la vigne remplace le pâturage. Les vignes de Mendoza sont très belles, presque toutes sur treillis, et les vins de ce pays sont très réputés dans toute l'Amérique du Sud.

De Mendoza à la Cordillère, il n'y a que quelques heures.

La vigne s'étend jusque sur les côteaux ; puis quand on est en pleine montagne, il n'y a plus aucune culture. Le contraste entre la fertilité de la plaine et l'aridité de la montagne est d'autant plus frappant qu'on passe presque sans transition de l'une à l'autre.

La traversée de la Cordillère est très intéressante par la grandeur et la variété des spectacles. Les vers de Leconte de Lisle me revenaient à la mémoire :

« Par delà l'escalier des roides Cordillères,
Par delà les brouillards hantés de l'aigle noir ;
Plus haut que les sommets creusés en entonnoir
Où bout le flux sanglant des laves familières
Etc. . . . . »

Quand on parle de « l'escalier des Cordillères », il faut, pour comprendre l'image, regarder la montagne dans le sens de la largeur. Du Sud au Nord ou du Nord au Sud il ne s'agit plus d'un escalier ; il s'agit d'une chaîne formée d'un grand nombre de chaînons d'élévations diverses avec gradation ascendante depuis la plaine de l'Argentine jusqu'à la chaîne centrale, et à degrés descendants depuis la chaîne centrale jusqu'à la côte occidentale. Chaque chaînon a ses coupures naturelles. En utilisant ces coupures, c'est-à-dire en contournant un peu les marches, le train gravit l'escalier jusqu'au bout. Il va lentement et péniblement. Il est généralement très chargé de voyageurs sinon de marchandises, car les voyageurs prennent le moins de bagages possible, à cause des tarifs de transports, presque prohibitifs, de la Compagnie. Il ne tarde pas à s'engager dans la montagne et de. nouveau, comme en pleine mer, c'est la solitude et le silence. La montagne est même plus triste que la mer, en général, surtout la grande montagne où rien ne pousse. La Cordillère est nue comme une carcasse que rongent tour à tour la neige et le soleil. Toute la vie est dans l'impression de majesté et d'effroi que produisent les rochers, les escarpements et les précipices. On ne voit pas ici, du moins dans la région traversée par le chemin de fer, de ces choses frêles et charmantes qu'on trouve souvent dans la montagne quand il y a la forêt, mousses et fougères et plantes diverses. La végétation est à peu près nulle, la verdure inexistante.

J'ai visité d'autres montagnes. Je n'en connais pas de plus grise, de plus sèche, de plus morne que la Cordillère.

J'ai vainement cherché le condor qui vit, paraît-il, dans ces solitudes. Je ne l'ai pas vu « par delà les brouillards » dont parle Leconte de Lisle. Je n'ai pas vu l'aigle noir non plus. En revanche, j'ai vu que notre train dépassait, en effet, les brouillards qui s'étendaient sur les premières marches de l'escalier, là-bas, dans le fond, très lo n, pendant que le train montait, montait toujours. Dans le fond, làbas, les brouillards faisaient autour des pics des collerettes et des ceintures.

C'est la seule coquetterie que se permettait, en cette saison, la vieille montagne.

A ce détail près, la froide majesté de ce rêve de pierre était écrasante et lugubre.

On est emporté et on monte.....

Bientôt on est à 3 800 mètres d'altitude. On est tout étonné d'être monté si haut en chemin de fer. Pendant des siècles le roc était resté inaccessible à l'audace humaine. On le franchissait autrefois à dos de mulet ; puis l'homme s'est frayé passage avec la pioche ! *Audax Japeti genus.....*

J'évoquais d'autres rocs longtemps inviolés où l'homme un jour passa. J'évoquais le passage de la Pierre Lys dans l'Aude, le passage du Transpyrénéen au Col de Puymorens. Mais là-bas, en France, on ne passe pas aussi haut qu'en Amérique, 3800 mètres au-dessus de la mer C'était formidable et vertigineux. La terre est petite de là-haut !

On traverse un tunnel qui a une longueur de trois kilomètres. Et on est au Chili, quand on sort du tunnel.

Longtemps le Chili et la République Argentine furent en guerre pour des questions de délimitation. Aujourd'hui ces deux Républiques vivent en bonne intelligence, et la fin de leurs hostilités a été consacrée, sur l'un des sommets de la Cordillère, par une statue colossale du Christ qui étend ses bras sur les deux territoires comme pour les protéger et les unir. Je crois qu'une reproduction de cette statue a été offerte à la Conférence Internationale de la Paix de la Haye.

Il n'y avait pas de neige sur la Cordillère, malgré que nous fussions au mois de février. Là-bas on était à la fin de l'été. J'ai regretté l'absence des neiges, car la neige est le plus bel ornement de la montagne, et, le bonnet fondu, la montagne est moins belle.

A la descente, le train va presque aussi lentement qu'à la montée à cause du danger Les tamponnements ne sont pas à craindre, car on apercevrait d'assez loin un train montant, mais il faut craindre le déraillement ; c'est une masse énorme qui dévale et, si elle était emportée par la vitesse, on en ferait une dégringolade !... Les freins sont solides heureusement !...

❋ ❋ ❋

LIAI-LIAI On arrive bientôt à Liai-Liai. L'onomatopée est de circonstance. L'*l* ne se prononce pas. On dit « iai-iai ». Le fait est qu'on respire ici à pleins poumons. Ici, on est de nouveau dans la plaine. On se retourne et on est étonné et effrayé par rétrospection, en regardant la montagne, d'être descendu d'aussi haut.

La plaine de Liai-Liai est une plaine fertile et productive. Elle donne à peu près les mêmes produits que la plaine de Mendoza de l'autre côté de la Cordil ère Le climat y est à peu près le même. La vigne et les arbres fruitiers poussent partout. Les muscats et les divers fruits de Liai-Liai (pêches, pommes, poires, etc...) sont très renommés et expédiés jusqu'au nord du Chili, en République Argentine et au Pérou. Ils sont excellents.

A Liai-Liai, le chemin de fer a un embranchement sur Santiago et un autre sur Valparaisa.

J'ai pris la ligne de Valparaiso, car j'étais pressé d'arriver à Iquique.

❋ ❋ ❋

VALPARAISO Le 21 février, à 9 heures du soir, notre train entrait dans Valparaiso. Je ne connaissais personne. Je n'avais aucune adresse d'hôtel. Je ne savais où descendre.

A la gare, des indicateurs me tendirent leur prospectus. Je pris mes renseignements à la hâte et je descendis dans un hôtel quelconque, situé sur le port, près de la gare.

Aussitôt enfermé dans ma chambre, j'ouvris la fenêtre et me mis à contempler et à écouter la ville de Valparaiso. Elle forme amphithéâtre autour de l'Océan. D'innombrables lampadaires illuminaient tous les gradins et répandaient leur lumière sur les eaux du Pacifique assez avant dans le port

Le silence de la ville n'était interrompu que par le bruit sourd de quelques rares tramways et par les mus ques lointaines des cabarets populaires. L'ensemble était propice aux bonnes rêveries. Je mêlais toutes les images de ce décor nouveau de lumières et d'ombres à mes souvenirs de France et à mes impressions de voyage. L'haleine marine était fraîche et il faisait bon la respirer pour se dégager un peu les poumons de la poussière dont ils s'étaient emplis dans les plaines de la République Argentine et de Liai-Liai.

Je me levai de bonne heure le lendemain et je m'informai aussitôt des départs de paquebots pour le Nord. Il fallait attendre trois jours le prochain courrier.Que faire à Valparaiso pendant trois jours ? En une journée j'eus visité la ville. Valparaiso permettait une visite rapide. La ville est pauvre en monuments et œuvres d'art. Toutes ces villes d'Amérique du Sud sont décevantes quand on y cherche quelque manifestation de la pensée qui ne se présente pas sous la forme industrielle ou commerçiale. C'est un peu partout le triomphe de l'épicerie.

La ville de Valparaiso fut détruite en partie comme on sait par un tremblement de terre, il y a quelques années.

Elle a été reconstruite.

Comme beaucoup de villes de l'Amérique du Sud elle a ses quartiers bas et ses quartiers hauts, les premiers réservés au commerce et à l'habitation bourgeoise, les seconds occupés par le peuple.

Il y a dans la ville basse quelques rues assez larges, une belle avenue, un jardin public, des maisons élégantes,bref un certain confort et même un peu de luxe.

Le reste de la ville est disposé de façon bizarre sur des collines. On gravit ces hauteurs par des rues escarpées ou bien à l'aide d'ascenseurs.

Deux choses étonnent d'abord l'étranger de passage à Valparaiso : il y a beaucoup d'ascenseurs et beaucoup de femmes habillées de noir.

Toutes les femmes portent la « manta ». C'est un châle rectangulaire. La dame le plie en deux, se couvre la tête, rejette en arrière les deux bouts du châle et l'attache derrière le cou. Le front et le menton sont couverts entiè-

rement. On n'aperçoit que les yeux, le nez et une partie
des joues. Le blanc du visage se détache sur le fond noir de
la manta. Cette tenue est l'uniforme de matinée pour toutes
les femmes. Elles ont ainsi des têtes de madones.

Quand on a gravi l'une des hauteurs qui dominent la ville
basse, on voit dans le lointain un beau panorama, mais les
faubourgs populaires qui sont sur l'un et l'autre versant des
collines sont de véritables foyers d'infection : la maison du
pauvre pousse çà et là au hasard ; elle est sale et délabrée.
Comme à Rio-de-Janeiro le constraste est frappant entre cette
misère du haut de la ville et le luxe des quartiers bas. Il y a
cependant des quartiers pauvres dans la ville basse ; mais en
général c'est la ville haute qui a l'aspect le plus lamentable.

Valparaiso possède beaucoup d'usines et doit avoir une population ouvrière très nombreuse. Comme dans toutes les villes
ouvrières, il y a beaucoup de cabarets où l'ouvrier s'alcoolise.

Les hommes du peuple se réunissent au cabaret pour boire
le vin du pays, chanter et danser.

La danse populaire nationale est la « cueka » qui ressemble
à la « gota » espagnole et à la « bourrée » d'Auvergne.

Pour danser la « cueka » les deux danseurs sont séparés et
agitent chacun un mouchoir dont les divers mouvements
comportent des significations diverses. La musique est celle
de la guitare et un chanteur accompagne le joueur de guitare.
Les spectateurs frappent des mains pour stimuler les
danseurs. La danse finie, un des spectateurs prend un grand
verre de vin (el potriolo) d'une contenance d'un litre environ,
offre le verre à la danseuse et fait ensuite le tour de la société;
chacun boit à son tour dans ce même verre. La « cueka » se
danse dans tous les cabarets. La danse est en général très
animée et devient plus attrayante quand les danseurs ont bu
plusieurs fois. On commence à danser vers 9 ou 10 heures du
soir et on finit au lever du soleil.

Après que j'eus passé une journée à Valparaiso je ne
savais plus comment utiliser le temps qui me séparait du
jour de mon départ pour le Nord et je décidai d'aller voir
Santiago.

Il y a deux heures environ de Valparaiso à Santiago, en
chemin de fer. Le voyage est agréable et intéressant ; on traverse une plaine immense dont la fertilité et la richesse rappellent les plaines de l'Argentine. Ici comme en Argentine on

voit de vastes prairies naturelles où paissent de nombreux troupeaux. C'est une région d'agriculture et d'élevage, comme dans le sud du Chili.

✠ ✠ ✠

SANTIAGO Santiago est une ville calme, à larges boulevards et maisons basses. Chaque maison a son jardin, en général. Il y a un rez-de-chaussée et un étage, parfois deux étages, rarement trois.

Santiago est plus riche en monuments que Valparaiso, mais je n'ai eu le temps d'en visiter aucun. J'ai eu à peine le loisir de voir l'ensemble de la ville du haut « d'el Cerro Santa Lucia ». C'est une hauteur verdoyante qui domine Santiago et qui forme une espèce de parc, avec allées superbes plantées d'arbres du pays. De la plate-forme « d'el Cerro Santa Lucia » on peut contempler la ville et les environs. La ville est géométriquement taillée par des lignes droites qui font des quadrilatères ou des triangles impeccables. La Cordillère des Andes qu'on aperçoit dans le lointain est taillée aussi, mais d'un coup de ciseau beaucoup plus capricieux ; les hommes qui ont taillé la ville ont mesuré l'espace, cela est visible, tandis que Dieu qui avait tout l'espace à sa disposion n'a rien mesuré du tout ; c'est pourquoi les figures qu'on voit dans la montagne sont plus majestueuses que celles qu'on voit dans la ville.

En descendant « d'el Cerro Santa Lucia » j'aurais voulu passer à la Légation de France. Mais il me restait peu de temps, j'étais en voyage, je n'osai pas me présenter en petite tenue chez un Ministre Plénipotentiaire. Je m'abstins et j'eus tort peut-être, car cette abstention a été mal interprétée plus tard ; mais n'anticipons pas, nous aurons l'occasion de revenir sur ce sujet-là.

Je repartis de Santiago le soir même pour rentrer à Valparaiso où je devais m'embarquer pour Iquique le lendemain.

A mon retour de Santiago, j'eus à Valparaiso un câblogramme d'Iquique par lequel j'étais prié de passer au Consulat de France où le Consul m'attendait. Pendant mon absence le Consul de France avait en effet fait prendre de mes nouvelles à l'hôtel où j'étais descendu.

J'eus avec le Consul de France une courte entrevue sans intérêt peu avant mon départ pour le Nord.

❖ ❖ ❖

Vers Iquique   Les ports de la côte occidentale de
Valparaiso à Iquique sont de simples
dépôts de marchandises : Coquimbo, Taltal, Antofagasta
sont des amas de maisons sur les bords de la mer. Toutes
ces villes ont des maisons de même modèle, maisons carrées
très basses, sans élégance et sans cachet. Le plan de ces villes
est simple. Il y a une douzaine de rues qui partent de la mer
et qui vont en ligne droite vers la montagne. La ville se trouve
divisée ainsi en trois ou quatre douzaines de pâtés de
maisons. Chaque pâté forme ce qu'on appelle une cuadra. Les
cuadras sont arrangées sur le rivage comme les petits gâteaux
dans les vitrines des pâtissiers.

Tout le long de la côte le paysage est uniforme. On a d'un
côté la mer, de l'autre côté la Cordillère. Une plaine de sable
dévale doucement de la montagne à la mer.

Je suis allé me promener dans cette plaine à Coquimbo ou
à Taltal, je ne me rappelle plus au juste, pendant une courte
escale du *California*.

Quand on se promène là-bas on doit passer son temps
à contempler le sable et la Cordillère. Il n'y a pas autre chose
à voir.

Le sable est inondé d'une immense lumière. Il est toujours
le même et le soleil aussi.

Toute la terre est morte à Taltal ou Coquimbo. C'est le
soleil qui l'a tuée. Elle s'est figée en une forme définitive
comme une momie. Le soleil en tuant cette terre l'a si bien
tuée qu'il n'a rien épargné, pas même les germes de vie qui
s'acharnent après le cadavre.

La nature résiste à la métamorphose. Ce qui change et qui
passe, elle semble l'ignorer. Elle est comme une chose antique
et révolue qui ne se soucie point des choses éphémères.

De là vient sa beauté. C'est une beauté qui manque de grâce
mais ne manque pas de grandeur. Un paysage est beau quand
l'inégalité des profils dans l'égalité de répartition des forces
lumineuses fait marier les couleurs et jouer les reflets et quand
tout ce qui contraste fusionne et communie dans un effet
d'ensemble. Pour comprendre la beauté du sable on n'a qu'à
lever les yeux vers la Cordillère, qui est toujours majes-
tuéuse, quoique toujours grise et pelée.

Aucun ruisseau ne descend de la montagne. On n'y aperçoit même pas la place des torrents d'un jour. Il n'y a pas de saison d'orages dans cette partie de la côte. Dans beaucoup de régions il ne pleut presque jamais. Il n'a pas plu depuis un siècle dans la région de Tarapaca. On n'a pas à proprement parler de saison d'hiver. Pendant la saison d'hiver, d'avril à septembre, la température n'est jamais aussi froide que dans nos pays de montagne au printemps. C'est pour ainsi dire l'été continuel. Cette permanence et cette uniformité de climat chaud depuis un temps immémorial expliquent la formation et l'accumulation du salpêtre dans la terre. S'il avait plu, le salpêtre aurait été entraîné avec les eaux jusqu'à la mer.

La région où le salpêtre s'est accumulé en plus grande quantité est la région de Tarapaca, dont la ville principale est Iquique.

❀ ❀ ❀

IQUIQUE Je suis arrivé à Iquique le 28 février. Du large, la ville est quelconque, comme Taltal, comme Coquimbo, comme Antofagasta. Elle est construite sur le sable, comme toutes les autres villes de la côte. La pierre n'existant pour ainsi dire pas dans le pays, on fait les constructions en bois.

Ces constructions sont, comme dans les autres villes, sans caractère d'originalité.

Cependant, dans l'ensemble, Iquique est une ville plus belle que Coquimbo, Taltal et même Antofagasta.

A bord du *California*, je vis venir à ma rencontre celui de mes compatriotes qui m'avait mis en relation avec M. G...

❀ ❀ ❀

Conversation avec M. V... à bord du *California*   J'eus avec lui une assez longue conversation avant de quitter le paquebot.

Au cours de cette conversation, il me parut un peu triste. Il me révéla que les Français étaient peu nombreux à Iquique, qu'ils avaient une petite place dans le monde des affaires et qu'un seul avait engagé ses capitaux dans l'exploitation salpêtrière ; les autres étaient de modestes commerçants dont le rôle était très effacé.

D'autres paroles malheureuses me firent comprendre que la situation n'était pas du tout celle qui m'avait été dépeinte.

J'avais pourtant écrit que c'était pour moi un sacrifice considérable que de quitter ma famille, mon pays, ma situation et mes travaux pour m'en aller au loin tenter une entreprise qui ne serait pas sérieuse.

L'Alliance Française est divisée

Mon compatriote était triste. Il m'annonça qu'il avait failli me télégraphier en cours de route pour que je m'arrête. « Peut-être bien qu'il y aurait eu moyen, me dit il, de trouver une situation à Montévidéo, par exemple ». Je fus étonné des paroles un peu décevantes de M. V....., mais la conversation continua à bâtons rompus. J'appris que la colonie française était divisée et qu'il y avait eu beaucoup de démissions au sein du Comité de l'Alliance Française depuis sa fondation La division était due à des causes diverses, mais elle avait produit deux groupes : le groupe des Intellectuels présidé par le Vice-Consul de France et le groupe des autres. M. V .... me fit connaître la composition des deux groupes et me pria de faire ma première visite au Vice Consul de France qui était l'homme le plus considérable de la colonie en sa qualité de Représentant de la France, de Président d'honneur de l'Alliance Française et de Président actif du groupe Intellectuels. Je devais, parait-il, faire oub ier au Vice-Consul la faute que j'avais commise en envoyant de Valparaiso mes salutations télégraphiques à M. G..... sans y joindre mes hommages pour le Représentant de la France, Président d'Honneur de l'Alliance Française. Ce trait et quelques autres qui me furent révélés au cours de l'entretien me donnèrent une idée du caractère particulier de la Représentation Française à Iquique. Mais cela ne me paraissait pas très grave en somme. Cela pouvait être de l'enfantillage. Cependant, je fus obligé, pour la sauvegarde des formes et de ma dignité personnelle, de refuser, malgré l'invitation de M. V...., ma première visite au Vice-Consul que je n'avais pas l'honneur de connaître et dont je pourrais au demeurant faire la connaissance après avoir fait la connaissance de

M. G..... Je voulus savoir pourquoi M. V..... insistait
tant que cela pour que ma première visite fût réservée au
Vice-Consul. Il m'expliqua seulement, dès ce moment,
que c'était à cause de l'influence du Vice-Consul sur
le Comité de l'Alliance Française. Plus tard, il m'avoua
que le Vice-Consul avait invoqué des raisons diverses pour
obtenir ma première visite : il craignait d'être concurrencé à
l'Alliance Française par le Directeur et tenait à ce que
l'Alliance Française restât étroitement annexée au Consulat ;
le Directeur du collège serait devenu ainsi une sorte de fonctionnaire du Gouvernement de la République.

Cette situation était, parait-il, conforme à l'esprit et à la
lettre des circulaires ministérielles qui ont consacré le
privilège de protection consulaire particulière de l'Alliance
Française.

Je pense, au contraire, que le privilège de protection consulaire particulière de l'Alliance française, pour être pleinement
efficace et sauvegarder les intérêts mêmes de l'œuvre si intéressante de l'Alliance française, doit laisser quelque indépendance aux écoles qui se fondent sous le bénéfice de cette
spécialité de protection que tout le monde peut accepter en
fonction même et sous condition du respect des initiatives
individuelles.

Mais au jour de mon arrivée à Iquique cette pensée que le
privilège de l'Alliance française pouvait manquer son but
par le sacrifice de son indépendance ne me vint pas à
l'esprit. J'interprétais, au contraire, l'attitude du Vice-Consul
de France comme une manifestation passionnée de l'intérêt
qu'il avait le droit et le devoir de porter à notre œuvre, qui, à
dire vrai, était la sienne dans son principe puisqu'il avait été
le promoteur de l'idée même de l'Alliance Française à Iquique
et puisque c'est au Consulat que l'Alliance était née. J'étais
donc décidé à aller vers le Vice-Consul la main tendue et le
cœur franc et je n'avais nullement l'intention de concurrencer
son influence à l'Alliance Française comme il le redoutait
avant même de me connaître : chacun pouvait bien exercer
sa légitime influence, pour la meilleure gestion des intérêts
de l'œuvre, à condition que chacun restât à son poste et dans
son rôle : le Vice-Consul pouvait en tant que Vice-Consul
rendre des services que je ne pouvais pas rendre, car il avait
une situation officielle que je n'avais pas et il était mieux

placé que moi pour nous faire accorder par le Gouvernement
Français sinon la forte subvention qu'il avait promise aux
membres du Comité afin d'amorcer leur dévouement, du
moins de ces menus avantages qui par leur multiplicité et
leur diversité peuvent avoir leur importance : petits secours
pécuniaires, envois de livres et décorations pour les membres du Comité. Enfin, il était mieux placé que moi pour
nous faire obtenir, en même temps que l'appui officiel du
Gouvernement Français, l'appui des autorités d'Iquique et
des relations mondaines, bien que sur le chapitre des relations mondaines le Vice-Consul ne fût pas l'homme de la
situation, à cause des incidents nombreux qui lui avaient
aliéné tant de sympathies en peu de temps, ainsi que j'ai pu
l'apprendre dès les premiers jours.

Mais si le Vice-Consul pouvait et devait nous être utile, il
me paraît que ma qualité de Directeur de Collège comportait
au moins la présomption qu'en matière d'organisation intérieure, de réglementation de la discipline et de l'enseignement, de répartition du travail, de choix de livres, de distri-
bution des récompenses, etc....., je pouvais remplacer le Vice-
Consul, dont l'intervention n'était pas indispensable et ne
devait, en tout cas, se produire que dans la forme des
demandes ordinaires et des conseils aimables. Du reste, les
lettres que j'avais reçues m'indiquaient qu'il en serait ainsi
et la participation de 25 % sur les bénéfices nets indiquaient,
à la charge du Directeur, les responsabilités et les droits de
l'associé en participation, indépendamment des responsabilités et des droits du Directeur ordinaire.

Le Vice-Consul fait modifier les dispositions qu'avait prises le Comité de l'Alliance Française pour me loger à l'hôtel en attendant que le Collège soit aménagé.

Ma conversation à bord du *California* avec M. V... avait agité
diverses questions de détail sur l'accueil qui m'allait être fait.
Aux termes du contrat, je devais être nourri et logé; par conséquent, je supposais que des dispositions avaient été prises pour mon installation au Collège dès
mon arrivée. Cela n'avait pas été possible. C'était un petit
malheur. Le Comité avait du moins fait l'impossible pour
que je fusse logé à l'hôtel, à titre provisoire, aux frais de

l'Alliance Française ; mais il s'était heurté à la résistance consulaire : le Vice-Consul tenait absolument à me recevoir au Consulat. C'était tout à fait gênant pour moi et je fis part de mes hésitations à M. V... On allait prendre une décision en arrivant à terre.

Dès que j'eus touché terre, je fus entouré sur le quai même par un certain nombre de membres du Comité qui étaient venus me recevoir.

Les présentations une fois faites, M. V... étonna ces Messieurs en leur annonçant que j'allais descendre sans doute au Consulat. On protestait doucement, mais on supposait que peut-être je m'étais mis d'accord avec M. V... sur ce point et on n'osa pas trop insister pour détourner M. V... de son projet, malgré le désir très légitime que j'avais d'être à mon aise chez moi sans avoir de gêne à imposer à personne et malgré le désir très légitime qu'avaient certains membres du Comité de me soustraire à l'influence consulaire.

En voiture, j'eus à résister encore aux sollicitations de M. V..., qui voulait qu'on se dirigeât vers le Consulat. Il fut enfin convenu, à titre transactionnel, que je descendrais provisoirement chez M. V...

Deux heures après, j'étais en visite chez M. G... et ce n'est qu'après avoir vu M. G... que je dus voir enfin l'homme qui m'attendait avec angoisse, car il avait peur qu'on eût comploté contre lui pour arracher au Consulat le Directeur du Collège français.

Je fus accompagné chez le Vice-Consul par M. G..., qui me présenta.

Le Vice-Consul me reçut bien. Il me souhaita la bienvenue en termes pathétiques. Je répondis avec amabilité. Puis le Vice-Consul me présenta tout le personnel de l'Alliance Française qui était formé par les divers secrétaires et attachés du Consulat. Il y en avait quatre. Un seul n'était pas des nôtres. Je fus étonné de voir que toute la Maison de France entrait dans le Collège. Si j'avais fondé un Collège en France le Ministre ne se serait pas permis de m'imposer la collaboration de ses attachés de cabinet. Le Vice-Consul se permettait ce que le Ministre ne se serait pas permis, mais le souci des convenances m'empêchait, bien entendu, de faire des réserves.

Le Vice-Consul voulut me retenir à déjeûner. Je ne pus accepter, car je devais déjeûner chez M. V... Le Vice-Consul ne trouva rien de mieux que de se faire inviter chez M. V...

A table, il me pria tant et si bien de venir au Consulat pour quelques jours que je dus, tant l'éloquence consulaire était persuasive, dire finalement, sur l'insistance de tous, que oui, que c'était entendu, que j'irais au Consulat pour quelques jours.

Le Vice-Consul avait réussi à faire modifier les dispositions prises par le Comité pour me loger à l'hôtel ; on n'avait préparé aucune chambre pour moi ailleurs qu'au Consulat. J'étais étranger, je ne savais même pas où étaien les hôtels, j'étais comme étourdi par l'éloquence consulaire dont les férocités aggravaient les rigueurs atmosphériques — car c'était une rhétorique bouillante qui tombait à jet continu et à pleins flots sur ma tête, j'avais les oreilles remplies et les poumons oppressés, que pouvais-je faire sinon accepter l'hospitalité consulaire ?

L'hospitalité consulaire était un honneur officiel.

Les honneurs officiels ne sont pas dangereux en eux-mêmes.

Ils ne sont dangereux que lorsqu'ils se compliquent d'une fausse amitié qui les fait servir à la satisfaction de ses intérêts ou des intérêts d'autrui.

Il est de droit naturel et de sens commun que l'hospitalité comporte des droits et des devoirs réciproques, qui lient les parties par une sorte de contrat de bienfaisance mutuelle à titre gratuit.

L'hospitalité comporte à la charge de l'étranger le respect de la maison où il est reçu et le respect de tout ce qui en fait l'âme, la poésie et la chaleur. Elle comporte à la charge du maître de la maison le respect de la liberté et de la dignité de l'étranger.

On est très hospitalier à Iquique. « Su casa señor », dit-on à l'étranger quand on l'accueille et je suis heureux de rendre hommage à la générosité avec laquelle l'hospitalité se pratique chez les Chiliens.

Mais pour le Vice-Consul l'honneur officiel qu'il me rendait, qu'il m'imposait presque, ne fut qu'une parade inté-

ressée — à la fois moyen de combat et couverture —
moyen de combat parce qu'on obtient d'autant plus qu'on
honore davantage, couverture parce que plus tard le Vice-
Consul, navré de n'avoir pas obtenu le résultat espéré, s'est
drapé sous le mandat consulaire et a accusé d' « ingratitude
patriotique » l'homme que le Consulat de France avait
honoré de son hospitalité.

✳ ✳ ✳

**Tentative de
main-mise morale**

En réalité, le Vice-Consul désirait
pratiquer sur moi une sorte de
main-mise morale, par besoin de
domination et par crainte que le Directeur du Collège Français n'échappât de quelque manière à l'influence du Consulat. Mais pouvais-je, dès ce moment-là, deviner le calcul ?

Il n'y a pas lieu de détailler ici les artifices divers que le
Vice-Consul de France employa pour s'imposer à moi,
comme il s'était imposé à une petite galerie de profiteurs, de
naïfs ou de dupes. Il y a lieu simplement de signaler, en
passant, pour la peinture du caractère, ses procédés habituels
d'incantation (appel au drapeau à propos de tout et à propos
de rien — théories sur la représentation et l'inviolabilité
consulaires — exhibition de portraits décoratifs; étalage
« d'idées artistiques » banales et fausses, de lieux communs
habillés de prétention à l'inédit; étalage de science pédan-
tesque sur le droit consulaire, le droit administratif, le droit
public, le droit international), le grec, le latin, l'hébreu, la
philosophie, l'histoire des religions, les mathématiques
transcendantales, le problème de la quadrature du cercle, la
prestidigitation et le patinage à roulettes.

Deux jours après mon arrivée, le Comité de l'Alliance
Française se réunissait au Consulat et au cours de cette
séance fut votée mon installation comme Directeur du Collège, Directeur de l'Alliance Française et Secrétaire du
Comité.

Le procès-verbal de cette séance devait être rédigé par
moi; mais quelques jours après, ainsi qu'on va le voir par la
suite de l'exposé, les relations furent rompues entre le
Comité de l'Alliance Française et moi et le procès-verbal
en question ne me fut pas demandé parce qu'on croyait

avoir intérêt à ne pas l'insérer au Registre des procès-verbaux. L'intérêt était illusoire, car j'avais commencé les travaux d'organisation intérieure. Le Vice-Consul m'avait remis les clefs du Collège et de la casilla de l'Alliance Française à la poste.— La casilla est une boîte numérotée au courrier ; la poste dépose dans chaque casilla tous les plis qui portent soit le nom du destinataire, soit simplement le numéro de la casilla. Chacun va chercher sa correspondance à la casilla. Les maisons de commerce, les sociétés, les journaux, les fonctionnaires et tous les particuliers qui veulent avoir une casilla n'ont qu'à adresser une demande au Directeur du courrier qui leur réserve une boîte numérotée, moyennant une rémunération annuelle ou semestrielle. —

Je fus étonné, dès les premiers jours, du petit nombre de lettres qui arrivaient à l'adresse du Directeur de l'Alliance Française. Le Vice-Consul m'avait annoncé un courrier journalier abondant, parce qu'il pensait que l'Alliance Française allait d'emblée conquérir le public. Il y avait eu tant de battage dans les journaux !... Sur le registre d'inscription aux classes du Collège et aux cours d'adultes figurait une liste de noms qui étaient marqués les uns au titre des certitudes, les autres au titre des probabilités. Tout cela était sorti de l'imagination consulaire. Le cerveau du Vice-Consul ressemblait à celui de Minerve : il n'y avait qu'un signe à faire et de ce crâne fécond jaillissait aussitôt un cavalier tout fringant, tout armé et tout prêt à combattre pour l'Alliance Française !

La réalité était plus décevante: les inscriptions véritables étaient rares ; je recevais peu de familles au collège.

L'installation même était peu brillante. On avait loué Calle Orella, 121 et 123, un local quelconque comprenant, au rez-de-chaussée, quatre pièces sur le devant, puis un jardin intérieur, et, autour du jardin, à droite trois pièces, à gauche rien. Dans le fond, de droite à gauche, deux ou trois pièces, puis, plus loin, une cour intérieure, avec water-closets et salle de lavabo.

Dans le jardin il y avait un vieux palmier qui n'avait plus de feuilles. Le palmier rappelait, par simple association d'idées, l'oasis des déserts. Le Vice-Consul fit paraître plus tard, dans *La Patrie* de Santiago, un article dithyrambique au cours duquel il célébrait les beautés du jardin du collège

« qui ressemblait à un véritable oasis, avec son palmier qu
était le seul du pays ! ». Cela ne faisait pas entrer au Collège
un élève de plus.

Je continuais, par la force des choses, à prendre pension
au Consulat. Au Collège, l'organisation était lente. Il fallait
acheter tout le matériel scolaire, tables, bancs, encriers
porte-plumes et papiers, etc... Il fallait meubler tant
bien que mal les pièces vides. En attendant, il y avait
dans le cabinet directorial une table et quatre chaises. Mais
j'avais en revanche un secrétaire de façade pour écrire ce
que j'aurais à lui dicter et servir d'interprète entre les
familles et moi, car je ne connaissais pas encore l'espagnol.
Je ne dictais rien à mon secrétaire, parce que je n'avais
encore rien à lui dicter. La réception des familles m'occupait
une demi-heure par jour, parce que tous les matins je recevais une visite et quelquefois deux. Au bout de cinq jours,
nous avions une dizaine d'inscriptions sur notre registre.

Pour recevoir une ou deux familles par jour, mon secrétaire et moi, nous étions aidés par le concierge, un brave
homme qui avait tout de suite conquis mon estime. C'était
un Français, un ancien combattant de 1870, qui avait bien
défendu la patrie pendant la guerre, puis était venu au Chili
et avait sué pendant quarante ans dans le salpêtre pour être
réduit à la misère sur la fin de ses jours.

Pendant les loisirs abondants que nous laissait le travail
de la réception des familles, j'employais mon secrétaire et le
concierge à faire des courses chez les membres du Comité,
pour commander des serrures et des balais d'abord, puis de
l'eau salée à fin de nettoyage, de la sciure de bois, de l'en-
caustique, de la pierre ponce et de la peau de chamois.

Il n'y avait pas de fonds en caisse, mais nous pouvions
trouver un peu de crédit.

Il n'y avait pas de fonds de caisse parce qu'on avait
dépensé, avant mon arrivée, en frais divers (recrépissage des
murs, réparations du toit, prix de location pour le premier
trimestre, envoi de 1.000 fr. au Directeur, etc...), les 6.000
piastres que l'Alliance Française avait empruntés à la
« Bienfaisance Française ».

La « Bienfaisance Française » était une société qui possé-
dait 16.000 piastres depuis une dizaine d'années et n'avait,

pour ainsi dire pas de secours à distribuer. Elle avait consenti à l'Alliance Française un prêt de 6.000 piastres, dont le remboursement devait être garanti par le mobilier de l'Alliance Française, qui devait même être acheté au nom de la Bienfaisance Française ; mais en réalité aucune garantie n'a été donnée à la Bienfaisance Française, ainsi que nous le verrons, par la faute du Vice-Consul de France, qui a complètement sacrifié les droits de cette société. On a eu beau protester, depuis, au sein de la colonie française, rien n'y a fait. Le Vice-Consul a toujours répondu impitoyablement : « Au-dessus des lois et règlements qui pourraient protéger la Bienfaisance Française, il y a le Vice-Consul qui peut la dissoudre ». Le Vice-Consul n'avait pas le droit de dissolution d'une Société française, mais sa menace effrayait le Comité de la Bienfaisance Française et faisait taire toutes les revendications.

Je continuais à prendre pension au Consulat. Le Collège français, c'était en réalité l'affaire du Vice-Consul. Le Vice-Consul me nourrissait et me logeait au Consulat. Il remplissait, à la place de l'Alliance Française, les obligations de logement et de nourriture qu'elle avait contractées et qu'elle ne remplissait pas.

Il y avait six ou sept jours que cela durait.

Le Vice-Consul était Président d'honneur de l'Alliance Française, ainsi que cela a été dit. La Présidence d'Honneur d'une Société implique une certaine discrétion et une certaine réserve. Un Président d'Honneur ne se mêle pas d'habitude à l'administration active de la société. Le Vice-Consul se mêlait à tout : c'est lui qui donnait des conseils qui étaient presque des ordres sur tout ce qui intéressait le Collège, c'est lui qui me disait comment je devais aménager l'intérieur de la maison, c'est lui qui dirigeait le Comité, c'est lui qui faisait les communications à la presse, etc.

Sous prétexte de contrôle officiel régulier, il intervenait constamment dans l'accomplissement de mes obligations contractuelles.

L'Alliance Française et le Consulat devaient être chair et ongle.

Partout où des groupements de l'Alliance Française se sont fondés, m'assurait le Vice-Consul, ils ont été sous la dépendance immédiate de la Maison de France — si bien qu'aux jours de fête consulaire c'était partout l'Alliance Française qui prêtait ses salons et qui garnissait le buffet !

Je pensais que c'était là une bonne chose. Mais tout est dans les formes et nuances... La fête commune ne doit pas être un obstacle à la liberté réciproque.

Le Vice-Consul donnait des ordres

Le Vice-Consul donnait des ordres et cependant il n'était pas mon chef.

Le Vice-Consul avait une situation officielle.

Tout le monde sait qu'il y a une différence entre la situation officielle et celle qui ne l'est pas, mais on ne se rend pas toujours compte des conséquences multiples que cette différence entraîne

Vous avez lu la fable du pot de terre luttant à la course avec le pot de fer : l'espace est le même pour les deux pots ; les lois physiques (pesanteur, vitesse, résistance de l'air, etc...) sont les mêmes ; mais le pot de terre est cassé que le pot de fer court encore.

D'habitude, le Président d'Honneur d'une société accepte l'honneur de la Présidence, mais laisse à la société le soin de distribuer tous les autres honneurs.

Au Comité de l'Alliance Française d'Iquique, c'est le contraire qui se produisait : le Président d'Honneur centralisait l'Autorité et faisait à chacun la répartition des parts de soumission passive. Obéir au Vice-Consul était la première dignité. C'est de lui que la souveraineté émanait.

Ceux-là seuls qui redoutaient la tyrannie consulaire ou qui en espéraient quelque profit pouvaient la trouver supportable.

Mais rares étaient les hommes indépendants dans ce petit cercle de quinze Français, que le Vice-Consul tenait bien à cause de leur petit nombre.

Le Vice-Consul était ancien sous-officier et avait exercé le commandement en terre africaine, où il avait appris la manière forte.

L'ancien sous-officier n'avouait pas qu'il avait été sous-officier. Pour en imposer davantage, il revêtait parfois un costume d'officier de dragons et laissait croire qu'il avait été officier dans l'active. C'est dans ce costume d'officier de dragons qu'il se pavanait, montant, remontant, descendant et redescendant par la calle Baquedano aux heures d'affluence. C'est dans ce costume d'officier de cavalerie qu'il se faisait portraicturer par les journaux.

L'ancien sous-officier disait qu'il servait encore la patrie à la manière d'autrefois : la manière d'aujourd'hui était pour lui cependant moins dangereuse, plus lucrative et plus brillante. L'ancien sous-officier était maintenant officier de cavalerie, Vice-Consul de France au traitement exceptionnel de vingt mille francs par an, tandis que le traitement ordinaire du Vice-Consul n'est que de sept mille francs, et il était Président d'Honneur de l'Alliance Française.

L'Alliance Française était maintenant le souci primordial du Vice-Consul.

Sous le privilège de l'Alliance Française, tous les droits succombaient, toutes les libertés étaient écrasées.

❇ ❇ ❇

L'unique casier du Consulat de France — Il n'y avait plus au Consulat de France, Maison de protection française pour tous, qu'un seul et unique casier : le casier des intérêts de l'Alliance Française.

L'administration consulaire ne prenait même pas la peine de dissimuler cette anomalie de droit international ; les instructions ministérielles servaient de prétexte et de couverture.

Le Vice-Consul se vantait de protéger l'Alliance Française.

L'Alliance Française était devenue à ce point l'idée fixe du Consulat que tout le personnel s'occupait de l'Alliance Française et que tout devait être sacrifié à l'Alliance Française, les personnes et les idées, la patrie elle-même.

La Justice qui est dans la patrie n'était plus qu'un mot pour le Vice-Consul. L'Alliance Française devait triompher par tous les moyens.

Un jour le Vice-Consul me dit ceci : « En cas de disparition subite de l'Alliance Française et de dissolution du Comité, ce serait un cas de force majeure qui annulerait les contrats ».

Le Vice-Consul disait cela d'un air imperturbable.

Evidemment, en cas de disparition de l'Alliance et de son Comité, le Vice-Consul ne risquait rien dans la rupture des contrats...

Je risquais davantage...

Mais le Vice-Consul pensait qu'avec sa belle rhétorique il dissimulerait le risque et ferait éclater toutes les chances de succès.

En attendant, il tenait à me garder au Consulat pour m'éblouir.

La Spéculation du Vice-Consul — Une fois l'affaire lancée, il devait rentrer en France ; il avait demandé un congé et il allait tous nous planter là pour venir au Quai d'Orsay célébrer le fruit de ses efforts en vue du développement de la langue française dans le Nord du Chili ! Nous nous serions débrouillés au Collège, par la suite, comme nous aurions pu. Le Vice-Consul savait, dès le principe, que le bluff du Collège français lui servirait tout simplement à me faire prendre le courrier de Sud-Amérique, afin que lui-même pût prendre, quelques mois après, le courrier d'Europe. Si le Vice-Consul était si pressé de mettre le Collège en marche, c'est parce qu'il était pressé d'obtenir un Consulat, ou autre chose.. ..; car on parlait à Iquique d'un autre emploi que le Vice-Consul attendait.

J'exprime le désir de quitter le Consulat — Quand je m'aperçus que le Vice-Consul spéculait sur l'hospitalité qu'il m'avait offerte avec tant d'insistance obséquieuse et qu'il avait obtenue de l'influence momentanée de M. V .. à une heure où, pour les raisons que j'ai dites, il m'était impossible de résister à cette influence, quand je m'aperçus que le Vice-Consul tirait parti de la situation pour me dominer, je résolus de quitter le Consulat. Je remerciai le Vice-Consul de son bon accueil et je lui exprimai le désir de me retirer à l'Alliance Française.

J'eusse bien consenti encore à avoir, avec le Consulat, des relations officielles ; mais je ne tenais pas à avoir sur les bras, du matin au soir, un Vice-Consul que je ne connaissais en somme que depuis six jours.

L'expression de mon désir de séparation fut froidement accueillie.

Pourquoi le Vice-Consul s'intéressait-il tant que cela à me conserver malgré moi au Consulat ? Mais tout simplement pour les raisons qu'il avait eues de m'y faire entrer. Il avait même une raison de plus de me garder près de lui maintenant. Il parlait de mon indépendance, il la redoutait, et il voulait absolument me tenir.

Je n'avais pourtant pas de liens contractuels avec lui.

Notre séparation était la chose du monde la plus naturelle, la plus sage et la plus nécessaire – car chacun restant désormais à sa place (le Vice-Consul dans son Consulat et le Directeur du Collège dans son Collège) l'orage qui grondait ne se serait pas déchaîné et le soleil pouvait ensuite dissiper les nuages. Il ne s'agissait, du reste, que d'une séparation de local et non point d'une rupture de relations.

Un homme juste eût accueilli un désir si légitime sans protestation ni réserve.

❁ ❁ ❁

Le Vice-Consul se fâche

Mais le Vice-Consul entendait les choses de la mauvaise oreille.

Nous eûmes, le Vice-Consul et moi, en présence de M. B..., au Collège où le Vice-Consul était venu, une nouvelle conversation sur la question de la séparation de local. Le Vice-Consul eut un mouvement de justice exagérée: « Eh bien, dit-il, dans ces conditions, je ne remettrai plus les pieds à l'Alliance Française ». Ce n'est pas ce que je demandais, mais j'eus l'impression que c'était là l'effet d'une mauvaise humeur passagère et, par déférence pour la fonction consulaire, je dis au Vice-Consul que sa détermination m'était pénible et que j'espérais qu'il resterait des nôtres.

Cependant je ne voulais pas revenir au Consulat, de quelques jours du moins.

Le Vice-Consul prit congé.

✿ ✿ ✿

La conversation continue — M B... voulut arranger les choses. Sur son insistance, je consentis à faire visite au Vice-Consul pour continuer la conversation.

De nouveau, me fut présenté un collier fleuri.

Les fleurs étaient de vieux papier et provoquaient un éclat trompeur.

Elles embellissaient assez mal la servitude et ne la cachaient pas du tout, malgré l'habileté du fleuriste.

On discuta, on dîna ensemble et il fut décidé que je quitterais le Consulat, que ma décision était irrévocable, mais que je remettrais le départ au lendemain, conformément à la demande qui m'était faite.

Le lendemain on discuta encore.

Je persistais à refuser ma tête au collier, délibérément.

✿ ✿ ✿

Le Vice-Consul appelle le Chancelier — Mon attitude résolûment défensive ne découragea pas l'offensive consulaire, et le Vice-Consul tenta l'effort suprême en appelant à son secours le Chancelier du Consulat qui fut chargé d'exhiber du fond d'une armoire l'exequatur consulaire et de me le lire, phrase par phrase, pour me prouver, avec des commentaires aggravants, la grandeur de son maître, certifiée, disait-il, par la signature même de M. Fallières et le contre-seing du Ministre responsable des Affaires étrangères.

Je répondis au Chancelier que la signature de M. Fallières et le contre-seing des Affaires Étrangères ne suffisaient pas pour m'impressionner, qu'il s'agissait là d'affaires étrangères au débat, qu'au surplus je ne méconnaissais pas la grandeur consulaire, mais que je n'étais pas venu à Iquique pour me prosterner devant elle.

Le Chancelier insistait; il avait tort d'insister, mais, comme il insistait toujours, je pris le seul parti qui fût possible : j'annonçai au Vice-Consul, en le remerciant de nouveau de son bon accueil, que je quittais le Consulat et que je rentrais au collège.

J'allai déjeûner, ce jour-là, chez M. V...

Pendant le repas chez M. V.... le Vice-Consul m'envoya trois émissaires l'un après l'autre. Le premier était un jeune Français qui venait me voir de la part du Vice-Consul, sous prétexte de se faire nommer garçon de réfectoire au Collège.

Je dus le faire prier de repasser à un autre moment.

Je fis le même accueil à un second qui venait pour un sujet du même ordre à cette heure peu opportune.

Le troisième qui n'était autre que le Chancelier du Consulat — encore lui — s'imposa : il venait, sous prétexte de m'accompagner, après le repas, chez un marchand de faïence qui vendait, à l'usage des pensionnats, des assiettes en terre cuite épaisses et incassables.

Après le repas, je fus obligé de suivre le Chancelier qui se cramponnait à moi avec rage. Mais comme il me questionnait sur les raisons qui me poussaient à quitter le Consulat, je dus prétexter d'une course à faire pour me dépêtrer de cet importun qui opérait pour le compte du Vice-Consul.

❁ ❁ ❁

Un dîner qui finit mal   Le soir de ce même jour, 7 mars 1913, j'eus la preuve définitive que le Vice-Consul était un homme dangereux, car, ce soir-là, comme M. G... nous avait invités à dîner le Vice-Consul et moi, le Vice-Consul craignant peut-être que je ne déclinasse l'invitation si lui-même l'acceptait, fit semblant de la décliner pour que je l'acceptasse, puis vint me retrouver au dîner pour m'exposer encore des théories sur l'Alliance Française, me dit des choses désagréables, se fit dire quelques vérités qui restèrent dans les limites de la correction et me sourit aimablement en s'en allant — puis s'embusqua dans la rue, derrière une porte, pour m'insulter au passage.

Cette manière d'agir n'est pas digne d'un Vice-Consul. S'il avait des explications à me demander, le Vice-Consul pouvait attendre la lumière du jour et procéder dans les formes. J'avais vu le Représentant de la France prendre des attitudes de dignité en public, mais je jugeais à présent que ce n'était là autre chose qu'une pose extérieure. S'il est vrai que dans le monde on doive, par respect pour les tiers, contenir ses colères, il n'en est pas moins vrai qu'on ne doit pas sourire

aimablement à un homme qu'on va attendre, dix minutes
après, à un coin de rue obscure, à 11 heures du soir. En
venant s'embusquer pour m'attendre à cette heure-là, le Vice-
Consul a voulu se venger non pas des taquineries réciproques
qui avaient eu pour théâtre la maison d'un tiers, par un concours de circonstances que le Vice-Consul avait provoqué,
mais a voulu se venger, au contraire, de ce que j'avais quitté
le Consulat, où il eût voulu me retenir.

Le lendemain et le surlendemain, je fus assailli de sollicitations pour me réconcilier avec le Vice-Consul. J'opposai
d'abord un refus catégorique. Puis, de nouveau, torturé de
sollicitations par les membres du Comité qui subissaient
irrésistiblement le magnétisme consulaire, ne connaissant
pas la langue du pays, ne sachant à qui m'adresser pour me
soustraire à cette pression morale, je me laissai porter en
voiture au Consulat par trois membres du Comité.

❊ ❊ ❊

La comédie du
9 mars 1913
au Consulat de France

Il se joua ce jour-là, au Consulat,
une comédie.
En réalité, sous prétexte de réconciliation, c'était la rupture de
mon contrat qui devait être discutée au Consulat même,
c'est-à-dire en un lieu neutre où semblable besogne n'aurait
jamais dû s'accomplir.

Cette rupture de contrat ne fut même pas discutée en ma
présence. Le Vice-Consul me pria de l'attendre dans une
pièce voisine de celle où il faisait briser les engagements du
Comité.

C'est sur la proposition du Vice-Consul de France que ces
engagements furent brisés. Il avait sur les membres du
Comité une influence dominatrice. On devine le pouvoir que
peut exercer sur un Comité de seize membres dont six ou
sept, d'ailleurs, sont absents, un Vice Consul qui reçoit chez
lui et qui met dans la balance le prestige consulaire, joint au
prestige de l'Alliance Française et du Drapeau, au cours
d'une délibération rapide, pendant laquelle les esprits indépendants eux-mêmes faiblissent et suivent l'impulsion donnée par le maître de la maison à une majorité servile,

* * *

Comment fut rompu mon contrat

Mon contrat fut rompu au Consulat parce que le Vice-Consul crut servir, en le faisant rompre, l'intérêt supérieur de l'Alliance Française et de la Patrie. Il disait à tous, m'a-t-on répété plus tard : « Dans l'intérêt de l'Alliance Française et de la Patrie, il vaut mieux que M. Boucabeille ne soit pas Directeur du Collège ». Et c'est le Vice-Consul lui-même qui appela, par téléphone, M. V... pour lui demander de prendre ma place. Il fit décider ensuite, par le Comité, que je serais nommé professeur au traitement de 450 piastres par mois, plus la nourriture et le logement. Cette décision fut prise dans les circonstances suivantes.

Le Vice-Consul délégua, pour conférer avec moi, le docteur N... qui était le membre du Comité dont l'hostilité à mon égard s'était le mieux manifestée au cours de la séance parce qu'il était l'ami de M. G... et l'ami du Vice-Consul. Si le Vice-Consul n'avait pas eu besoin de chercher quelque chose dans la salle des délibérations, il n'aurait pas détaché un membre du Comité pour conférer avec moi, alors qu'il était si simple de me faire franchir le couloir pour m'inviter à conférer moi-même avec le Comité.

Le docteur N... ne conféra même pas une minute avec moi. Il me demanda si j'accepterais de renoncer à la direction. Je répondis que mon acceptation ne pouvait être qu'une acceptation de principe, sous réserve d'indemnité de résiliation et d'examen des conditions qui allaient m'être proposées.

Le docteur N... rapporta inexactement mes paroles au Comité, en disant que j'avais définitivement renoncé à la direction.

Il est difficile de faire comprendre à une raison normale qu'il puisse y avoir renonciation à une situation déterminée pour une situation indéterminée, tant qu'il n'y a pas contrat nouveau et tant que l'élément fondamental du contrat (la rémunération du travail) n'est pas fixée d'un commun accord entre les parties. Cela est de vérité banale et d'équité élémentaire.

Il suffit, d'ailleurs, de se reporter à l'annexe n° 16, où se trouve reproduite la lettre que M. G... m'écrivit à la date du 10 mars. Du moment que dans cette lettre on me propose le professorat à 700 piastres, après m'avoir proposé verbalement le 9 mars, après la séance du Comité, le professorat à 450 piastres que j'avais refusé, il va de soi que le contrat nouveau n'était jamais intervenu et que le contrat ancien subsistait.

C'est le Vice-Consul qui avait convoqué, avec du papier à lettre portant en tête du Vice-Consulat de France, les membres du Comité pour la séance du 9 mars. (Voir annexe n° 15). C'est lui qui en fin de séance m'avait annoncé que j'étais nommé d'autorité et sans autre forme professeur à 450 piastres, comme si dans un contrat synallagmatique une seule des parties contractantes pouvait, à son gré et sans le consentement de l'autre, modifier les conditions mêmes du contrat. Mais j'eus beau protester et réserver mes droits, le Comité était dispersé et le Vice-Consul me dit que je resterais professeur.

❋ ❋ ❋

Je me retire au Collège et reste Directeur

Je me retirai au Collège. Dans l'après-midi, le Vice-Consul vint au Collège, où j'étais resté et où j'avais le droit de rester tant qu'un accord nouveau n'aurait pas remplacé l'accord ancien.

Le Vice-Consul commit l'impertinence de m'appeler « Monsieur le Professeur », comme si la décision du Comité qui avait traduit ses volontés avait déjà force de loi, quelles qu'eussent été mes protestations !

Je résolus de ne plus recevoir le Vice-Consul de France.

Les 11 et 12 mars, il me fit réclamer, par de courts billets signés d'un membre du Comité, sans pouvoir de M. G..., les clefs du Collège et de la casilla de l'Alliance Française.

Je répondis que je donnerais ces clefs sur demande écrite de M. G... et après décharge régulière dans un écrit où j'aurais fait insérer les réserves de droit.

Réponse me fut faite que M. G... était parti pour la pampa.

❋ ❋ ❋

Violation de domicile

Le 13 mars, le Vice-Consul revint au Collège et demanda impérativement à être reçu par moi.

Je refusai de le recevoir.

— 49 —

Il partit en colère. Il parlait de ses pouvoirs et le soir
même, en vertu de ses pouvoirs de police consulaire, il fit
violer mon domicile.

La violation de domicile du 13 mars a fait l'objet d'une
plainte devant la justice locale contre l'auteur matériel de la
violation de domicile et le Vice-Consul, son complice.

La Justice locale n'a pas voulu s'occuper de cette affaire.
Le Ministère public n'a pas mis l'action publique en marche.
J'ai suivi l'action moi même, mais je me suis heurté à des
obstacles insurmontables. J'ai vainement essayé d'obtenir
une audition de témoins. Le juge chargé de cette affaire était
l'ami personnel du Vice-Consul et de M G. . Il y avait deux
juges à Iquique, mais le Vice-Consul et M. G.. avaient intri-
gué pour que l'affaire fût confiée à leur ami. Je n'ai même
pas pu obtenir la moindre communication de pièces

Pourtant la violation de domicile était d'autant plus grave
qu'elle avait été ordonnée par le Vice-Consul.

L'auteur matériel n'avait été que l'instrument des volontés
consulaires. Quand il s'était présenté, Calle Orella, 121, pour
enlever les meubles de ma chambre, il m'avait dit : « C est le
Vice-Consul qui a donné des ordres ». Et comme je m'indi-
gnais il avait continué à crier : « On enfoncera les portes s'il
le faut, c'est le Vice-Consul qui l'a ordonné ».

L'auteur matériel devait être relaxé. mais encore convenait-
il d'ouvrir une information régulière, de façon à lui faire dire
que l'ordre de violer mon domicile avait été donné par le
Vice-Consul de France.

Un agent de la police secrète était venu sur les lieux et avait
dressé procès-verbal. Mais je n'ai jamais pu connaître les
termes de ce procès-verbal.

Tous les moyens ont été employés pour étouffer l'affaire.
Grâce au système chilien de la juridiction unipersonnelle
avec pouvoirs illimités du juge et procédure secrète, ces
sortes d'affaires-là sont d'un étouffement facile 1 e juge fait
ce qui lui plaît. C'est lui qui cite, c'est lui qui engage le procès et qui est maître de l'action.

J'avais choisi un bon avocat, qui avait été le premier à me
dire : « Le Vice Consul est responsable pénalement ».

La responsabilité pénale du Vice-Consul n'était pas dou-
teuse.

Mais mon avocat me dit, deux jours après avoir été chargé de mon affaire, qu'il était un ami de M. G... et qu'il devait confier cette affaire à un de ses confrères dont il me fit faire connaissance.

Entre temps, le Vice-Consul et M. G..., s'étaient démenés, tant auprès de mon avocat qu'auprès du juge. Le Vice-Consul faisait dire maintenant que ce n'était pas lui qui avait donné l'ordre de violer mon domicile, que l'ordre avait été donné par M. G.., qui était à la pampa.

M. G.. lai sait dire. Cela permettrait de sauver, au moins provisoirement, le Vice-Consul et de lui faire contracter une obligation qu'il serait forcé de payer en réservant jusqu'au bout, sans mesure ni réserve, l'appui du Consulat au Comité de l'Alliance Française (dont M. G. . était le Président), dans les réclamations que j'aurais à formuler pour rupture du contrat, indemnité et dommages-intérêts.

J'avais prévenu le Ministre de France à Santiago par câblogramme. Le 15 mars, je lui avais confirmé mon câblogramme.

Le Vice-Consul avait dû aussi prévenir le Ministre de France à Santiago.....

Je pensais que l'influence du Ministre de France en ma faveur auprès des autorités locales contrebalancerait l'influence du Vice-Consul et que je réussirais à obtenir justice.

Le Ministre de France ne me répondit pas.

❋ ❋ ❋

Un câblogramme étrange du Ministre de France — Quelques jours après, M. G.. reçut un câblogramme du Ministre de France par lequel il le félicitait de l'œuvre de l'Alliance Française. Je n'ai pas lu le câblogramme ; mais le Vice-Consul et M. G... invitaient leurs amis à banqueter à Cavancha, dans un restaurant à la mode tenu par un Français, membre du Comité de l'Alliance Française, et ils annonçaient à tout venant que le Ministre de France félicitait le Comité et le Consulat d'unir leurs forces contre moi pour l'Alliance Française et pour la Patrie.

C'était sans doute mal interpréter la pensée du Ministre, mais pourquoi le Ministre avait-il adressé, en des circonstances

aussi graves, un câblogramme susceptible d'une interprétation qui pouvait m'être si défavorable ?

❀ ❀ ❀

**Pour l'Alliance Française
et le Drapeau**

La défense de l'Alliance Française et du Drapeau devint
alors le programme d'un parti
dont le Vice-Consul était le chef.

Le Ministre de France aurait pu tout arrêter encore.

Mais il eût fallu pour cela l'énergie d'un M nistre indépendant et juste.

Le Ministre de France devait à ce moment-là sacrifier
les intérêts du Vice-Consul et du Comité de l'Alliance
Française d'Iquique à l'intérêt bien compris de l'Alliance
Française et de la Patrie. Il devait comprendre que le Drapeau Français n'était plus, entre les mains du Vice-Consul,
qu'un oripeau dont il se servait pour couvrir l'injustice et
exciter contre moi les haines patriotiques.

Le Vice-Consul se retira, à partir de ce moment, dans la
tour d'ivoire de l'irresponsabilité personnelle. Il commandait
toujours, mais ne donnait que des ordres verbaux afin de ne
pas se compromettre.

Le Vice-Consul parlait de sa représentation et de son
inviolabilité.

❀ ❀ ❀

**Le Vice-Consul entre-
prend une campagne
de diffamation**

Le Vice-Consul avait des relations parmi lesquelles j'étais
odieusement dénigré. On me lai-
sait passer pour un iconoclaste.
On m'attaquait dans ma vie privée, on disait que je n'avais
jamais été ni professeur ni avocat, que je n'étais pas passé
voir le Ministre de France à Santiago et que cela était mystérieux... Beaucoup d'étrangers avalaient ces couleuvres.

✿ ✿ ✿

**Comment je dus combat-
tre la Représentation et
l'Inviolabilité consulaires**

Comment me défendre ? Je ne
connaissais pas encore suffisamment la langue du pays. Je
me mis à bûcher l'espagnol et
en attendant je dus me servir du français auprès des mem-

bres de la Colonie française que je pouvais aborder et, auprès des étrangers, d'une langue hétéroclite qui était un mélange de français, d'espagnol et de patois languedocien.

Les étrangers me pardonnèrent l'incorrection de mon langage à cause de ce qu'ils appelaient la supériorité de mes moyens de défense sur les moyens d'attaque consulaire.

Je me mis donc à combattre la Représentation et l'Inviolalabilité consulaires sans attaquer d'abord la personne du Vice-Consul et je ne dus me résigner par la suite aux attaques personnelles, d'ailleurs anodines et toujours étrangères à la vie privée, que pour résister à la guerre à outrance et sans merci ni ménagements du Vice-Consul et de son parti.

Je résume ici mon argumentation contre la Représentation et l'Inviolabilité consulaires parce que beaucoup de gens, même cultivés, se méprennent souvent sur les droits et les pouvoirs reconnus aux Consuls.

L'erreur primordiale consiste à assimiler les Consuls aux agents diplomatiques. Les Consuls sont très flattés de cette assimilation qui grossit leur situation morale et accroît artificiellement leur puissance en les élevant pour ainsi dire au-dessus des simples mortels et de leurs lois.

Les Consuls ne sont pas des agents diplomatiques.

Ils sont d'abord et surtout des agents de protection. Ils ont pour mission de protéger les nationaux auprès des autorités locales pour qu'ils obtiennent la justice qui leur est due.

Tous ceux qui ont voyagé à l'étranger savent quel est, sur la justice, l'effet des haines de race ou simplement des dissensions sourdes qui divisent les peuples.

Le juge étranger n'est pas nécessairement un juge moins intelligent que le juge national ; mais le juge étranger est un homme soumis à toutes les influences et sujet à toutes les faiblesses.

Et il peut arriver que, par patriotisme, le juge soit injuste, sans même se rendre compte de son injustice.

Par patriotisme, le juge peut céder, dans la plus petite affaire, au besoin d'exercer de vieilles rancunes nationales, en se vengeant sur un citoyen, par haine pour un peuple ou une race.

Le patriotisme, d'autre part, peut commander l'abstention, c'est-à-dire l'injustice sous forme d'inertie de la justice ;

« On laisse faire », selon la formule courante ! On laisse faire afin de ne pas avoir de complications diplomatiques, surtout quand on est en matière pénale et quand de hautes personnalités sont compromises .. Si la presse s'en mêle on peut être ennuyé. La justice n'aime pas les ennuis. Cela est vrai de la justice nationale et à plus forte raison de la justice étrangère qui, pense-t-elle et elle le pense à juste titre du point de vue très légitime de l'amour-propre national, vous fait un cadeau, en vous accordant le bénéfice de ses lois et de la force exécutoire de ses décisions.

Le juge étranger peut être injuste pour bien d'autres raisons : pour l'ignorance de la loi à appliquer quand il y a conflit entre la loi étrangère et la loi locale, pour le désir de ne pas froisser l'âme étrangère, etc... etc... etc...

Voilà pourquoi la raison d'être principale des Consulats est dans la nécessité de neutraliser toutes les mauvaises influences qui peuvent nuire à la bonne administration de la justice en faveur des étrangers. Ce n'est pas à dire que le Consul doive intervenir dans l'administration de la justice étrangère : il ne le peut pas, sauf dans les pays hors chrétienté où il juge lui-même. Il ne peut pas intervenir parce que cette intervention serait la plus grave atteinte au principe de l'indépendance des Etats. Mais il intervient sans intervenir, par son attitude, par des demandes et des recommandations officieuses, etc... et aussi par les conseils qu'il donne et services qu'il rend pour permettre à ses nationaux de défendre utilement leurs droits.

En somme, la justice de droit commun, c'est la justice nationale. La justice étrangère est une justice d'exception qui ne peut intervenir qu'avec le consentement, ou tout au moins la tolérance de la justice de droit commun.

Dans les procès qui intéressent ses nationaux, le Consul a son candidat officiel à la justice : il fait savoir, sans avoir même besoin de le dire, que son Gouvernement patronne tel ou tel litigant, il procède un peu comme un Préfet dans une élection en pays de candidature officielle : le Préfet ne fait pas l'élection, car il n'empêche pas les citoyens vraiment libres de voter comme ils l'entendent ; n'empêche que tous les candidats sont friands de la candidature officielle qui assure souvent leur élection.

En même temps que leur service de protection, qui est le service consulaire essentiel, les Consuls ont un service d'information : ils renseignent leur pays sur ce qui se passe en pays étranger, dans le commerce, l'industrie, les sciences et les arts.

Enfin, les Consuls sont officiers de l'état-civil, notaires, greffiers et arbitres dans les différends qu'on veut bien confier à leur arbitrage. Ils ont aussi quelques autres fonctions ou missions temporaires.

Mais ils ne sont pas agents diplomatiques, car les agents diplomatiques sont surtout « agents de représentation ». Les agents diplomatiques personnifient l'Etat à l'étranger. Ils règlent des affaires d'Etat, tandis que les Consuls sont là pour surveiller la bonne gestion d'intérêts privés. La protection nationale notamment intéresse bien les agents diplomatiques comme les Consuls, mais pas tout à fait au même titre : les agents diplomatiques n'ont, au point de vue de la protection, qu'une mission de surveillance des Consulats ou de substitution provisoire en cas d'insuffisance ou de faillite de la protection consulaire.

Ainsi donc, la première erreur, très répandue, consiste à appeler agents diplomatiques des fonctionnaires qui n'ont rien de diplomatique et qui d'ailleurs ne sont pas accrédités auprès du souverain du pays étranger.

Sur cette première erreur une autre erreur s'est greffée, très naturellement. L'opinion commune, même de gens éclairés, fait bénéficier les Consuls de ce qu'on appelle l'Inviolabilité. Signalons seulement son caractère fondamental : il réside, dans l'immunité de juridiction. L'agent diplomatique ne relève pas de la juridiction étrangère, même pour crimes : il n'est justiciable que de son pays.

On comprend tout de suite la gravité de cette exception au droit commun. Le droit commun est basé sur la règle de la « lex loci », c'est-à-dire sur ce principe de bon sens que chacun doit subir la loi du pays où il se trouve, conformément aux exigences de la souveraineté intérieure des Etats. L'Inviolabilité a été reconnue aux agents diplomatiques pour des raisons d'Etat qui touchent à des nécessités d'ordre international ; l'agent diplomatique est un agent de représentation, disions-nous ; il représente l'Etat ; or, les Etats, par courtoisie, se consentent mutuellement des abandons de droits, entre autres l'Inviolabilité de leurs représentants ; mais ils ne peuvent pas, à moins d'abdiquer leur souveraineté, étendre l'Inviolabilité aux Consuls étrangers. L'Inviolabilité consulaire est en effet une diminution nationale très grave. Certains Etats ont dû la subir pour des raisons historiques diverses, mais les Etats souverains conservent jalousement leur souveraineté et ne se concèdent même pas, par des traités spéciaux, l'Inviolabilité réciproque de leurs Consuls qui serait une brèche trop forte au principe supérieur de la territorialité du droit. L'exception même de l'Inviolabilité consulaire des pays d'Orient et d'Extrême-Orient est une exception éloquente : ces pays acceptent l'inviolabilité consulaire comme un morceau de leur joug international.

L'extension de l'Inviolabilité diplomatique aux Consuls serait l'extension d'un mal. ... L'Inviolabilité diplomatique n'est pas un petit privilège. En cas de violation du droit commise par un agent diplomatique, le faire bénéficier de l'inviolabilité, c'est-à-dire de l'immunité de juridiction, c'est le plus souvent le faire bénéficier de l'impunité, car il ne sera pas toujours facile ni loisible à la juridiction nationale de juger l'agent diplomatique : par exemple, des preuves auront pu disparaître et ne pourront être reconstituées qu'avec le concours de la justice ou de la police étrangères ; cette reconstitution sera délicate et aléatoire — et il y aura mille autres difficultés. Le privilège de l'Inviolabilité diplomatique ne s'expliquant qu'en fonction de la raison d'Etat internationale — la raison d'Etat ne peut donc que justifier le droit d'exception en faveur des agents diplomatiques sans qu'il soit nécessaire d'étendre ce droit aux agents de protection consulaire.

Le Vice-Consul de France à Iquique ne devait pas ignorer que l'Inviolabilité consulaire serait une mine inépuisable de conflits internationaux, mais il se proclamait inviolable parce qu'il aimait les conflits et parce qu'il voulait que la Justice fût, pour ce qui le concernait, *sa* justice.

C'est ainsi que le Vice-Consul, après avoir donné à son ordre de violation de domicile la force exécutoire immédiate de l'ordre administratif qui est, comme chacun sait, revêtu du bénéfice d'exécution préalable sauf réclamation ultérieure, c'est ainsi que le Vice Consul, dis-je, faisait maintenant échouer mes réclamations devant le privilège d'inviolabilité et d'immunité de juridiction. Il prétendait ne pas relever de la justice chilienne et c'était pour lui un échappatoire.

C'était aussi pour le juge chilien un moyen que le Vice-Consul lui offrait de se débarrasser d'une affaire gênante.

On connaissait le Vice-Consul de France comme un homme qui avait la manie des « incidents diplomatiques », il avait essayé d'en faire jaillir quelques-uns d'un certain nombre d'histoires ridicules. On savait par exemple, à Iquique, que le Vice-Consul de France avait voulu soulever un « incident diplomatique » à propos d'une malle surtaxée qui lui avait été expédiée de Benghasi et qui avait été transportée par une compagnie étrangère, puis un autre à propos d'une cheminée dont la fumée salissait les tapis consulaires, puis divers autres pour des riens.

Aussi l'autorité locale redoutait un peu notre Vice-Consul.

En parlant de son inviolabilité devant le juge, à propos de ma plainte en violation de domicile et en déniant à la justice chilienne le droit de s'immiscer dans cette affaire, le Vice-Consul n'eut pas de peine à convaincre la justice, qui ne demandait qu'à être convaincue.

❖ ❖ ❖

L'Attitude du Ministre de France — Le Ministre de France se désintéressait de la situation, afin de bien marquer au Juge chilien qu'il devait lui aussi s'en désintéresser.

Et le Vice-Consul disait toujours : « C'est pour l'Alliance Française que nous travaillons ». C'était du « travail » qui compromettait le prestige de l'Alliance Française autant que le prestige de la Protection Française, mais la fin, si elle ne justifiait pas les moyens, pouvait dans une certaine mesure, les excuser aux yeux du Ministre de France et créer, au profit du Vice Consul, un titre d'indulgence. Car l'Alliance Française d'Iquique était un peu l'œuvre de la Légation de France.

Le prédécesseur de M. Veillet Dufrèche, à Santiago, avait dit au Vice-Consul d'Iquique : « Puisque la Bienfaisance française, qui n'a pas de bienfaisance à pratiquer, possède 1 60? piastres, utilisez cette somme en fondant un Collège français. »

Fonder un Collège français à Iquique !

Mais tout le monde devait y gagner quelque chose : depuis le concierge du Collège jusqu'au Ministre de France chacun spéculait ! Pensez donc ! On allait fonder le premier Collège français au Chili ! L'œuvre devait, dans la pensée du Vice-Consul, dépasser Iquique. L'Alliance que le Vice-Consul avait fondée était une association pour le développem nt de la langue française *dans le Nord du Chili* et plus tard dans le Sud ! Le Vice-Consul avait là de hautes ambitions, mais trop hautes, des ambitions trop hautes en raison des moyens de réalisation.

Le Vice-Consul de France agitait toujours le Drapeau

Et puis le Vice-Consul n'était pas l'homme de la situation. Il avait, depuis deux ans, irrité trop de monde en agitant sans cesse le Drapeau. Il y a plusieurs manières d'être patriote. Le Vice-Consul avait eu, en maintes circonstances, la manière qu'il ne fallait pas avoir au Chili, et à Iquique principalement. On peut être patriote sans provoquer sans cesse l'étranger. L'amour de la patrie est au cœur de tous ceux qui ont quitté la terre de France, quelles que soient leurs opinions politiques : sur les terres lointaines on aime la France pour bien des raisons qui parlent plus haut qu'en terre française, mais si l'amour de la patrie est plus ardent à l'étranger qu'en France et s'il est permis de le manifester publiquement, il ne faut pas, quand on est chez les autres, agiter sans cesse le Drapeau, car les autres Drapeaux peuvent en prendre ombrage.

Le Vice-Consul avait agité le Drapeau, à maintes reprises, devant les colonies étrangères, la colonie italienne notamment qu'il avait froissée en l'entretenant, à son arrivée de Benghasi, de la guerre de Tripolitaine, dans des termes peu flatteurs pour les Italiens ; il avait agité le Drapeau au Consulat anglais où il demandait un jour, dans le courant de juillet 1912, au nom de « l'entente cordiale » la révocation de M. B..., secrétaire du Consulat, sous prétexte qu'il lui avait écrit des lettres anonymes dont le Vice-Consul a reconnu lui-même, plus tard, que M. B... n'était pas l'auteur.

C'est que le Vice-Consul s'incarnait en quelque sorte dans le Drapeau et appelait « insulte au Drapeau » tout fait quelconque, même insignifiant, qui désobligeait le Vice-Consul sans viser le moins du monde le Drapeau. En réalité, le Drapeau de France était respecté à Iquique par tout le monde, très respecté, très honoré — je m'en suis rendu personnellement compte.

Depuis les derniers incidents, le Vice-Consul agitait maintenant le Drapeau pour la guerre à soutenir contre un Français qui ne l'avait pas déclarée, puisque la rupture du contrat et la violation de domicile avaient été le fait du Vice-Consul.

Le Vice Consul agitait le Drapeau et restait dans sa tour d'ivoire d'irresponsabilité en engageant la responsabilité des autres: grâce à sa fonction, grâce au pouvoir qu'elle lui donnait, grâce au prestige de l'Alliance Française dont il se couvrait, il allait essayer d'effacer les fautes commises en m'empêchant, par tous les moyens, non seulement d'obtenir justice mais encore de gagner ma vie à Iquique.

✂ ✂ ✂

Agression sur la voie publique — Le régime de vexations qui avait été inauguré par la violation de domicile, continua par l'agression sur la voie publique. L'auteur de cette agression était le même que l'auteur de la violation de domicile, mais il n'était que l'instrument des volontés consulaires, et le Vice-Consul le faisait passer pour le défenseur de l'idéal patriotique. Le Vice-Consul n'avait pas donné des ordres cette fois, mais l'auteur de l'agression était et est resté par la suite son meilleur ami : le Vice-Consul l'avait fait venir à Iquique, quelques mois avant moi, pour servir de « Conseiller du Consulat de France », selon la note qui avait paru dans les journaux, puis il l'avait fait nommer surveillant à l'Alliance Française et plus tard il lui avait trouvé d'autres emplois. Tout le monde savait à Iquique que ce jeune homme était poussé par le Vice-Consul de France. C'est, du reste, pour cette raison qu'il n'a pas été poursuivi. Il était assuré de l'impunité à cause de la complicité du Vice-Consul, et comme le Vice-Consul « travaillait pour l'Alliance Française et pour le Drapeau », le Ministre de France laissait faire. Étant donné l'attitude que le Vice-Consul avait eue dans le débat, le Ministre de France seul, en prenant des mesures énergiques, pouvait encore empêcher le conflit de s'aggraver : la situation était déjà assez grave pour que le Vice-Consul fût appelé ; la situation était assez grave pour que les autorités locales fussent priées de faire justice et de passer outre aux interventions consulaires. Mais le Ministre de France préférait couvrir le Vice-Consul afin de garantir l'Alliance Française. Toutes mes lettres, tous mes câblogrammes au Ministre restaient sans réponse (Voir annexes nº 32 à 38). Je ne comprenais pas ce silence. Il m'inspirait quelque méfiance, mais il me laissait de l'espoir. Je me disais que le Ministre attendait sans doute, pour me répondre, d'avoir pris ses informations ; pourtant j'étais étonné de l'inertie de la justice et tout le monde me disait qu'en présence d'une situation qui compromettait le Vice-Consul et l'Alliance Française la justice ne marcherait que sur la demande du Ministre de France. Cela me fut dit notamment par l'Intendant de Tarapaca. « Allez à Santiago et voyez le Ministre, sinon on ne fera rien », telle fut la conclusion de mon premier entretien avec ce haut fonctionnaire qui n'avait encore pris parti pour personne.

-‡- -‡- -‡-

Silence du Ministre de France et inertie de la Justice chilienne

Les semaines passaient et rien ne se solutionnait. Le Vice-Consul prenait courage. Il sentait maintenant que l'Alliance Française et le Drapeau le sauveraient, puisqu'au surplus le Ministre de France était dans la combinaison.

Que pouvais-je faire, cependant, devant le silence persistant de la Légation de France et l'inertie de la Justice chilienne ? J'avais déposé une plainte en agression sur la voie publique.

Elle était mise sous le boisseau comme ma plainte en violation de domicile. C'était délicat pour le juge de suivre mes plaintes : car au bout il devait y avoir sinon l'aveu, par l'ancien employé du Consulat de France, qu'il avait agi pour le compte du Vice-Consul, du moins, au cas très probable où le Vice-Consul aurait empêché cet aveu, une condamnation imméritée de l'auteur matériel qui n'était qu'un instrument. Je n'aurais pas permis cette condamnation d'un jeune homme qui n'avait aucune raison de m'en vouloir et qui avait agi la

première fois, lors de la violation de domicile, en conformité
des ordres consulaires, la seconde fois, lors de l'agression,
sous l'instigation du Vice-Consul. Au surplus je me serais
contenté contre le Vice-Consul, qui était le vrai coupable,
d'une condamnation légère de simple police.

Le juge aurait peut-être consenti à appliquer une peine de
simple police commune aux deux faits (violation de domicile
et agression). Il m'avait demandé de « joindre les causes ».
J'avais refusé la jonction, parce qu'en opérant la jonction le
juge voulait sauver le Vice-Consul son ami : en effet, la violation de domicile avait été ordonnée par le Vice-Consul, et,
même au cas où l'auteur maté·iel aurait nié avoir agi par
ordre du Vice-Consul, l'ordre consulaire était facile à établir
pour ce premier fait si la jonction m'eût aidé, mais pour ce qui
est au contraire de l'agression du 16 mars, elle ne procédait
que de l'instigation du Vice-Consul et non de son ordre direct
et la preuve de l'instigation consulaire était moins facile.

Si j'avais accepté de joindre les causes, le juge eût fait bloc
de la violation de domicile et de l'agression, en considérant
celle-ci comme une contravention, et en étendant à celle-là la
peine de celle-ci qui n'atteignait que l'auteur matériel ; cette
communauté de peine diminuée allait permettre de solutionner les choses au pied levé, selon la procédure chilienne,
dans le petit cabinet du juge, en audience secrète, et, du
coup, la justice donnait quitus au Vice-Consul de France ! Je
ne me serais pas opposé à la communauté de peine diminuée,
mais je ne voulais pas permettre l'escamotage du Vice-Consul, car lui seul était coupable. Le juge trouva une solution ;
l'escamotage général par le « classement » des deux affaires !
C'était plus rapide, plus simple et moins compromettant ; le
juge ne supposait pas, à ce moment-là, que je protesterais et
il tenait à éluder les difficultés dont le Vice-Consul était
coutumier. Il y avait eu entre le Vice-Consul et diverses
personnalités des échanges d'épîtres extraordinaires ! Beaucoup d'épîtres du Vice-Consul appartenaient au domaine
public, bien qu'elles ne relatâssent que des incidents d'ordre
privé. Il ne me plaît pas de faire connaître ces incidents
parce que je n'attaque pas le Vice-Consul dans sa vie privée ;
si j'y fais allusion ici, c'est parce qu'en livrant au public,
sous forme de lettres tirées à plusieurs exemplaires, des
incidents d'ordre privé, qui étaient sans gravité d'ailleurs, le

Vice-Consul cherchait tout simplement à accroître le prestige
de sa fonction et à faire craindre l'écusson de France. J'ai le
droit de dire cela parce que j'ai été victime de ces procédés
consulaires. Le Juge pouvait redouter d'autres complications
consulaires. J'ai appris moi-même, plus tard, que le Vice-
Consul avait eu, en présence de tierces personnes, des paroles
comminatoires à l'adresse de mon avocat. Mon avocat n'avait
pas cédé à la menace du Vice-Consul en se dessaisissant de
l'affaire ; il avait eu d'autres raisons et il ignorait peut-être la
menace. Au surplus, il m'a mis en rapport avec un second
avocat qui a fait ce qu'il a pu et s'il n'a pas mieux fait, cela
tient à des causes bien indépendantes de sa volonté, notamment à l'organisation même de la justice chilienne, aux
garanties illusoires de la juridiction personnelle dans les
affaires délicates, au danger de la procédure secrète et des
pouvoirs illimités du juge dans la mise en marche et le jugement de tous procès ; s'il n'a pas mieux fait, cela tient à la
qualité de mon adversaire, aux influences que ce dernier a
mises en mouvement comme aux craintes qu'il a inspirées ;
cela tient à l'attitude du Ministre de France ; cela tient
enfin à l'organisation même de la profession d'avocat au
Chili, où il n'y a pas de barreau proprement dit et où la
magistrature fait ce qu'il lui plaît.

18 jours s'étaient écoulés. Aucune solution n'intervenait.

Je me présentai alors au Tribunal pour demander communication du dossier. Elle me fut refusée. On me fit voir
seulement, au Greffe, un soi-disant procès-verbal d'audition
de témoins où il était dit que les témoins ne savaient rien.
Parmi ces témoins, que j'avais fait citer à mes frais, il y
avait notamment l'agent de police qui avait constaté la violation de domicile, le 13 mars ; il avait vu que les portes de ma
chambre avaient été ouvertes à l'aide de fausses clefs ou
autrement et qu'une partie du mobilier, qui appartenait à
l'Alliance Française, mais dont j'avais l'usufruit, avait été
enlevé ; il aurait tout dit s'il avait été interrogé sérieusement;
il en disait assez pour provoquer une enquête sérieuse.
J'écrivis au juge, le 31 mars, pour lui demander de me con-
fronter avec les témoins entendus, d'entendre de nouveaux
témoins dont je lui donnais les noms, de faire prendre des
mesures conservatoires, d'ordonner que tous mes effets, livres,
papiers et documents qui étaient restés dans mon domicile

me seraient remis en présence d'un officier public, de faire
dresser constat en attendant, de me faire assister enfin d'un
interprète assermenté.

Le Juge, que je vis de nouveau personnellement, me répon.
dit qu'il ne pouvait pas donner suite à mes plaintes, et sur
ma nouvelle demande, il inscrivit: « Renvoyé pour ne pas
venir en forme ». Ma plainte en violation de domicile était
venue en forme et le juge avait trouvé pour l'éluder un
« moyen de forme : la jonction Maintenant que mon avocat
lui-même ne voulait plus suivre l'affaire et que j'en étais
réduit à adresser au juge une autre demande, pour laquelle
d'ailleurs aucune forme n'était nécessaire, le juge trouvait,
pour éluder cette demande, un autre « moyen de forme ».
L'habileté a son compte dans ces sortes de moyens.; la
justice, non pas !

Le déni de justice était évident.

Mais c'était le salut du Vice-Consul !

Le Vice-Consul se sauvait : il avait du moins l'excuse de
la passion née de l'intérêt personnel.

Le Ministre de France, qui a tout permis par son attitude, est un fonctionnaire sans excuse Il n'a même pas
l'excuse du patriotisme : le véritable patriotisme eût respecté la liberté d'appréciation de la justice étrangère mais
fût intervenu, avec une énergique courtoisie, dans ce conflit
où la situation des deux adversaires n'était pas la même et
où le droit du plus faible risquait d'être sacrifié au prestige
du mandat consulaire, à la renommée mal comprise de
l'Alliance Française et à la fausse gloire du Drapeau.

Mais le Ministre de France, s'il était intervenu avec l'énergique courtoisie que la coutume internationale lui permettait
ou si seulement il était resté neutre, eût risqué de provoquer
quelque émotion au Quai d'Orsay, en laissant condamner
un Vice-Consul de France, même à une simple amende de
police.

Le Ministre de France croyait aussi que l'intérêt de l'Alliance Française d'Iquique allait être pris comme dans un
engrenage par la condamnation du Vice-Consul.

L'intérêt mieux compris de l'Alliance Française et du
Drapeau exigeait que le Vice-Consul fût soumis à la loi
commune.

L'Alliance Française n'avait qu'un intérêt pécuniaire à l'étouffement de l'affaire : le même intérêt qui avait provoqué les brutalités, l'intérêt qui consistait à me démoraliser et à me forcer de quitter la ville afin qu'il me fût impossible de défendre mes droits au civil, après mon échec devant le juge pénal. L'Alliance Française peut-elle accepter que le mandat de protection française internationale se compromette ainsi pour la servir ?

❆ ❆ ❆

Pourquoi on me fit retenir les sommes que j'avais avancées sur le nom de l'Alliance Française ?

Entre temps, des propositions d'arrangement me furent faites pour le règlement du conflit civil né de la rupture de mon contrat.

Mais tout d'abord, afin de m'imposer une transaction draconienne, on me fit retenir la somme de huit cents francs, que j'avais dépensée en supplément de voyage, par suite de la modification de mon itinéraire à Rio-de-Janeiro, et en frais d'hôtel à Rio-de-Janeiro, à Buénos-Ayres et à Iquique. Je n'aurais pas consenti ces avances à n'importe qui : l'Alliance Française avait un nom... Encore était-il convenu qu'il s'agissait d'un prêt immédiatement remboursable.

J'avais pris cette somme sur mon argent de poche et je ne pouvais pas télégraphier à ma famille pour me faire adresser des fonds, parce que je ne voulais pas causer de la peine aux miens par l'envoi d'un câblogramme huit jours à peine après mon arrivée à Iquique. Le Ministre de France connaissait cette situation : s'il avait été un fonctionnaire juste il m'aurait fait rembourser immédiatement la somme de huit cents francs dont j'avais besoin ; il lui suffisait, pour cela, d'adresser au Vice-Consul une lettre énergique pour lui faire toucher du doigt l'indélicatesse du procédé qui consistait à me retenir une somme que j'avais dépensée en cours de route pour une œuvre patriotique dont le nom m'inspirait confiance, sur la demande même du Vice-Consul, qui avait trouvé, au sein du Comité, un homme complaisant pour prendre la proposition sous son bonnet.

Cette somme de huit cents francs aurait pu me servir à défendre mes droits et me mettre en bonne posture pour refuser une transaction draconienne, en attendant que ma famille m'envoyât des fonds supplémentaires. On m'avait refusé tout remboursement dès la première heure, et on persista dans ce refus.

La Colonie française se divisait maintenant en deux camps : ceux que le Vice-Consul avait écœurés et ceux qui s'accrochaient à lui par désespoir et qui le soutenaient pour qu'il les soutînt. Ceux que le Vice-Consul avait écœurés poussaient à la transaction honorable « pour notre prestige et notre bon nom », ainsi que le disait M. B..., au cours de la réunion du Comité du 18 mars.

Pour en finir avec tous les ennuis qu'on me causait et pour ne plus perdre de temps, j'eusse accepté, à ce moment-là, en raison de l'état de dépression morale où on m'avait mis, même une transaction draconienne. J'aurais ensuite fondé, dans de meilleures conditions, le Cours de Français que j'avais l'intention de fonder. Mais le Vice-Consul redouta pour l'Alliance Française la concurrence de mon Cours de Français et comme il se préoccupait beaucoup moins de l'enseignement du français que des moyens d'avancement et de décoration que l'Alliance Française lui donnait, il fit échouer la transaction, car il n'avait intérêt qu'au succès de son Alliance Française.

❀ ❀ ❀

Le Ministre de France laissait faire

Le Ministre de France laissait faire Non seulement il ne me répondait pas, mais il ne répondait pas à mes amis. M. B... lui écrivit à la date du 27 Avril 1913, une lettre dont il n'accusa même pas réception. (V. annexe n° 56).

Le Ministre de France aurait pu, tout au moins, informer le Ministre des Affaires Étrangères, avec qui je ne correspondais pas directement encore parce que le Gouvernement de la République Française me paraissait suffisamment représenté au Chili par le Ministre de France. Sans doute, un agent diplomatique représente les intérêts généraux et ne s'immisce pas, en principe, dans les différends particuliers, mais dès l'instant qu'il y avait eu atteinte aux Droits de l'Homme, dès l'instant que j'étais venu au Chili pour une œuvre patriotique française, dès l'instant que j'étais dans un pays où un mandataire public de protection française trahissait, vis à vis de moi, les devoirs de son mandat en se couvrant du prestige de l'Alliance Française et du Drapeau, l'intérêt général français était assez engagé pour justifier l'intervention du Ministre de France.

Le prestige même de la Représentation Française au Chili y eût gagné quelque chose.

Tout le monde comprenait cela. La Presse d'Iquique n'osait rien dire dans ses colonnes, parce que la personnalité même du Vice-Consul de France et la personnalité de M. G..., ancien agent consulaire et gros salpêtrier connu dans le monde des affaires à Iquique, étaient des personnalités inquiétantes par leur influence. Mais si la Presse se taisait dans ses colonnes, elle parlait dans ses bureaux : au cours d'une réunion générale des membres de la Presse il fut décidé qu'aucune communication relative à l'Alliance Française et au Collège ne serait insérée sur la demande de mes adversaires jusqu'à ce que le scandale eût pris fin. Le Corps Consulaire était également indigné, mais comme la Presse il se taisait, car il voyait bien, comme la Presse, que le Vice-Consul de France était déjà très dangereux par lui-même, et il était difficile d'intervenir dans ces conditions là ! Désolé de l'attitude du Ministre de France, j'avais dû saisir de l'affaire le Doyen du Corps Consulaire, ancien Ministre de Bolivie en France et officier de notre ordre national de la Légion d'honneur — un homme vénérable qui est un des meilleurs amis de la France à Iquique. Le Doyen du Corps Consulaire ne m'avait pas caché sa sympathie pour ma cause. Il ne se méprenait pas sur le caractère de la campagne consulaire pour l'Alliance Française ; il connaissait les dessous de la campagne, mais il ne pouvait rien empêcher : comment le Doyen du Corps Consulaire eût-il pu, en présence de cette faillite de la Protection Française, se substituer au Vice-Consul de France ? Les principes du droit consulaire s'y opposaient et je n'avais saisi le Doyen du Corps Consulaire que pour éviter de tomber dans tous les pièges qui m'étaient tendus et trouver un défenseur éventuel des droits naturels de la personne humaine pour le cas où le Vice-Consul de France mettrait à exécution les nouveaux projets dont il parlait. Car le Vice-Consul, qui s'illusionnait beaucoup sur la portée de la campagne qu'il avait entreprise contre moi, pensait qu'il se couvrait de gloire avec ce qu'il appelait des victoires patriotiques. Il célébrait la renaissance du patriotisme français. Il s'enivrait de ses triomphes auprès de la Justice chilienne et de la Légation de France.

❀ ❀ ❀

Le Vice-Consul prepare des triomphes nouveaux

Il préparait des triomphes nouveaux.

Pour les triomphes nouveaux, il devait, pensait-il, travailler le terrain.....

Il le travaillait avec prudence.

Ecrire était dangereux.

Il préféra parler et faire parler.

Un commis voyageur en diffamation fut expédié de ci de là, de porte en porte : il venait de la part du Consulat de France faire n'importe quelle communication et il profitait de l'occasion pour réciter la leçon que le Vice-Consul lui avait apprise sur mon compte. Il passait dans les principales maisons. Aux heures des achats, il faisait les boutiques. Il proposait partout petits et gros articles. Vu la marque et le cru, on en prenait souvent. D'ailleurs, c'était pour rien. Il rentrait le soir au Consulat de France pour rendre compte à son patron du résultat de sa tournée. Il lui signalait les bons clients, ceux qui en avaient bien pris et qui en reprendraient. Il lui dénonçait les mauvaises maisons, celles auxquelles il ne fallait pas avoir confiance et celles dont il fallait se méfier. Il lui parlait enfin des maisons hésitantes. Pour celles-ci, le Vice-Consul demandait la communication téléphonique et il leur proposait lui-même ses articles. Même alors, quelquefois, les maisons hésitaient. Mais le Vice-Consul invoquait le Drapeau. A cause du Drapeau on n'osait refuser.

La lutte devait continuer de plus belle, pensait le Vice-Consul, parce que sa petite armée avait maintenant beaucoup d'ennemis, dont quelques-uns se taisaient, mais dont quelques autres prenaient ouvertement parti pour moi. Le Comité de l'Alliance Française n'était plus entièrement sous la main consulaire. La dislocation s'accentuait. C'était périlleux. Le Vice-Consul voulut démontrer au Ministre de France que les hommes importants étaient de son côté. Le Comité le gênait, parce qu'il comprenait un certain nombre d'empêcheurs de danser en rond. Le Vice-Consul s'avisa de faire disparaître le Comité, subrepticement, et de former d'autorité, en un tour de passe-passe, un Comité nouveau avec seize têtes avides d'honneurs.

Il réunit le Comité et lui fit voter sa démission. Le Comité avait été élu pour deux ans et n'était renouvelable qu'en 1914, aux termes même des statuts. Mais les sta uts, comme les lois, passaient après la volonté consulaire. Une demi-douzaine de votants décidèrent donc que le Comité démissionnerait en bloc : c'était la révocation déguisée des autres. Les membres absents eurent beau exposer que cette démission collective était encore une comédie, le Vice-Consul se moquait de cés réclamations là. Il se retranchait maintenant derrière « la Présidence d'Honneur qui ne lui permettait pas d'i tervenir ». La Présidence d'Honneur du Comité ne lui permettait d'intervenir que pour donner libre cours à son arbitraire et à son injustice, mais elle était un prétexte à non-intervention chaque fois qu'il s'agissait de réparer le mal que la Présidence d'Honneur avait fait. C'est ainsi que la Présidence d'Honneur lui avait permis de faire rompre mon contrat en pesant sur la décision du Comité, puis lui avait permis de faire échouer une transaction tout en lui permettant de dire au Ministre de France, qui prenait cela comme pain bénit, qu'il ne pouvait rien obtenir du Comité De nouveau, la Présidence d'Honneur avait permis au Vice-Consul de faire révoquer les membres du Comité qui lui déplaisaient, mais elle ne lui permettait pas de donner suite à leurs réclamations contre cette révocation arbitraire !

Que la Présidence d'Honneur d'un Comité de l'Alliance Française couvre des pratiques semblables, c'est assez étonnant. Mais ce qui étonne le plus, c'est que le Ministre de France, informé de ces pratiques, ait continué, comme par le passé, à n ouvrir les yeux que pour recevoir le sable que le Vice-Consul d'Iquique voulait bien j ter dedans.

✛ ✛ ✛

Et c'est toujours pour l'Alliance Française et pour le Drapeau Cela était encourageant pour le Vi e-Consul. Il pouvait continuer puisqu'il travaillait « pour l'Alliance Française et pour le Drapeau ». Il n'avait plus à se gêrer vis à vis de personne. Ne savait-il pas que même mes amis étaient abandonnés par le Ministre de France? Il se mit alors à calomnier et à faire calomnier tous ceux qui osaient m'accorder leur appui. En une ou deux semaines, des histoires extraordinaires, sur lesquelles il ne me plaît pas d'insister parce qu'elles touchent à la vie privée des tiers, furent inventées de toutes pièces par le Vice-Consul. Ceux que des histoires extraordinaires ne pouvaient atteindre, à cause du peu de créance qu'elles trouveraient auprès du public, furent victimes de révélation de quelques fautes passées. C'est ainsi que le Vice-Consul révéla des faits d'insoumission militaire, par exemple, et d'autres faits que sa situation lui permettait de connaître. Ce qui était encore plus odieux, c'est qu'il se servait maintenant de l'insoumission de quelques Français comme d'une arme pour les battre, tandis qu'au début, quand il avait fondé l'Alliance Française, le Vice-Consul s'était servi de l'insoumission de ces mêmes Français pour les encourager à racheter leur faute en favorisant son œuvre. Maintenant encore les insoumis qui étaient restés dans le parti consulaire étaient des « patriotes », ceux qui défendaient le bon droit et le nom français étaient des « sans-patrie » !

Le Vice-Consul ne croyait pas devoir, bien entendu, sacrifier ses désirs de représailles au respect du secret professionnel ; il préférait utiliser, au profit des uns et au détriment des autres, tous les avantages qu'il tenait de son mandat.

Il faisait les choses de main de maître. Il était visible qu'il n'en était pas à son coup d'essai. Longtemps avant mon arrivée, il avait appris à violer le secret professionnel pour assouvir des vengeances personnelles.

Le Vice-Consul était une force. Il faut avoir vécu à l'étranger pour savoir ce que peut être une force de cette nature, quand elle se déchaîne sur une petite colonie comme la colonie française d'Iquique, sous le regard indifférent des colonies étrangères dont chacune vit isolée et ne s'occupe que de ses affaires.

Cependant, même dans ce milieu cosmopolite, il y a une opinion publique qui surveille. Elle surveille mal, parce que la surveillance qu'elle peut exercer est diverse et incomplète, mais elle surveille,

`Elle n'intervient pas, j'ai dit pourquoi elle ne pouvait pas intervenir, mais sa surveillance, pour être moins bruyante qu'une intervention, peut gêner un Vice-Consul.

Le Vice-Consul devenait de plus en plus impopulaire.

Mais il connaissait la loi fondamentale des mouvements d'opinion. Il savait que l'opinion publique se gouverne d'après le principe de la neutralisation des effets contraires, et que cette loi est aussi inéluctable que n'importe quelle autre loi naturelle, chaque fois que l'effet neutralisateur est convenablement dosé. En faisant violer mon domicile et en me faisant attaquer sur la voie publique, le Vice-Consul avait jeté dans l'eau deux pierres qui provoquaient des ondulations de direction décevante. Le Vice-Consul devait jeter dans l'eau quelque autre pierre afin de provoquer des mouvements contraires.

卐 卐 卍

Nouvelles diffamations du Vice-Consul — Son démarcheur en diffamation continuait chaque jour la besogne imposée.

Il s'agissait maintenant de faire croire à l'Intendant de Tarapaca que j'allais bientôt prendre part, avec M Recabarren, directeur du journal socialiste *El Despertar de los Trabajadores*, à une œuvre de propagande contre les Corps constitués qui servirait de prélude à un complot contre la sûreté publique.

Le démarcheur en diffamation disait qu'un nouveau journal paraîtrait incessamment, que ce journal serait alimenté par une première mise de fonds de cinq mille piastres, recueillie par souscription dans les milieux prolétariens, et qu'avec cet appareil de combat nous allions commencer nos attaques.

On m'avait vu plusieurs fois entrer aux bureaux du *Despertar* où j'avais fait connaissance de M. Recabarren. Il n'avait jamais été question, entre M. Recabarren et moi, de fondation d'un nouveau journal, mais on avait battu la grosse caisse autour de ces visites qui étaient de simples visites amicales, sans caractère politique. J'aimais à causer avec M. Recabarren parce que la conversation très simple de cet homme du peuple, dont l'Intendant de Tarapaca lui-même disait qu'il était un brave homme bien qu'il fût son adversaire, me reposait un peu de la rhétorique du Vice-Consul ; M. Recabarren avait des notions très précises et très exactes sur le régime de la loi, sur les devoirs et les responsabilités des mandataires publics, sur les coutumes du droit international, etc..... et sa conversation me plaisait.

M. Recabarren était ancien député socialiste, expulsé de la Chambre pour délit d'opinion. Il était très considéré à Iquique, où les bourgeois eux-mêmes rendaient hommage à sa haute indépendance et à sa rare probité. Je reparlerai de lui à propos des œuvres sociales qu'il a entreprises et menées à bonne fin. Il m'était sympathique et je croyais pouvoir lui faire des visites d'amitié.

✝ ✝ ✝

Le Vice-Consul demande contre moi un décret d'expulsion

Cependant, le Vice-Consul exploitait ces visites pour persuader aux autorités que j'étais un élément néfaste à la sécurité publique. Il demandait contre moi un décret d'expulsion, ni plus ni moins. Il le demandait dans l'intérêt supérieur de l'ordre public.

Après avoir défendu le Drapeau Français, le voilà qui maintenant défendait le Drapeau Chilien. Mais pour ce qui concerne le Drapeau Chilien, il le défendait sans l'invoquer ; il invoquait simplement l'ordre public.

Obtenir contre moi un décret d'expulsion n'était pas chose facile. Des accusations vagues de trouble a l'ordre public pour des projets de fondation de journal ne suffisaient pas à motiver une mesure aussi grave.

Je pensais bien que les autorités ne m'expulseraient pas du territoire chilien aussi inconsidérément que le Vice-Consul m'avait expulsé de mon Collège. Je savais que les autorités chiliennes étaient très autoritaires, mais je savais aussi qu'entre l'autoritarisme des autorités chiliennes et l'autoritarisme du Vice-Consul de France il y avait tout de même, à l'avantage des autorités chiliennes. une différence considérable.

La campagne de diffamation du Vice-Consul semblait avoir maintenant un peu moins de succès. Mais je me demanda s si mon adversaire ne pou rait pas oser plus encore que ce que depuis un mois il avait osé.

Je n'avais pas, pour me défendre, des moyens d'action aussi puissants que ceux qu'il avait pour m'attaquer.

Mes amis étaient dévoués. Mais nous avions contre la force de l'injustice officiellement patronnée la faiblesse du droit sans patronage. Nous avions l'infériorité du nombre et de l'influence. Le nerf de la guerre, l'argent, était dans le camp ennemi, de même que la protection des autorités locales et celle du Ministre de France.

◇ ◇ ◇

L'organisation de la Défensive Je devais organiser la défensive par des moyens rapides. Les autorités favorisaient les opérations consulaires parce que les autorités sont liées par l'esprit de corps. L'Intendance et la Police manifestaient quelques réserves pour la cause du Vice-Consul, mais la Justice était conquise et c'était pour nous un danger; car au Chili, et surtout dans la pampa du Nord à cause de l'éloignement du pouvoir central, le Juge passe après Dieu dans l'ordre de la toute-puissance.

Je lançai une publication de circonstance, « Les Lauriers de l'Alliance », au cours de laquelle je disais ce que je pouvais dire (Annexe n° 18).

On m'a reproché plus tard ce moyen de défense, mais pour juger un moyen de défense il faut le regarder sous le prisme des circonstances de temps et de lieu Le Vice Consul était à la tête d'un parti puissant. Le Vice-Consul et son parti m'attaquaient par tous les moyens. depuis plus d'un mois. Ma liberté courait des risques. Le Ministre de France continuait à garder le silence. L'égalité de droit devant la loi était rompue. En cas de conflit grave, la libre défense ne m'était pas assurée devant la Justice officielle qui m'avait déjà infligé des échecs immérités. Mon pays était éloigné. Je devais saisir immédiatement la Justice de l'opinion publique représentée, pour ce qui me concernait, par la colonie française et les amis de la France. Ma publication fut tirée à 500 exemplaires et confiée, pour la répartition, aux bons soins de mes amis.

Le Vice-Consul fut consterné. A ses menaces d'expulsion, je répondais en demandant son extermination,

⚜ ⚜ ⚜

Le Vice-Consul veut me faire arrêter

Alors, pendant quinze jours, ce fut un déchaînement de malédictions et d'anathèmes. Le Vice-Consul annonçait qu'il partirait en congé bientôt, mais qu'avant de partir il me ferait arrêter. Entre temps j'avais fondé un Cours de Français et j'étais aussi professeur dans un Collège de jeunes filles.

⚜ ⚜ ⚜

Insulte au Drapeau

Le Vice Consul fit faire, par son Chancelier, diverses démarches auprès de la Directrice, pour qu'elle ne me gardât pas dans son Collège, sous prétexte que ma publication était « une insulte au Drapeau » !!! Il convoqua tous les capitaines de cargots français en rade dans les eaux d'Iquique et leur démontra que « dans l'intérêt de la patrie », ils devaient m'adresser une lettre d'insultes, qui fut rédigée et écrite au Consulat et qui fut portée chez la Directrice du Collège par un capitaine, accompagné d'un employé du Consulat. Pour qui savait quelle influence le Vice-Consul avait sur la plupart des capitaines de la marine marchande, à cause des services qu'il leur rendait ou des services qu'il recevait, la lettre d'insultes des capitaines en rade d'Iquique s'expliquait par la reconnaissance et l'intérêt réciproques. Mais le Vice-Consul donnait, bien entendu, une autre explication ; il montrait partout une copie de cette lettre en disant que les patriotes français me désavouaient ; les sympathies que je rencontrais maintenant auprès de la colonie française et auprès des amis de la France prouvaient que les moyens du Vice-Consul procédaient simplement du dépit que lui causait l'estime publique dont j'étais entouré. Il n'y avait pas d'insulte au Drapeau dans ma publication, ainsi qu'on pourra s'en rendre compte en se reportant à l'annexe n° 18.

Mais ce qu'il y a de plus extraordinaire c'est qu'en parlant d'insulte au Drapeau, à l'occasion de cette publication, le Vice-Consul était peut-être de bonne foi ! En effet, il se disait le Représentant de la France et revendiquait l'inviolabilité diplomatique ; il pouvait croire qu'en demandant son extermination j'attaquais le Drapeau,

Le coup de l'insulte au Drapeau n'ayant pas réussi, le Vice-Consul inventa le coup de l'insulte à la magistrature.

Nouvelle histoire **Insulte à la Magistrature**	Une petite diversion est ici nécessaire.

M. Recabarren, directeur du journal socialiste « El Despertar de los Trabajadores », était mon ami. En même temps que son journal socialiste, Recabarren fait paraître un journal humoristique de propagande anticléricale « El Bonete ». C'est une feuille légère, qui verse un peu dans la gaudriole mais qui reste convenable dans la mesure où les convenances sont compatibles avec ces sortes de publications qui ne se justifient que du point de vue des nécessités de la polémique.

« El Bonete » avait été poursuivi pour une image tout à fait insignifiante qui représentait un curé embrassant une femme sur le front. Recabarren m'avait demandé ce que je pensais de ces poursuites. Je lui avais répondu, dans « El Despertar », (Voir annexe n° 20) que le Ministère Public s'était trompé et que la Justice l'acquitterait parce que l'inculpation « pour outrages à la morale publique » n'était pas régulière. J'appris en effet, beaucoup plus tard, que cette inculpation n'avait servi qu'à en couvrir une autre « celle d'insultes à la magistrature », le juge ayant cru se reconnaître dans la photographie du curé ; mais au moment où j'avais fait ma réponse au directeur du « Despertar » je ne savais pas du tout que le juge fût visé par l'image « d'El Bonete », où je n'avais pas le moins du monde découvert la tête du magistrat dans le groupe litigieux !

Quoi qu'il en soit, le Vice-Consul saisit avec empressement cette occasion tout à fait quelconque d'un article quelconque de journal pour perpétrer le coup de force que depuis un mois il préparait.

Faux en écriture et complot **contre la sûreté individuelle**	Les autorités furent averties que le projet de création d'un nouveau journal socia-

liste, dont il a été ci-devant question, prenait corps et que j'étais en communion d'idées avec Recabarren puisque je le défendais dans les colonnes du « Despertar ». En même temps, pour donner créance aux inventions du Vice-Consul, une lettre anonyme dans laquelle mon écriture était parfaitement imitée insultait la magistrature. Le Vice-Consul fit de mon article du « Despertar » et de la lettre anonyme un amalgame et complota mon arrestation. La police se laissa traîner à la remorque du Vice-Consul. Il fit croire à l'Intendant de Tarapaca que j'étais l'auteur de la lettre d'insultes à la magistrature, que j'avais même fait placarder devant l'imprimerie du « Nacional » des affiches socialistes ; qu'au surplus, j'étais porteur d'armes prohibées et que par conséquent je complotais contre la sûreté publique.

Mesure arbitraire de police du 21 Avril 1913 Tout cela m'a été dit par l'Intendant de Tarapaca à qui j'ai demandé des explications, quelques jours après le coup de police de la Calle Bolivar, du 21 Avril, que le Vice-Consul avait provoqué (Voir annexe n° 21). Les circonstances mêmes de la mesure arbitraire du 21 Avril se trouvent relatées dans une seconde publication qui est reproduite annexe n° 22). La police n'avait découvert aucune arme sur moi ni aucun indice lui permettant de servir de base aux accusations calomnieuses du Vice-Consul. Elle fut obligée d'abandonner l'affaire, mais on verra par la lecture de ma seconde publication quel risque cette fois j'avais couru et éludé.

Le coup de l'insulte à la Magistrature était un coup raté comme le coup de l'insulte au Drapeau.

Mais l'Inviolable avait à son arc d'autres cordes.

Les conversations épiques du Vice-Consul Ses conversations avec mes amis étaient épiques.

Cela se passait souvent au téléphone : « Allo ! Allo ! M. un tel, puisque vous êtes du parti de M. Boucabeille, n'oubliez pas votre petit dossier du Consulat. Vous savez ce que vous devez au Vice-Consul pour votre affaire d'insoumission. Vous savez ce que je peux faire encore. — Monsieur le Vice-Consul, si vous faisiez votre devoir comme je fais le mien tout irait pour le mieux. —

M. un tel raccrochait le récepteur. Cela mettait l'Inviolable
en furie. Il demandait à la demoiselle du téléphone de rétablir la communication : « Allo! Allo! Allo! On ne lui répondait pas. Il téléphonait à un autre de mes amis : « Allo !
Allo! Allo! La question de vos palmes! Vous serez décoré si
vous lâchez le parti de M. Boucabeille ». — Monsieur le Vice-
Consul, je me f .... de votre décoration.

L'Inviolabilité consulaire avait fait son temps.....

Le Consulat de France changea de local à ce moment-là.

C'était son quatrième déménagement depuis une année. Il
y en a eu trois autres depuis.

**Projet d'installation du
Consulat de France au
Collège de l'Alliance
Française**

Le Vice-Consul voulait maintenant installer les services consulaires au Collège de l'Alliance
Française.

Il disait que l'écusson de France
et le Drapeau Français devaient décorer le Collège de l'Alliance Française afin de consacrer visiblement l'union
étroite du Consulat de France et de l'Alliance Française.

Les am s du Vice-Consul n'étaient pas d'accord avec lui
sur ce point. Plus habiles que leur chef, ils lui firent sentir
qu'il devait continuer à les servir mais devait éviter de les
compromettre. Leur manière de voir les choses prévalut et le
Vice-Consul renonça à son projet.

Cependant le Ministre de France persévérait dans l'inaction.

Il s'agissait de protéger un Français que personne n'avait
recommandé au Ministre !

Il s'agissait de protéger un Français qui n'était même pas
passé à la Légation de France en allant à Santiago ! Et le
Vice-Consul d'Iquique disait à tous que je m'étais abstenu de
faire visite à la Légation de France par mépris pour le Ministre ! Est-ce qu'un Ministre plénipotentiaire ne devait pas se
laisser impressionner par des arguments de cette sorte ? Pour
avoir pleins pouvoirs on n'en est pas moins homme.

Cependant le bon renom international de la protection
française souffrait toujours à Iquique de l'attitude du Vice-
Consul tolérée par le Ministre de France.

❀❀❀

Ce que les convenances patriotiques exigeaient — Les convenances patriotiques exigeaient que le Ministre observât entre le Vice-Consul et moi une neutralité stricte.

Les convenances patriotiques exigeaient que, dans l'intérêt supérieur du Drapeau Français, le Ministre désavouât son subordonné. Mais ce subordonné avait un Drapeau lui aussi et ce Drapeau servait tant d'intérêts privés, tant d'intérêts puissants ! Et ce Drapeau servait l'intérêt du Ministre !

Le Ministre de France eût dû refouler son désir d'exercer contre moi des petites représailles personnelles. Il eût dû se recueillir, se ressaisir, se surmonter et se dire que son devoir de Ministre lui commandait d'empêcher un Vice-Consul de France de fouler aux pieds les droits les plus sacrés d'un compatriote désarmé en terre ennemie.

Mais le Ministre avait commis lui-même tant de fautes qu'il ne pouvait plus les réparer qu'en se laissant remorquer par son subordonné pour le salut commun.

Le Ministre ne répondait pas à mes lettres parce qu'il avait peur de se compromettre en y répondant. La direction du vent d'Orsay était encore chose inconnue à la Légation de Santiago ; qu'allait faire M. Pichon ? Tout était là. Ou plutôt tout n'était pas là. M. Pichon était un diplomate : on pourrait encore compter un peu sur lui pour dépêtrer, par solidarité professionnelle et par esprit de corps, un Ministre plénipotentiaire qui était un vieil ami de la Maison d'Orsay et un Vice-Consul qui se piquait d'avoir des relations sur le haut pavé de Paris.

Mais qui succéderait à M. Pichon ? Quelle serait la couleur politique du successeur ? Aurait-il la diplomatie indispensable à la compréhension des choses ?

Quoi qu'il advienne, pensait M. Veillet Dufrêche, nous avons assez d'amis au Quai d'Orsay pour que M. Lebureau soit de notre côté : c'est l'essentiel.

Du reste, M. Lebureau du Quai d'Orsay était à quinze mille kilomètres de la pampa chilienne ; probable qu'il ne saurait jamais exactement ce qui s'était passé au fond des sables. Il suffirait au Ministre de France de faire de tous les incidents d'Iquique une synthèse où M. Lebureau ne comprendrait rien.

* * *

Intérêt du Ministre de France à me bloquer dans les sables

Pour faire accepter sa synthèse par M. Lebureau. M. Veillet Dufrèche devait veiller maintenant à ce que je restasse immobilisé dans les sables le plus longtemps possible. Si par hasard je réussissais à rentrer en France assez tôt je pouvais dénoncer, comme malsaine et frelatée, la synthèse diplomatique de Santiago et je pouvais me livrer à des essais d'analyse dangereux pour l'expéditeur.

L'expéditeur se rendait très bien compte des services fameux que le temps lui rendait ; encore quelques semaines ou quelques mois et quand j'arriverais à Paris, si j'y arrivais, M. Lebureau du Quai d'Orsay aurait déjà classé la synthèse.

M. Veillet-Dufrèche faisait donc à présent tout ce qu'il est possible de faire pour me bloquer dans les sables.

Il aurait pu me faire rapatrier aux frais de l'Etat français à titre d'avance remboursable. C'était la moindre des choses. J'étais venu à Iquique pour une œuvre de l'Alliance Française que le Vice-Consul de France avait fondée, que la Légation de France avait encouragée dès le principe, que tout le monde proclamait œuvre patriotique française. Des gens du pays croyaient même que l'Alliance Française était une œuvre officielle dirigée par le Gouvernement Français et ces gens insinuaient que le Gouvernement Français avait de graves torts dans cette triste affaire. J'étais obligé de dire à ces gens que l'Alliance Française jouissait d'un privilège officieux de protection particulière de la part des autorités françaises, que le Gouvernement Français avait eu peut être le tort de ne pas préciser nettement dès le début — afin de le contenir dans de justes limites ce privilège officieux, mais que le Gouvernement Français ne dirigeait pas l'Alliance Française et que je n'étais pas fonctionnaire d'Etat qu'en conséquence la responsabilité de l'Etat Français et plus particulièrement la responsabilité gouvernementale ne pouvaient être engagées que sous le bénéfice de ces réserves qui dégageaient la bonne réputation du Gouvernement de mon pays.

L'équivoque que j'ai dû dissiper

Il est tout de même regrettable que la Représentation Française au Chili m'ait mis dans l'obligation de dissiper une équivoque si préjudiciable au Gouvernement de mon pays. Car à qui la faute si cette équivoque était née dans certains esprits ? Au Vice-Consul de France qui, en s'immisçant depuis l'A jusqu'au Z dans les affaires de l'Alliance Française et en gouvernant cette œuvre en maître souverain, avait laissé croire qu'il agissait par délégation du Gouvernement Français. A qui la faute encore ? Au Ministre de France qui avait donné carte blanche au Vice-Consul pour une propagande quasi-officielle dans les journaux de la Ville en faveur de l'Alliance Française et qui, depuis cinq mois, couvrait l'ingérence consulaire de tous les instants dans une entreprise d'ordre privé.

Le Ministre de France aurait pu, disais-je, me faire rapatrier aux frais de l'Etat Français, à titre d'avance remboursable. Il n'avait même pas besoin de consulter pour cela le le Ministre des Affaires Etrangères. Il devait, de sa propre initiative, engager le Trésor Public.

Qu'est-ce qu'un bon administrateur

Le bon administrateur n'est pas toujours celui qui exécute fidèlement les ordres qu'on lui donne et qui n'ayant pas d'ordres attend d'en recevoir. Le bon administrateur est celui qui, en présence d'une situation quelconque, trouve de *proprio motu* et sans désemparer une solution suffisante. Administrer n'est pas toujours temporiser. Administrer n'est pas, fût-on à Santiago, tourner, tourner, tourner, tourner la mécanique jusqu'à ce que Paris l'empêche de grincer. Administrer c'est surveiller et c'est agir, c'est remédier d'abord au grincement fâcheux, avec tous les moyens qu'on peut improviser.

Le Ministre de France arguerait-il quelque difficulté budgétaire, de quelque entrave légale ou réglementaire ?

Pour un ambassadeur c'était bien peu de chose.

Il y avait là une simple petite affaire d'écritures,

La dépense afférente à mes frais de retour en France pouvait être écrite dans les frais généraux de la Légation sous le titre : Prêt patriotique.

Que si le Ministre de France avait eu des hésitations sur le point de savoir quel Ministère devait supporter la dépense, il n'aurait eu que l'embarras du choix entre le Ministère des Affaires Etrangères, le Ministère de l'Instruction Publique, le Ministère de l'Intérieur et le Ministère de la Justice.

Il n'est pas nécessaire d'être très ferré sur la comptabilité publique et sur la théorie des virements de fonds pour savoir écrire au besoin ce qui doit être écrit.

Mais les comptables publics invoquent toujours les grands principes budgétaires pour se soustraire aux bonnes occasions qu'ils ont de commettre les irrégularités héroïques ou simplement méritoires.

La dépense afférente à mes frais de retour en France pouvait être écrite dans les frais généraux de la Légation sous le titre : Remboursement patriotique.

Car mes frais de retour en France, j'eusse pu les payer avec mon propre argent si le Vice-Consul de France à Iquique ne m'eût point fait dépenser, à l'aller, dans l'intérêt d'une œuvre patriotique, les ressources qui me restaient. Le prêt que j'avais consenti à cette œuvre, à cause du Drapeau qu'elle arborait, n'ayant pas été remboursé, le Ministre de France eût pu considérer qu'en me payant mon retour en France, aux frais du Trésor Public, il opérait un remboursement que le patriotisme commandait à l'Etat.

⚜ ⚜ ⚜

C'est le Rapporteur de la Commission des Finances qui eût été content !

Et c'eût été cette fois, pour le Rapporteur de la Commission des Finances qui voit hélas ! depuis bien des années tant de gaspillages au Ministère des Affaires Etrangères, c'eût été pour ce Représentant du Peuple une joie compensatrice bien méritée que de constater qu'au Ministère des Affaires Etrangères l'Administration savait enfin employer comme il faut les deniers populaires.

Il ne s'agissait d'ailleurs que d'un petit sacrifice qui n'était pas comparable aux gros sacrifices d'argent, de temps et de peine que je me suis imposés pour la Patrie,

Cette dépense insignifiante pour la Patrie n'était pas comparable non plus aux grosses dépenses que la Patrie s'impose où, pour mieux dire, qu'une mauvaise Administration impose à la Patrie quand il s'agit d'offrir des voyages d'agrément aux petits favoris des princes et des princesses.

La dépense eût été d'autant plus insignifiante que je me serais contenté de n'importe quel billet de retour et que je n'aurais pas voulu grever le budget, comme par exemple l'avait fait le Vice-Consul de France d'Iquique lui-même quand il vint de Benghasi, avec un billet de première classe doublé d'un billet de seconde classe. Un billet m'eût suffi et un billet quelconque. Je ne voyage pas avec une smalah.

La dépense était tellement insignifiante que le Ministre de France aurait pu, à la rigueur, la prendre à son compte.

Indépendamment des nombreuses fautes qu'il avait le devoir de réparer vis à vis de moi pour l'évidente partialité dont il avait fait preuve en faveur du Vice Consul et de l'Alliance Française, le Ministre de France aurait pu porter son attention sur l'imprudence qu'il avait commise en se mettant en rapports directs avec le Vice-Consul pour le choix du Sous-Directeur du Collège, car c'est avec moi-même que le Ministre devait se mettre en rapports directs pour ce choix.

Le lecteur pourrait penser qu'au moment où le Ministre de France a choisi le Sous-Directeur du Collège il ne l'a pas choisi pour qu'il me fût substitué à la Direction et que le Ministre n'est pas responsable du fait que le Vice-Consul a opéré plus tard cette substitution.

❋ ❋ ❋

Noblesse et pleins pouvoirs obligent

Mais un Ministre plénipotentiaire ne doit pas se contenter de ses intentions : il faut qu'il voie ce qu'elles produisent ! Il faut qu'il voie comment on utilise les moyens qu'il fournit. Songez donc qu'il représente la France ! Quand on représente la France on a des responsabilités particulières. La France ne veut pas qu'un Ministre qui la représente envahisse les droits des citoyens, même sans le faire exprès. Quand il les envahit sans le faire exprès, elle veut qu'il y ait réparation parce que la responsabilité nationale est toujours plus ou moins engagée. Après que la substitution dont il a été parlé fut devenu le fait accompli, le Ministre de France aurait pu comprendre que de ce fait nouveau naissait pour lui vis à vis de moi une obligation de réparer: car si le Ministre m'eût laissé choisir mes collaborateurs le Vice-Consul ne m'eût pas remplacé à la Direction faute de remplaçant.

Donc en m'avançant mes frais de retour en France le Ministre n'eut rien fait que de très naturel, de très nécessaire et de très juste.

Il devait même, à cause de l'embarras où il m'avait mis, me faire des offres. C'était peut-être gênant pour un Ministre plénipotentiaire de faire des offres à un simple citoyen ? C'était gênant si on admet la conception monarchique des rapports entre Ministres et citoyens. Mais ce n'était pas gênant si on admet la conception républicaine. Le Ministre d'une Monarchie peut attendre qu'on lui dise : Le devoir est là. Le Ministre d'une République doit comprendre et remplir son devoir en toute spontanéité.

On verra du reste, par la suite, que le Ministre de France, qui n'a pas cru devoir me faire ces offres si désintéressées, a cru devoir me faire indirectement d'autres offres.

En attendant, le Ministre de France ne répondait même pas à mes lettres et m'interdisait, par son silence, de lui demander ce qu'il devait m'offrir.

✢ ✢ ✢

Au Collège de l'Alliance Française Le Collège de l'Alliance Française ne réussissait guère.

Sur la façade du Collège, se détachait comme une plainte une inscription dont le symbole ne cachait pas les tristes choses qu'il décorait de sa beauté :

ALLIANCE FRANÇAISE

Alliance Française à base de bonté, d'union et de concorde, de solidarité fraternelle !

Alliance Française, faisceau solide de tous les efforts français ou francophiles pour que se développe à l'étranger une langue précise et claire comme l'esprit de notre race.

Alliance Française pour que se sème en toutes terres et les

féconde le germe sacré de la civilisation la plus humaine, d'une civilisation de justice et d'amour.

Alliance Française, langue française, civilisation française, mots doux évocateurs de la divine chanson de l'idéal de France, prière profonde et généreuse où l'on entend toutes les voix qui, si hostiles qu'elles puissent être, suivent le rythme national ; Alliance Française pour la France plus grande et plus forte, pour la France qui passe dans le monde et le conquiert le laissant libre, le conquérant à ses espoirs, à ses croyances et à ses rêves, à ce qui quelque jour dissipera les haines, à tout ce qui apaise, à tout ce qui enchante, à tout ce qui fleurit partout notre pays.

Alliance Française... Sur le fond pâle du vieux mur les belles lettres se plaignaient de décorer de tristes choses.

Plus que jamais le Comité de l'Alliance Française avait besoin d'abriter son Ecole sous pavillon glorieux.

Plus que jamais l'Ecole se compromett ait aux yeux de tous.

Elle était le théâtre de scandales quot diens, entre les soldats du Vice-Consuls qui ne pouvaient même pas s'entendre entre eux.

Le Vice-Consul ne maintenait pas la discipline dans son propre camp.

Le meilleur commandement

De commander des hommes est chose difficile.

Les hommes commandés sont des êtres qui pensent. Il faut les commander pour assurer le Bien. Il faut les commander avec de la Justice. Car en les commandant on détourne leurs forces, on fait suivre à ces hommes une route imposée. Pourquoi imposez-vous votre route à ces hommes ? Vous leur imposez dans l'intérêt de tous, de sorte qu'en gênant un peu leur liberté vous leur ôtez un bien leur en donnant un autre : si le bien qu'ils reçoivent est le meilleur des biens, votre commandement est du meilleur des hommes.

Le Vice-Consul concevait et pratiquait d'une autre manière le commandement des hommes. Si son commandement était insupportable c'est qu'il avait livré son âme à l'injustice.

✠ ✠ ✠

Incident et arrestation Un incident s'étant produit le
26 mai entre le Vice-Consul et
moi, le Vice-Consul me dénonça de nouveau aux autorités. Il
dénaturait l'incident, il grossissait démesurément les choses.
Pourtant on avait vu. Cela s'était passé en plein jour et dans
la calle Baguedano qui est la rue la plus fréquentée
d'Iquique.

L'Intendant de Tarapaca, encore sollicité par le Vice-
Consul, refusa cette fois de servir l'intérêt consulaire.

Le Juge n'eut pas les mêmes scrupules que l'Intendant.

De connivence avec ce magistrat, leVice-Consul me fit
arrêter le 28 Mai, Calle Baquedano.

Je fus brutalisé par la police, conduit au poste, détenu,
puis relâché et cité à l'audience de police du 29 Mai.

Bien que la citation eût été verbale, irrégulière et sans
motif, je fus exact à l'audience.

Le Vice-Consul qui m'avait fait citer ne comparut pas.

Le Juge, qui était d'accord avec le Vice-Consul, me dit
tout simplement qu'on ne donnerait pas suite à cette affaire.

Le Juge ne donnait pas suite à l'affaire parce qu'il aurait
dû, pour donner à l'affaire la suite convenable, condamner
le Vice-Consul de France et se condamner lui-même. Il
aimait mieux, comme il l'avait fait précédemment, escamoter
le débat et faire disparaître jusqu'à la moindre trace de
l'arrestation de la Calle Baquedano, qui n'a été avouée
dans aucune pièce par les autorités chiliennes malgré les
nombreuses démarches que j'ai faites pour obtenir cet aveu.

Beaucoup de braves gens étaient écœurés par l'attitude du
Vice Consul, visiblement tolérée et encouragée par le Ministre de France.

❀ ❀ ❀

Le triumvirat Le Vice-Consul faisait beaucoup de
a triomphé mal à l'Alliance Française.

Or, maintenant il déclarait « qu'il se
lavait les mains » du sort de l'Alliance Française : « Le
triumvirat a triomphé, s'écriait-il, c'est la ruine, c'est la
débâcle, je m'en lave les mains ».

Le moment était mal choisi pour « se laver les mains ». Il fallait tout d'abord sauver ce qui restait de l'Alliance Française. C'est pour sauver ce qui restait de l'Alliance Française que j'écrivis, le 14 juin, mon Appel aux Français et Amis de la France. (Voir annexe nᵒ 24).

Le Vice Consul fut piqué dans sa jalousie. Chose étonnante! car il avait dit publiquement qu'il se désintéressait pour lors de sa pupille Je pouvais bien m'y intéresser, puisque j'avais fait pour elle quinze mille kilomètres.

❋ ❋ ❋

Nouvelle demande d'expulsion Alors, au nom de l'ordre public, qu'il était le seul à troubler, le Vice-Consul demanda de nouveau contre moi un décret d'expulsion.

D'une plume magnifique, il écrivit à l'Intendant de Tarapaca le plus magnifique chef-d'œuvre diffamatoire qu'un homme puisse écrire.

L'Intendant de Tarapaca me fit lire la lettre du Vice-Consul.

Je le priai de vouloir bien me la remettre.

Il me répondit qu'il ne pouvait pas personnellement me remettre cette lettre, mais qu'il allait la transmettre au Ministre de France par l'intermédiaire du Ministre de l'Intérieur au Chili.

La lettre du Vice-Consul à l'Intendant constituait une preuve irréfutable de forfaiture. La forfaiture du Vice-Consul s'établissait d'ailleurs par un grand nombre d'autres preuves que la Légation de France à Santiago a fait disparaître ou que le Ministère des Affaires Etrangères de France a jusqu'à ce jour dissimulées pour ne pas compromettre l'Alliance Française dans un débat public en Cour d'Assises où j'aurais été, au choix du Ministre de la Justice, au banc des accusés pour délit de presse ou au banc des témoins dans une poursuite contre le Vice-Consul.

Cette destruction ou dissimulation de pièces avait aussi pour but de soustraire à la fois le Vice-Consul de France d'Iquique, le Ministre de France le Ministre des Affaires Etrangères, l'Alliance Française et l'Etat Français, au payement des dettes qu'ils avaient contractées envers moi.

Le Doyen du Corps Consulaire, que je revis à ce moment-là, ne me cacha pas sa répugnance pour toutes ces manœuvres consulaires, policières et judiciaires.

D'autres personnalités du Corps Consulaire manifestaient aussi leur écœurement.

❀ ❀ ❀

La Tournée du Dictateur

Le Vice-Consul de France fit une tournée de visites à ses collègues. Il composa, avec tous les incidents qui s'étaient produits depuis quatre mois, un amalgame particulier où il intervertissait tous les facteurs, mettant les causes à la place des effets et les effets à la place des causes. Il s'efforçait de démontrer au Corps Consulaire qu'il était une victime et que même, vu la gravité des événements, il avait besoin du Corps Consulaire pour se défendre, c'est-à-dire pour m'attaquer. « Le Corps Consulaire, disait-il en substance, autant qu'il me souvienne des paroles qui me furent rapportées, se défendra lui-même en me défendant. L'intérêt du Corps Consulaire est sur le tapis : en attaquant mon Inviolabilité, M. Boucabeille a atteint l'Inviolabilité consulaire en bloc. J'ai démontré aux autorités locales que l'autorité des Consuls n'était pas possible sans l'Inviolabilité et que même c'était d'une façon plus générale le principe d'autorité que M. Boucabeille avait sapé à sa base, qu'en conséquence les autorités locales étaient mises en péril et qu'elles devaient, dans leur propre intérêt comme dans le nôtre, me faire obtenir du Gouvernement Chilien un décret d'expulsion contre ce fauteur de troubles. Or, les autorités le relâchent pour la seconde fois. Je fais appel aux sentiments de fraternité qui nous unissent et je vous demande d'intervenir avec moi, auprès des autorités locales, afin qu'elles sollicitent du Gouvernement Chilien la mesure de salut public qui s'impose pour la défense solidaire des intérêts communs ».

Le Corps Consulaire ne se laissa pas émouvoir par cette argumentation abracadabrante.

L'inviolabilité de la personne humaine lui parut plus respectable que l'inviolabilité consulaire. L'inviolabilité consulaire, si même elle existait, ne serait qu'une inviolabilité de convention. L'inviolabilité de la personne humaine est de droit naturel. Le législateur ne la crée pas. Il la reconnaît. La Déclaration des Droits de l'Homme est sans doute une charte qui octroie, mais elle est surtout une charte qui déclare, car elle n'octroie que ce qu'accorde la Nature. Elle consacre. Elle fortifie. Elle solennise. Elle met la puissance collective au service des grandes forces naturelles auxquelles l'homme social est ajouté, *homo additus naturæ*. L'homme naît libre. Et ce n'est pas la liberté qui émane de l'autorité, c'est l'autorité qui émane de la liberté et qui lui doit en conséquence le respect, sous condition d'être elle-même respectée.

Je n'ai jamais manqué de respect envers l'Autorité consulaire française d'Iquique. Je l'ai critiquée, je me suis défendu contre ses attaques, j'ai exercé mon droit, j'ai rempli mon devoir. Et si le Vice-Consul de France n'avait pas compris, en son for intérieur, qu'il avait tous les torts, il n'aurait pas demandé mon expulsion ; il se serait contenté de me traduire devant les tribunaux, où il serait venu soutenir ses plaintes contradictoirement avec moi.

C'est pourquoi le Corps Consulaire se demandait s'il ne devait pas intervenir en ma faveur et faire sauvegarder l'ordre public contre les troubles incessants d'un Vice-Consul qui foulait aux pieds les lois françaises, les lois chiliennes et les coutumes séculaires du Droit international.

Pas un homme de bon sens n'approuvait le dictateur.

Tout le monde voyait bien qu'il prenait toutes sortes de couvertures pour dissimuler une machination. Tout le monde voyait bien bien qu'il usait de supercherie pour me faire expulser d'Iquique comme il avait usé de supercherie pour m'y faire venir, comme il avait usé de supercherie pour faire rompre mes engagements avec l'Alliance Française, comme il avait usé de supercherie pour m'empêcher de plaider en justice, etc.....

Le Ministre de France persévérait dans son silence. Il ne correspondait qu'avec le parti consulaire avec qui il faisait cause commune, é'était évident pour tout le monde.

D'aucuns expliquaient l'inertie de la Légation de France par un mot d'ordre qu'elle aurait reçu de Paris.

D'autres assuraient que le Ministre de France n'intervenait

pas dans cette affaire à cause des ennuis qu'avait eus, affirmait-on, le prédécesseur de M. Veillet-Dufrèche pour une courageuse et vaine intervention dans une affaire où les intérêts d'une Société commerciale française avaient été soutenus par les autorités chiliennes.

D'autres enfin donnaient d'autres explications.

✿ ✿ ✿

Une enquête extraordinaire J'appris alors que le Ministre de France faisait enquêter lui-même à Iquique sur mon compte. Le Ministre de France avait demandé à l'Intendant de Tarapaca si j'étais révolutionnaire !

Ainsi donc, c'était moi, le révolutionnaire ! Toutes les forces d'anarchie administrative se coalisaient contre moi depuis mon arrivée à Iquique, j'avais été expulsé de mon Collège, on m'avait fait traquer par la police, la Représentation française avait violé tous les principes du Droit Public Français et toutes les coutumes du Droit International — et c'était moi le Révolutionnaire ! Mais alors j'étais Révolutionnaire au meilleur sens du mot, car je défendais le Droit contre la Force, l'ordre légal contre l'anarchie officielle.

L'Intendant de Tarapaca, qui n'osait pas enquêter en son nom parce qu'il ne voulait pas se compromettre dans une enquête semblable   et il avait raison — enquêtait au nom du Ministre de France partout où je donnais des leçons de français.

Cela me nuisait dans l'exercice de ma profession.

Le résultat de l'enquête me fut d'ailleurs favorable et c'est pourquoi le Ministre de France n'a pas tenu compte du rapport de l'Intendant de Tarapaca en rédigeant lui-même, plus tard, un rapport pour le Quai d'Orsay.

✠ ✠ ✠

Une pétition notariée Pour donner plus de force à l'enquête de l'Intendant et accentuer l'heureux effet que cette enquête devait avoir pour la manifestation de la vérité, mes amis prirent l'initiative d'une pétition tendant à donner un démenti aux calomnies du

Vice-Consul de France relatives à ma conduite à Iquique.
La pétition fut protocolisée chez un notaire et signée d'un
groupe de citoyens très honorables, avocats, journalistes,
industriels, etc..... Les signataires s'abstinrent par une
réserve bien facile à comprendre, d'apprécier l'attitude du
Vice-Consul de France à cause de sa fonction, et l'entente de
tous se fit sur un texte très court et très clair qui démolissait
sans commentaires toutes les accusations du Vice-Consul.
Cette pièce a été reproduite à l'annexe n° 27.

La résistance du Corps Consulaire aux sollicitations abusives du Vice-Consul de France, l'enquête de l'Intendant de
Tarapaca et la pétition de mes amis déjouaient les plans du
Vice-Consul et de son Ministre. Arrestation impossible,
expulsion impossible, rien à reprocher à un prétendu fauteur
de troubles qui n'était qu'un empêcheur de danser en rond ;
que faire ? Comment le Ministre de France allait-il rédiger
son rapport pour cacher ses propres fautes d'abord, celles de
son Vice-Consul ensuite ?

Le Ministre de France chercha le moyen de n'avoir pas à
rédiger de rapport.

Jusqu'à présent il avait pu temporiser, puisque le Ministre
des Affaires Etrangères ne bougeait pas.

Une lettre met à parcourir le trajet de Paris à Iquique
28 jours au minimum et 52 jours au maximum, selon qu'elle
passe par Panama, par la Cordillère des Andes ou par
Magellan. C'est du moins la constatation que j'ai pu faire
sur les lettres que j'ai envoyées en France pendant mon
séjour à Iquique.

Le Ministre des Affaires Etrangères, informé par ma
famille au sujet des incidents du Consulat de France d'Iquique, avait répondu, le 10 Mai, qu'il ordonnait une enquête au
Ministre de France au Chili.

Vers le 15 Juin, le Ministre de France dut recevoir l'ordre
du Ministre des Affaires Etrangères.

❋ ❋ ❋

**Le Réveil
du Ministre**   C'est vers cette époque que le Ministre de France me fit offrir par l'In-
tendant de Tarapaca, de me réconci-
lier avec le Vice-Consul !... et d'aller vers le Vice-Consul !!!...

C'était un service qui m'était demandé par le Ministre lui-même, me disait l'Intendant, et tout le monde, ajoutait-il, devait m'en être reconnaissant.

Cette fois le Ministre me faisait des offres ?

Une réconciliation avec le Vice-Consul ? Je savais à quoi m'en tenir sur le caractère des réconciliations consulaires puisque, le 9 Mars, le Vice-Consul avait profité d'une réconciliation pour organiser, avec une mise en scène qui avait trompé tout le monde, la rupture de mes engagements.

Et j'étais sollicité par le Ministre d'aller vers le Vice-Consul!!

C'était un service qui m'était demandé par le Ministre lui-même. Le Ministre savait donc écrire pour me demander un service ? Et il ne savait pas m'écrire à moi-même ? Et il n'avait pas su m'écrire depuis quatre mois pour m'accuser réception de mes lettres ? Il n'avait su écrire qu'à l'Intendant de Tarapaca pour le faire enquêter sur le point de savoir si j'étais révolutionnaire et me nuire auprès des personnes à qui j'enseignais le français. Et maintenant il me demandait un service ! Et si j'allais vers le Vice-Consul tout le monde m'en serait reconnaissant.

La reconnaissance de tout le monde est un présent qui ne coûte guère.

La reconnaissance de tout le monde quand on est bloqué dans les sables à quinze mille kilomètres de son pays et quand on est tracassé quotidiennement par toutes les puissances coalisées, c'est un présent qui ne doit point s'offrir.

Et d'ailleurs, en l'occurrence, tout le monde qui était ce ? C'était une minorité infime, mais puissante. C'était un Vice-Consul, c'était un Ministre plénipotentiaire, c'était l'Administration, c'était la Police, ce n'était pas tout le monde.

Tout le monde, c'est la loi. La loi, je la respectais. Ceux qui me tracassaient ne la respectaient point et c'était à ceux-là de conquérir, en se réconciliant avec la loi, la reconnaissance de tout le monde.

L'Intendant de Tarapaca à qui j'avais écrit pour lui demander les raisons des arrestations arbitraires du 21 Avril et du 28 Mai ne m'avait pas répondu. Il n'osait pas avouer par écrit les gaffes policières de peur que son aveu ne fût compromettant pour le Vice-Consul de France qui avait fait marcher la police, pour la police qui avait marché et pour le

Gouvernement Chilien qui ne l'ayant pas blâmée d'avoir marché le 21 Avril, l'avait encouragée à marcher de nouveau le 28 Mai et même à marcher tous les jours pendant trois mois pour une surveillance vexatoire de tous les instants.

N'ayant pas voulu me reconcilier avec le Vice-Consul, je fus de nouveau menacé dans la rue à trois reprises par l'ancien conseiller du Vice-Consulat.

La police fermait les yeux.

| Une lettre
de l'Alliance Française | Je reçus à ce moment-là une lettre de l'Alliance Française de Paris. C'était |

une réponse à une lettre que j'avais adressée à cette Société.

L'Alliance Française me disait que le Comité d'Iquique étant autonome, elle ne pouvait intervenir. La bonne administration, c'est celle qui intervient quand il faut intervenir et une Société patriotique doit faire de la bonne administration.

Le Comité d'Iquique était autonome !!!

Ainsi donc voici, à quinze mille kilomètres des terres de France, une demi-douzaine de Français qui s'ennuient après leur travail quotidien.

Ils rêvent. Ils bâillent. Ils remuent du papier monnaie et des livres sterling. Ils dînent. Ils sortent.

Où aller ?

Au café ? Il n'y a pas de café à la pampa. Il n'y a que des clubs, c'est-à-dire des cercles, mais des cercles particuliers, des cercles où on s'assemble par nationalités ; c'est ainsi qu'il y a le club anglais, le club espagnol ; il n'y a pas de club français.

Où aller ?

Au cinéma ? On ne peut aller qu'au cinéma. Tout le monde va au cinéma. La maison Pathé fait de l'or à Iquique.

Mais le cinéma cela fatigue à la longue. Cela fait mal aux yeux. Cela n'enthousiasme guère. C'est de la vie sans flamme.

Où aller ?

Que faire ? De la politique ? Les Français d'Iquique n'ont à élire ni sénateurs, ni députés, ni conseillers municipaux. Ils ne peuvent pas fonder un Comité électoral.

Pourtant il faut bien qu'ils fondent un Comité. Il y a des Comités partout.

Et voilà six Français rêvant de Comités par un beau clair de lune.

La lune est triste. Sa tristesse accentue la tristesse des sables. Elle alourdit encore leur immobilité.

Et si la lune est triste à Tarapaca c'est qu'elle n'obtient jamais de ce pays-là le moindre sourire. C'est en vain qu'elle verse à Tarapaca ses plus beaux rayons, jamais une fleur ne fleurit la lune en ce pays-là.

Et voilà six Français rêvant de Comités par un beau clair de lune.

Le Vice-Consul de France est parmi eux.

Comme le Vice-Consulat d'une colonie de quinze Français lui laisse des loisirs abondants, il travaille dans les à-côtés de sa fonction. Il tient un magasin de fleurs de rhétorique. Il désire agrandir le commerce des fleurs. Il voudrait que ses fleurs remplissent la pampa.

Le Vice Consul dit : « Fondons un Comité ».

Mais quel bien aura-t-il ? Un premier capital : le magasin de fleurs du Consulat de France.

C'est déjà quelque chose !

Le Comité prendra pour raison sociale deux mots prestigieux : **Alliance Française.**

Le Vice-Consul assure qu'avec cette raison sociale on pourra être tranquille. Elle inspire confiance à tout le monde. On ne manquera pas d'argent. L'Alliance Française, fière d'avoir conquis la pampa chilienne, enverra des subventions. Le Gouvernement Français en enverra aussi ; il suffit donc pour le moment que la Société locale « La Bienfaisance Française », qui a seize mille piastres dont elle ne sait que faire, avance à l'Alliance Française d'Iquique une somme de six mille piastres. La Bienfaisance Française se remboursera sur les fonds qui seront envoyés de Paris par l'Alliance Française. Le Consulat de France réserve sa protection officielle à cette œuvre, conformément aux circulaires ministérielles. La Légation de France à Santiago lui accordera son patronage. Le prédécesseur de l'actuel Ministre de France n'a-t-il pas dit qu'on devrait fonder un Collège français à Iquique? On trouvera un directeur. On lui promettra beaucoup. La raison sociale lui inspirera confiance. Dans le Comité chaque membre sera quelque chose. Il y aura deux Présidences, deux Vice-Présidences, deux Trésoreries, deux Secrétariats, etc..... Et comme il y aura plus d'honneurs que de candidats, on pourra s'adjoindre des étrangers. Chacun pressentira ses amis pour voir s'ils n'accepteraient pas une Vice-Présidence, une Trésorerie ou autre chose. Il y aura des décorations par dessus le marché. Le Vice-Consul connaît du monde dans les Ministères à Paris. « M. un tel, voulez-vous les palmes? M. tel autre voulez-vous le Mérite ? »

Le premier capital a grossi.

On a six mille piastres.

On a la protection consulaire et diplomatique.

On a des espérances.

Vite un journal! deux journaux! trois journaux! « El Nacional ! » « El Tarapaca ! » « La Patria ! »

Et pendant plusieurs mois on pondra de la prose ! C'est le Vice-Consul qui en pond le plus ! La ponte est expédiée à Paris avec des lettres de voiture et de recommandation.

L'Alliance Française de Paris fait elle même de la réclame en faveur de cette œuvre dans ses Bulletins trimestriels.

En parcourant ces Bulletins, on découvre que l'œuvre du Collège de l'Alliance Française d'Iquique fait partie de tout un cycle d'œuvres de même sorte entreprises au Chili par l'Alliance Française La France a créé là-bas, grâce à l'Alliance Française, « un courant intellectuel et artistique, établissant un nouveau lien entre les deux pays ». Il y a des Comités de l'Alliance Française dans presque toutes les villes du Chili, à Santiago, à Chillan, à Valparaiso, à Conception, à Antofagasta, que sais-je encore? On donne des banquets, on organise des fêtes, on fait des conférences, on crée des écoles. C'est du moins ce que disent les Bulletins.

On ne sera donc pas isolé dans ce pays. Si le Comité d'Iquique ne réussissait pas, on pourrait s'adresser aux Comités des autres villes chiliennes,

` Mais le Comité d'Iquique réussira.

Il est ancien.

Il avait disparu pendant quelques années (les Bulletins de l'Alliance Française ne disaient pas pourquoi, mais la disparition du Comité n'avait en somme rien d'étonnant ni de suspect; la vérité sur la disparition de cet ancien Comité, je ne l'ai jamais sue exactement; j'ai appris seulement à Iquique qu'en 1892 on avait déjà essayé de fonder un Collège sous les auspices de l'Alliance Française et que l'affaire était tombée en déconfiture.) Le Comité ancien avait disparu, mais on vient de le reconstituer et tout de suite « soixante capitaines de bateaux français en rade d'Iquique ont adhéré à cette œuvre », dit le Bulletin de l'Alliance Française.

Voilà une œuvre qui doit être sérieuse !

S'il ne s'agissait pas d'une œuvre sérieuse, tous ces journaux étrangers, tous ces Bulletins de l'Alliance Française ne seraient pas d'accord pour écrire, au sujet de cette œuvre, de si belles choses.

Après avoir comparé les choses qu'on écrit on compare les choses qu'on dit.

Ah ! voici quelqu'un qui s'informe ! C'est ennuyeux ! Mais il faut bien répondre quelque chose, puisqu'on a déjà pris position par écrit !

A l'Alliance Française le Secrétaire général confirme ce qui est écrit dans les Bulletins. Si on a des engagements on peut partir. Çà peut marcher.

On fait prendre des engagements et on part.

On prête de l'argent, en cours de route, au Comité de l'Alliance Française à cause du nom qu'il porte.

On arrive à Iquique. On n'a pas touché terre qu'on apprend que le Comité de l'Alliance Française d'Iquique est déjà divisé.

Et, sous prétexte qu'on vient diriger un Collège de l'Alliance Française, on doit subir la direction despotique et mesquine du Vice-Consul de France.

❊ ❊ ❊

C'est l'Alliance Française qui a causé tout le mal — On est expulsé par la force du Collège de l'Alliance Française. On se voit refuser le remboursement de l'avance qu'on a faite On a mille déboires à cause de l'Alliance Française. On ne peut aborder la justice locale à cause de l'Alliance Française. On est grossièrement diffamé et attaqué dans les rues à cause de l'Alliance Française. On se plaint vainement à la Légation de France, le Ministre ne répond pas parce qu'il ne veut pas se compromettre à protéger un Français contre l'Alliance Française.

On se plaint à l'Alliance Française. Elle répond : « Mon Comité est autonome. Je ne puis intervenir ».

Et qui signe cette réponse ?

Oh ! ce n'est pas M Foncin, Président de l'Alliance Française.

M. Pichon, lui, a signé personnellement deux lettres par lesquelles il annonce qu'il a ordonné une enquête : l'une de ces lettres est adressée à un député, l'autre est adressée à ma famille.

Le Président de l'Alliance Française fait signer sa réponse par le Secrétaire Général de l'Alliance Française.

Ce n'est pas une précaution inutile.

C'est une habile manœuvre qui réserve au Président de l'Alliance Française plus d'un échappatoire si des complications se produisent.

La signature du Secrétaire Général en effet aura engagé ou n'aura pas engagé l'Alliance Française, selon les éventualités.

Si le Président de l'Alliance Française constate que ses amitiés et ses relations, les services qu'il a rendus, le nom qu'il porte ne suffisent point à tirer d'embarras l'Alliance Française, il pourra dire qu'il y a erreur, qu'il y a maldonne, qu'il y a insuffisance de renseignements, qu'il n'a pas examiné l'affaire, qu'il va aviser, que le Conseil d'Administration sera consulté, etc... etc...

Si le Président de l'Alliance Française constate que l'affaire « s'arrange bien » pour l'Alliance Française, il couvrira carrément le Secrétaire Général.

Le Président espère que l'affaire « s'arrangera bien », car elle sera « arrangée » par des amis sûrs. Le Président de l'Alliance Française se dit : « Le Ministre de France au Chili fera une enquête diplomatique, qui sera longue, qui sera vague, qui sera nulle. Il n'ira pas à Iquique, bien entendu. Il confiera l'enquête à l'enquêté, au Vice-Consul lui-même. Le rapport du Ministre de France sera un chef-d'œuvre d'escamotage, où le Ministre des Affaires Etrangères ne comprendra rien. Le Ministre des Affaires Etrangères comprendra surtout qu'il a besoin de tranquillité. Si par impossible le Vice-Consul avait tort au Quai d'Orsay, il aurait raison boulevard Saint-Germain, puisqu'il a travaillé pour l'Alliance Française qui de son côté travaillerait pour lui. Le Ministre des Affaires Etrangères en conséquence solutionnera le débat au mieux des intérêts ministériels, c'est-à-dire au profit de l'Alliance Française.» Le Président de l'Alliance Française se dit encore que le Ministre de France, par dévouement pour l'Alliance Française, pour son Vice-Consul et pour lui-même, saura bien se débrouiller pour me retenir au Chili le plus longtemps possible afin que je vienne me défendre en France quand on ne pourra plus rien contrôler.

En attendant le Président de l'Alliance Française fait écrire par le Secrétaire Général: « Comités autonomes. Intervention impossible ».

✿ ✿ ✿

L'Alliance Française est vis à vis de ses Comités dans les mêmes rapports que le mandant vis à vis du mandataire

Les Comités sont autonomes ? Ah ! vraiment ! L'Alliance Française pour le développement de la langue française à l'étranger atteint pourtant son but grâce aux Comités qu'elle patronne sur tous les points du globe.

Le mandat donné par l'Alliance Française à ses Comités résulte des relations écrites et verbales qui s'établissent entre l'Alliance Française et ses Comités Il résulte de la propagande entreprise, encouragée ou tolérée par l'Alliance Française en faveur de ses Comités. Il résulte du fait que l'Alliance Française prête ses statuts à ses Comités et leur laisse porter son nom. On sait qu'aux termes de l'art. 5 de la loi du 1er juillet 1901 sur les associations, le titre pris par une association déclarée est sa propriété et quiconque se servirait de ce titre sans y être autorisé excéderait son droit. C'est avec l'autorisation de l'Alliance Française que les Comités s'appellent de l'Alliance Française et aussitôt qu'ils portent ce nom l'Alliance Française dit en parlant d'eux : « Nos Comités ». Elle les accrédite auprès des tiers. Elle les sub-

ventionne Ils font pour elle du prosélytisme. Ils recueillent
des adhésions à l'Alliance Française. Ils ramassent des sous
pour l'œuvre de l'Alliance Française. Le Comité d'Iquique,
par exemple, a publié des imprimés pour faire connaître que
pour être membre de l'Alliance Française il suffisait de remplir l'espace en blanc et de verser le montant de la cotisation
à Iquique ou même au siège de l'Alliance Française à Paris.

D'ailleurs, le mandat donné par l'Alliance Française à ses
Comités n'est ignoré de personne. Il y a au Ministère de l'Instruction Publique un Office des Ecoles et Universités françaises à l'étranger qui favorise spécialement les Comités de
l'Alliance Française

D'autre part, MM. les Ministres et Ambassadeurs de France
à l'étranger sont de droit membres d'honneur de l'Alliance
Française.

L'Alliance Française leur demande de faire créer à l'étranger des Comités de l'Alliance Française.

Le Ministère des Affaires Etrangères leur donne, ainsi
qu'aux agents de protection consulaire, le mot d'ordre d'avoir
à protéger spécialement les Comités de l'Alliance Française.
C'est grâce à cette protection exceptionnelle que l'Alliance
Française peut remplir sa mission d'utilité publique pour le
développement de la langue française à l'étranger et la pénétration pacifique de l'idéal français dans le monde.

Quand des Comités se fondent et quand ils obtiennent des
résultats par la création d'écoles ou l'organisation de cours
ou conférences, l'Alliance Française recueille le profit du
mandat bien rempli.

Quand les Comités remplissent mal leur mandat, l'Alliance
Française recueille encore le profit dans la mesure où le mal
rapporte quelque chose, ne fût-ce que le bénéfice d'une expérience et de la discipline qu'elle impose.

Et si, dans ce cas, des dommages ont été causés aux tiers
par les mandataires, le mandant répond : « Mandataires
autonomes ? » — « Le vrai peut quelquefois n'être pas vraisemblable ».

❀ ❀ ❀

**L'Alliance Française a une
responsabilité commerciale**

L'Alliance Française peut
objecter que le profit qu'elle
recueille n'est qu'un profit
moral et qu'elle le recueille pour le bien de tous, qu'elle est

une Association et non une Société et qu'étant une Association elle n'est pas soumise aux règles et usages des Sociétés, qu'en somme elle ne saurait avoir une responsabilité commerciale à risques pécuniaires en contre-partie d'une action sociale à bénéfices moraux.

Est-il exact que l'Alliance Française soit une Association et non une Société ?

Je n'insiste pas sur la différence qu'il y a entre l'Association et la Société, différence souvent imperceptible en fait, si nette qu'elle soit en droit, car le fait échappe souvent aux distinctions du droit. Entre l'Association et la Société il y a une personne morale mixte qui est une Association et n'est pas une Société tout en étant une Société qui n'est pas une Association. L'Alliance Française est quelque chose comme cela : elle se dit elle-même « *Association* pour le développement de la langue française, *Société* d'utilité publique. » Association ou Société, elle ne sait pas à quoi s'en tenir.

Je n'insiste pas. Je me contente de rappeler au lecteur l'art. 1er de la loi du 1er juillet 1901 sur le droit d'association : « L'association est la convention par laquelle deux ou plusieurs personnes mettent en commun d'une façon permanente leurs connaissances ou leur activité dans un but autre que de partager des bénéfices ».

Or le Comité de l'Alliance Française d'Iquique m'avait promis 25 0/0 sur les bénéfices de son entreprise. L'Alliance Française emploie donc ou laisse employer par ses Comités—ce qui au point de vue du résultat revient au même -- des moyens commerciaux, qui ne devraient pas être les moyens d'une association pour l'enseignement gratuit de la langue française.

L'Alliance Française — en tant qu'elle emploie ou laisse employer par ses Comités des moyens commerciaux, qui sont nombreux et variés—se comporte comme une Société commerciale et, comme telle, se soumet aux lois et coutumes du commerce.

Et c'est bien étrange que l'Alliance Française revendique ensuite le principe de l'autonomie de ses Comités !

❈ ❈ ❈

L'Alliance Française a un nom et des statuts

L'Alliance Française a un nom. A cause même de son nom elle devrait dire que ses Comités sont sous sa dépendance et qu'elle les surveille.

L'Alliance Française a des statuts.

Le partage des bénéfices n'a pas été prévu par les statuts de l'Alliance Française, puisque c'est le contraire qui a été formulé : pas de bénéfices à partager.

A cause même de ses statuts l'Alliance Française devrait empêcher ses Comités de laisser croire qu'ils veulent réaliser des gains pécuniaires.

Car ils sont de l'Alliance Française et noblesse oblige même à la sauvegarde des apparences, à l'étranger surtout où on peut être jugé sur des apparences.

Et puis en restant sur le terrain des bénéfices moraux pourquoi leur acquisition par des moyens commerciaux n'engagerait-elle pas la responsabilité commerciale de ceux qui les acquièrent? En les acquérant, en les faisant passer dans leur patrimoine ils engagent leur responsabilité commerciale tout comme en acquérant un bénéfice matériel — surtout dans le cas où ils s'abstiennent, de leur propre aveu, de contrôler les formes d'acquisition. Le bénéfice moral est une propriété comme le bénéfice matériel et sur le terrain des bénéfices moraux comme sur le terrain des bénéfices matériels nul n'a le droit de s'enrichir aux dépens d'autrui.

Le bénéfice est petit? Un bénéfice moral n'est jamais petit. Personne ne peut dire exactement ce qu'il est parce qu'il vaut à la fois par ce qu'il est et par ce qu'il peut être, par cela surtout qu'il eût été si on m'avait laissé administrer librement le Collège de l'Alliance Française d'Iquique.

Les Comités sont autonomes !

Qu'est-ce que cela veut dire ?

Cela veut-il dire que les Comités peuvent compromettre l'Alliance Française ? Et l'Alliance Française n'intervient pas?

Les Comités sont autonomes !

Et que faites-vous des exigences du Code civil ?

Les exigences du Code civil gênent l'Alliance Française.

« Article 1384. — On est responsable non seulement du « dommage que l'on cause par son propre fait mais encore « de celui qui est causé par le fait des personnes dont on doit « répondre, ou des choses que l'on a sous sa garde.

« Le père et la mère après le décès du mari sont responsa- « bles du dommage causé par leurs enfants mineurs habitant « avec eux.

« Les maîtres et les commettants, du dommage causé par
« leurs domestiques et préposés dans les fonctions auxquelles
« ils les ont employés.

« Les instituteurs et les artisans, du dommage causé par
« leurs élèves et apprentis pendant le temps qu'ils sont sous
« leur surveillance.

« La responsabilité ci-dessus a lieu à moins que les père et
« mère, instituteurs et artisans ne prouvent qu'ils n'ont pu
« empêcher le fait qui donne lieu à cette responsabilité. —
« (Loi 20 juillet 1899). Toutefois la responsabilité civile de l'Etat
« est substituée à celle des membres de l'enseignement
« public ».

Pourquoi l'Alliance Française ne devrait-elle pas répondre d'un Comité qui émane d'elle ? Objecterait-on que
les Comités de l'Alliance Française n'émanent pas de l'Alliance Française mais que c'est au contraire l'Alliance Française qui émane de ses Comités ?

Comment ! M. Foncin a commencé par fonder l'Alliance
Française, il a planté l'arbre, puis il a dit : « Apportez-moi
de l'argent par cotisations, souscriptions, donations et testa-
ments, pour que je puisse arroser l'arbre. » Pendant trente
ans on a apporté de l'argent à M. Foncin. Moyennant quoi
l'arbre a poussé, pousse toujours.

Et l'Alliance Française prétendrait que les branches lui
viennent du dehors ?

Les branches viennent du dedans.

Objecterait-on que les tiers ont tort d'accepter les engagements des Comités ?

Mais ces engagements ne viennent pas de Comités quelconques : ils viennent de Comités de l'Alliance Française,
officiellement reconnus par l'Alliance Française, officiellement recommandés dans tous les Bulletins de l'Alliance
Française.

Les tiers savent donc qu'ils traitent avec des personnes
dont l'Alliance Française doit répondre *de par la loi.*

Les tiers savent que les établissements de l'Alliance Française sont des établissements que l'Alliance Française a sous
sa garde *de par la loi.*

L'exception de la fin de l'article 1384 en faveur des père et
mère, instituteurs et artisans (et il est remarquable que le

texte qui procède par voie d'énumération des personnes favorisées n'énumère pas les maîtres et commettants) cette exception, dis-je, n'est pas applicable à l'Alliance Française.

Au pis aller et au cas où l'Alliance Française pourrait en droit invoquer l'exception, il convient d'observer que le bénéfice de cette exception est subordonné à la destruction préalable par preuves pertinentes de la présomption de faute établie par la loi.

Or, non seulement l'Alliance Française est impuissante à détruire cette présomption de la loi, mais encore la faute de l'Alliance Française que la loi présume se complique de toutes les fautes que j'ai signalées.

A l'occasion des engagements que j'ai acceptés et plus tard à l'occasion de tous les conflits qui se sont produits entre l'Alliance Française et moi, l'Alliance Française a commis fautes sur fautes, d'action et d'omission, et si l'article 1384 ne me suffisait largement il me resterait les articles 1382 et 1383. Mais le concours de toutes les circonstances de fait démontre bien que l'Alliance Française d'Iquique est une dépendance de l'Alliance Française et que si celle-ci n'a pas donné aux administrateurs de celle-là un mandat écrit, elle leur a donné au moins un mandat verbal exprès ou un mandat tacite d'accomplir tous les actes d'administration. Or, comme la nomination du Directeur et les engagements pris envers lui sont des actes d'administration qui sont compris parmi ceux qu'aux termes de l'article 1988 du Code civil peut accomplir le mandataire général, l'Alliance Française mandante doit être déclarée responsable des dommages qui m'ont été causés par son mandataire.

S'il en était autrement, l'Alliance Française recueillerait des bénéfices sans courir des risques et cela ne peut pas s'admettre.

Les Comités de l'Alliance Française n'existent que par l'Alliance Française. Otez l'Alliance Française, les Comités de l'Alliance Française n'ont ni une existence de fait, ni une existence de droit, ni une existence de raison. Hors l'Alliance Française, les Comités de l'Alliance Française ne sont même pas des virtualités. Hors l'Alliance Française les Comités de l'Alliance Française sont inconcevables. Dès qu'un Comité de l'Alliance Française est conçu, il est conçu dans l'Alliance

Française. Et en remontant aussi haut que possible dans la conception ce n'est que dans l'Alliance Française que cette conception se conçoit.

Plus tard, quand les Comités agissent l'Alliance Française ne cesse de les appeler *ses* Comités.

Elle publie un Bulletin pour célébrer leurs faits et gestes. Mais leurs sottises elle les cache et comme ils savent qu'elle les cache elle les provoque en les cachant.

Dans les rapports qui peuvent réunir les Comités de l'Alliance Française et les Français dont ces Comités utilisent les aptitudes, l'Alliance Française ne peut pas soutenir qu'elle soit un tiers. Ce qu'ils contractent, elle le contracte. Ce qu'ils promettent, elle le doit.

Il ne faut pas dire que les Comités de l'Alliance Française peuvent se proposer le même but que l'Alliance Française sans qu'il en résulte qu'ils dépendent d'elle.

Car, ainsi que je l'ai dit, il y a entre l'Alliance Française et ses Comités autre chose que la solidarité de but. Il y a la solidarité en tout et pour tout : solidarité des efforts, solidarité des moyens, solidarité des bénéfices, solidarité de pensée, etc..... Il y a rapports continus, contrôle permanent de la gestion des Comités par l'Alliance Française, et quand le mandataire gère mal il y a pour le mandant droit de révocation. De même que l'Alliance Française fait naître les Comités, de même elle les fait disparaître quand ils ne remplissent pas les obligations du mandant.

❋ ❋ ❋

Le revers du Monopole — L'Alliance Française prétendrait-elle qu'elle ne peut pas surveiller ses mandataires ; qu'elle est mal placée pour exercer cette surveillance ?

Il faut pouvoir ce que l'on doit.

Il faut se bien placer pour remplir son devoir.

L'Alliance Française n'est d'ailleurs pas mal placée pour exercer sa surveillance. Les distances ne sont rien pour elle. La protection française est à ses ordres. L'Alliance Française monopolise en matière d'enseignement la Présidence d'honneur diplomatique et consulaire. Le monopole de l'enseignement qui existe en fait ou à peu près au profit de l'Etat français sur le territoire national existe en fait et en droit au profit de l'Alliance Française à l'étranger. Or la Présidence d'Honneur est un poste de surveillance : si la surveillance est mal faite, l'Alliance Française doit en répondre, c'est le revers du monopole.

Protection diplomatique et consulaire égale pour tous, voilà l'ordre social établi par la loi.

L'Alliance Française a troublé cet ordre avec le Monopole et avec le Privilège. Mais elle dit pour se défendre : « Pour la Patrie ! ». Vous travaillez pour la Patrie. Raison de plus pour travailler avec justice...

Pourquoi donc voudriez-vous que de travailler pour la Patrie vous conférât le droit d'envoyer à quinze mille kilomètres des terres françaises ceux qui veulent bien aussi travailler pour la Patrie mais qui n'ont pas de temps à perdre pour satisfaire les caprices de vos Comités mal surveillés par vous ? Si c'est le mot envoyer qui vous gêne je puis dire que de provoquer leur départ avec les renseignements grossièrement faux de vos Bulletins cela revient au même. Et de ne pas vous occuper d'eux quand ils se débattent à quinze mille kilomètres des terres françaises contre un Monopole et un Privilège que vous ne leur aviez pas révélé ce n'est pas là non plus ce que la Patrie peut vous permettre.

Vous comptiez sur le Ministère des Affaires Etrangères pour exercer la surveillance ?

Et sans doute le Ministère des Affaires Etrangères devait surveiller. Mais il comptait lui aussi sur vous et c'est une faute de ne pas lui avoir signalé la nécessité d'intervenir contre votre propre intérêt que le monopole qu'il vous a octroyé défendait si bien. La Ligue des Droits de l'Homme est intervenue. Pourquoi n'avez-vous pas pensé à intervenir comme elle ? Parce que ce n'est pas votre rôle de défendre les Droits de l'Homme ? C'est un rôle qui vous siérait quand les Droits de l'Homme sont attaqués par votre faute et à votre profit.

« Renseignez-nous sur ce que vous ferez à Iquique, m'aviez-vous dit au moment de mon départ. Si vous avez besoin de nous, notre concours ne vous manquera pas ».

Je vous ai renseigné.

Je vous ai renseigné très aimablement.

J'ai renseigné très aimablement aussi, au Ministère de l'Instruction Publique, le Directeur des Ecoles et Universités de France à l'étranger. C'est vous qui m'aviez donné son adresse et je dois à la vérité de dire que ce fonctionnaire ne m'avait pas beaucoup engagé à partir, mais il m'avait dit au moment où je l'ai quitté : « Si vous partez, renseignez-moi sur ce que vous ferez. C'est intéressant pour nous »·

« Renseignez-nous. Ça nous intéresse ».

Mais quand il y a des anicroches ça ne vous intéresse plus !

Pourtant l'Administration et les Sociétés patriotiques, qui ont des pouvoirs d'administration, devraient s'intéresser surtout aux affaires où il y a des anicroches. Ce sont celles-là qui, sans rapporter à la Patrie tous les avantages matériels que les autres affaires lui rapportent, font gagner à la Patrie quelque chose de plus précieux et de plus rare : elles l'instruisent sur la manière dont ses services fonctionnent, elles lui font connaître son Administration, elles lui imposent des expériences nouvelles, etc..... et même si au pis aller la Patrie conserve ses méthodes il est bon qu'elle sache ce qu'elles donnent, car c'est le seul moyen de les bien utiliser.

Le devoir de surveillance imposé par la loi à l'Alliance Française est d'autant plus impérieux que l'Alliance Française n'est pas une Société quelconque.

Elle a une puissance formidable.

Les Comités de l'Alliance Française savent qu'ils ont, avec le monopole de l'enseignement du français, le privilège de la protection auprès des Consulats et des Ambassades. Ils savent qu'ils sont assez en faveur pour se permettre impunément bien des fautes. Ils savent que les fautes qu'ils commettent seront d'autant mieux cachées qu'ils les commettent souvent de connivence avec les agents consulaires ou diplomatiques. Ils savent que s'ils commettent par exemple avec un Vice-Consul une première faute, ce Vice-Consul aura intérêt, pour se couvrir lui-même en couvrant le Comité, non point à réparer la faute commise, mais à commettre lui-même une seconde faute pour empêcher qu'on ne ·découvre la première, puis une troisième faute pour empêcher qu'on ne découvre la seconde et ainsi de suite. Ils savent que dans ce cas le Consulat sera couvert par l'Ambassade, l'Ambassade par le Ministère des Affaires Etrangères, le Ministère des Affaires Etrangères par l'Alliance Française. Ils savent que la Presse est favorable à l'Alliance Française à cause de

son nom et ne peut pas trop rechercher si on ne se sert pas de
ce nom comme d'une couverture. Ils savent que les journaux
ne sont pas tous indépendants. Ils savent davantage encore.
Alors pourquoi ces Comités se gêneraient-ils ?

.+ + +

Sans la responsabilité de l'Alliance Française les Comités peuvent, sous le couvert du Privilège, tout se permettre et ne rien risquer

Voici d'ailleurs un Comité de seize membres par exemple. Que risque-t-il dans une action solidaire contre les droits d'autrui ? Il est convaincu qu'il ne risque absolument rien. Le Vice-Consul a dit : « Nous sommes de l'Alliance Française et je protège, au nom du Gouvernement, l'Alliance Française ». Cela veut tout dire. Le moins doué comprend que si l'Alliance Française ne pouvait pas se tirer d'une difficulté créée par le Comité elle prendrait la difficulté à son compte et voilà tout.

Le Vice-Consul, qui est membre du Comité, qui est le principal membre du Comité, qui a fondé et dirigé le Comité dès le début, qui a par la suite fomenté les discordes et les haines, qui a provoqué tout le mal mais qui est resté partie en cause, voudrait peut-être arranger ce qu'il a dérangé mais on lui reproche aussitôt sa propre faute et il est pour ainsi dire forcé de faire fonctionner le Privilège de l'Alliance Française.

L'Alliance Française n'a sans doute pas demandé, pour ses Comités, de la protection injuste.

Mais elle a demandé pour ses Comités de la protection.

Or la protection consulaire et diplomatique est accordée de plein droit à tous les nationaux, à toutes les œuvres nationales, à tous les intérêts nationaux.

En demandant ce que la loi accorde on a des chances, surtout quand on est Alliance Française, d'obtenir plus que ce que la loi accorde.

Et quand l'Alliance Française apprend que ses Comités obtiennent plus que ce que la loi accorde, l'Alliance Française, qui a déclanché un privilège dont elle constate les abus, ne doit pas répondre que ses Comités sont autonomes. C'est à ce moment là plus qu'à aucun autre qu'elle devrait répondre qu'ils dépendent d'elle et qu'elle va aviser à les surveiller un peu mieux. Arguer alors d'autonomie c'est prendre à son compte les abus, c'est les couvrir, c'est les encourager; c'est vouloir qu'il s'en commette d'autres, c'est avouer qu'on accepte la protection injuste parce qu'on l'a provoquée. C'est du moins abdiquer expressément tout contrôle, c'est violer la loi elle-même et c'est violer les statuts de l'Alliance Française. C'est donc, ainsi que je l'ai dit, corser la responsabilité prévue par l'article 1384 du Code civil avec la responsabilité prévue par les articles 1382 et 1383.

La responsabilité de l'Alliance Française était déjà engagée par toutes les fautes qu'elle avait commises en déterminant, avec les renseignements faux de ses Bulletins et avec les renseignements faux des autres publications qu'elle avait tolérées, mon départ pour le Chili où elle avait intérêt à fonder un Collège français pour tenter quelque chose d'analogue à ce que le Gouvernement français avait tenté au Pérou.

La France a envoyé à Lima une Mission militaire qui aide l'Etat-Major péruvien à réorganiser l'armée du pays. L'armée chilienne, au contraire, a été instruite depuis quelques années et est encore instruite par des officiers de l'armée allemande qui collaborent avec les officiers chiliens. Je reparlerai de cela dans la suite de mon exposé. L'Alliance Française caressait donc l'espoir très louable de doter l'Etat chilien de Collèges de l'Alliance Française que la Légation de France à Santiago aurait signalés à l'attention du Gouvernement français. L'Alliance Française n'aurait pas « vendu » ses Collèges à l'Etat français, mais elle les lui aurait « cédés » ; ou bien elle ne les lui aurait pas « cédés » elle les lui aurait « donnés » ; simple question de mots ; il est avec l'Etat des accommodements. En fait ces Collèges seraient devenus des Collèges officiels de l'Etat français, ou des Lycées, ou des Universités ; encore une simple question de mots. En l'occurrence l'Alliance Française aurait obtenu du Gouvernement une protection consulaire et diplomatique encore plus efficace, des décorations pour ceux qui travaillent à l'expansion de la langue française, des encouragements pour celui-ci ou celui-là, des compensations, des arrangements, etc.....

Si même elle avait obtenu des subventions, il eût été entendu que l'Etat lui « donnait » des subventions et qu'elle « donnait » des œuvres. Plus tard, le Gouvernement français se serait mis d'accord avec le Gouvernement chilien pour la transformation et l'extension de ces œuvres par une Mission pédagogique française que la Légation de France à Santiago aurait fait demander à Paris pour le compte du Ministère de l'Instruction Publique du Chili. L'espoir de l'Alliance Française n'était pas chimérique, mais l'Alliance Française savait qu'un effort français, de quelque nature qu'il fût, était beaucoup plus difficile au Chili qu'au Pérou. Voilà pourquoi n'osant s'engager tout à fait dans cette entreprise elle ne s'y engageait que juste assez pour attirer les tiers ?

Soutiendrait-on que l'Alliance Française a le droit de s'engager ainsi pour attirer les tiers ?

Soutiendrait-on que toute la réclame qu'elle fait autour de son œuvre n'a que la valeur d'une réclame commerciale dont il faut se méfier ?

On ne peut raisonnablement pas soutenir cela, car en le soutenant on compromettrait l'Alliance Française.

L'Alliance Française en donnant des comptes rendus faux de l'action de ses Comités s'engage un peu plus qu'une firme commerciale concessionnaire des comptes rendus de représentations théâtrales ou d'opérations financières. Une firme commerciale peut donner des comptes-rendus faux : car nous savons à quoi nous en tenir sur ces sortes de comptes-rendus. Nous les lisons d'un regard désœuvré avec au coin des lèvres un sourire sceptique.

Les comptes-rendus de l'Alliance Française, au contraire, nous savons qu'ils sont de l'Alliance Française et nous les prenons au sérieux.

Pourquoi soutiendrait on qu'il faut se méfier de leurs déclarations ?

Pourquoi voudrait-on aggraver ainsi davantage encore le Privilège de l'Alliance Française ?

Sans qu'on l'aggrave, ce privilège est assez dangereux.

L'Alliance Française n'est-elle pas déjà assez protégée ?

❀ ❀ ❀

Comment le Gouvernement français pouvait organiser le Privilège de l'Alliance Française

Certes, on doit protéger les œuvres de l'Alliance Française. Il est même regrettable que la protection particulière de l'Alliance Française n'ait pas été consacrée par un texte de loi.

Consacrée par la loi, la protection particulière de l'Alliance Française eût été précisée, limitée, contenue, soumise à un contrôle extérieur.

Sans faire de cette consécration législative du Privilège de l'Alliance Française l'objet d'une loi spéciale, législation difficile entre toutes dans l'état actuel des choses politiques et internationales, — le législateur pouvait réserver une place à l'Alliance Française dans la loi budgétaire de façon à permettre à cette Société de créer, avec l'argent de l'Etat, des écoles françaises à demi-officielles.

Il existe dans certains pays et notamment en Turquie des Lycées français qui dépendent de l'Etat français. Le Gouvernement français n'avait qu'à étendre à beaucoup d'écoles de l'Alliance Française le régime officiel du Lycée français de Salonique par exemple.

Cette extension se serait heurtée, dans beaucoup de pays, à des difficultés peut-être insurmontables. La Turquie accepte des Tribunaux étrangers sur son territoire ; elle peut bien accepter des Lycées étrangers, surtout des Lycées français ; mais la Turquie est, en vertu des Capitulations, dans une situation internationale qui l'oblige à accepter ce que tous les Etats n'accepteraient pas. N'empêche que si le Gouvernement français s'était mis en rapports avec quelques Gouvernements étrangers pour tenter un peu partout l'expérience qui a si bien réussi à Salonique et si les négociations avaient été menées par des diplomates habiles les Lycées français eussent été accueillis avec enthousiasme dans beaucoup de pays.

Rien ne s'opposerait maintenant à ce que l'Etat Français exploitât ces Lycées en régie, comme il le fait pour nos Lycées nationaux.

Rien ne s'opposerait non plus à ce que l'Alliance Française prit ces Lycées en charge ou les exploitât en compte à demi avec l'Etat.

Rien ne s'opposerait à ce que l'on adoptât d'autres combinaisons.

Quelque combinaison que l'on adoptât, il suffirait que la combinaison fût connue des tiers pour qu'elle fût pour eux sans danger : ils se feraient nommer selon leurs goûts professeurs de l'Etat ou professeurs de l'Alliance Française.

L'Alliance Française serait alors une société officielle, concessionnaire d'une sorte de domaine public français

international. Elle participerait, dans une certaine mesure, à
la dignité de la Puissance Publique. Elle payerait aux tiers
en garanties la rançon de cet avantage.

La Puissance Publique qui accorde à tous la protection
diplomatique et consulaire a le droit d'accorder à l'Alliance
Française une protection diplomatique et consulaire particulière. Elle a le droit de faire mentir, au profit d'une œuvre
patriotique, le vieil adage juridique : « Donner et retenir ne
vaut ». Si elle n'a pas ce droit, dans la rigueur des principes,
elle peut le prendre. Pourvu qu'elle le prenne clairement, il
est souhaitable qu'elle le prenne. Il est souhaitable que la
Puissance Publique organise au mieux des intérêts de la
Patrie la protection diplomatique et consulaire, pourvu
qu'au préalable elle demande au législateur de mettre la
légalité d'accord avec l'égalité.

⁂

Injustice et incohérence
du Privilège actuel
Malheureusement le privilège
actuel de l'Alliance Française
ne fonctionne que pour satisfaire le caprice des grands.

Consacré par des instructions ministérielles, ce privilège
est obscur, vague, incohérent, susceptible de toutes les interprétations que les circonstances exigent.

Il peut passer sans règle ni mesure à côté des Codes ou
par dessus. Tout lui est pardonné. Il est lié par tant de fils
avec tant d'intérêts ! Il trouvera toujours assez de monde
pour le défendre. Il trouvera toujours du moins assez d'indif-
férents pour le tolérer.

Consultez les listes des Comités de l'Alliance Française.
C'est un mélange de toutes sortes de noms décorés de toutes
sortes de titres. L'Alliance Française est pour ces noms une
décoration nouvelle. On est fier, pensez-vous, surtout à Iquique, de faire partie d'une Association « dont le dernier banquet, proclamait le Vice-Consul de France, a été présidé par
Poincaré en personne » et dont le Conseil d'administration
comprend quelques-unes des plus belles gloires du pays de
France. Et le Vice-Consul demande les hourras : « Vive la
France ! Vive le Vice-Consul ! »

Les hourras fructifient..... Pourquoi ne protégerait-on pas
des gens qui proclament leur patriotisme à tous les vents et
qui se vantent d'avoir tout sacrifié à la Patrie ? On ne leur

demande pas s'ils ont servi la Patrie. On leur demande s'ils
ont eu l'air de la servir. S'ils ont eu l'air de la servir ils ont
eu le droit de la compromettre.

Le monopole accordé à l'Alliance Française par les instructions ministérielles qui règlementent. la protection
française à l'étranger équivaut donc en fait à la suppression
de toute protection pour les tiers.

Hors l'Alliance Française point de salut.

Si vous voulez vivre à l'étranger en enseignant la langue
française il faut que vous fassiez partie de l'Alliance Française.

Et s'il plaît à un Comité de vous exclure de l'Alliance
Française pour une raison ou pour une autre ou sans aucune
raison, vous n'avez plus qu'un parti à prendre : quitter le
pays.

Le Consulat vous tyrannise sous prétexte d'interpréter des
instructions ministérielles qui lui commandent de protéger
l'Alliance Française, c'est-à-dire le Drapeau.

La Légation laisse faire le Consulat.

Le Ministère attend des rapports.

Quand les rapports arrivent, le Ministre ne peut plus rien
faire.

Il classe le dossier et répond n'importe quoi.

Il ne sanctionne rien.

Quelle sanction prendrait-il contre un Vice-Consul qui est
couvert par un Ministre plénipotentiaire et qui a réussi à
couvrir le Ministre plénipotentiaire lui-même ?

Le Ministre des Affaires Etrangères se dit : « Voilà des
fonctionnaires qui se débrouillent ! Ils commettent des fautes, mais ils savent en imputer la responsabilité à leurs
victimes. Et d'ailleurs ils ont interprété des instructions qui
sortaient de mon Ministère. Les instructions étaient peut-
être d'interprétation difficile. Ces instructions étaient déjà
elles-mêmes des interprétations de la loi qui en faussaient le
sens puisque la loi protège tout le monde sans recommander
personne. On a interprété des interprétations et ce faisant on
a faussé davantage le sens de la loi parce qu'on n'a pas
compris les recommandations ministérielles. Mais c'est la
faute au premier interprétateur de la loi ».

Le Ministre ne peut raisonnablement pas sévir contre lui-même. Quant aux subordonnés ils ont sauvé les apparences, ayant su échapper à la Justice étrangère. L'Alliance Française est contente. Elle qui devrait sanctionner ne sanctionne pas, pourquoi le Ministre sanctionnerait-il? »

Ainsi le Ministre ne sanctionne pas parce que l'Alliance Française ne sanctionne pas et l'Alliance Française ne sanctionne pas parce que le Ministre ne sanctionne pas.

✿ ✿ ✿

Après quatre mois et demi de séjour à Iquique — Après quatre mois et demi de séjour à Iquique, je savais déjà, vu la tournure des événements, que le scandale de l'Alliance Française et du Consulat de France serait étouffé.

La Légation de France était toujours muette.

Pourtant j'avais adressé au Ministre de France des lettres extrêmement polies.....

Le Vice-Consul annonçait que n'ayant pu obtenir mon expulsion il s'arrangerait pour me faire partir quand même et me faire arrêter à mon arrivée à La Rochelle.

✳ ✳ ✳

Demande publique d'enquête — J'étais obligé de demander publiquement à la Légation de France qu'elle voulût bien faire enquêter sur les coups de police du 21 Avril et du 28 Mai, sur les diffamations consulaires, sur le faux en écriture que j'avais dénoncé, etc.....

Une mise en demeure publique me paraissait le seul moyen de faire agir la Légation de France.

Ma mise en demeure fut écrite en termes très modérés, ainsi que le lecteur pourra s'en rendre compte en se reportant à l'annexe n° 28.

Le Ministre de France répondit à mon invitation publique, comme il avait répondu à mes lettres privées, par le silence.

❀ ❀ ❀

La Protection Française m'avait empêché de trouver une salle de conférence. Parole libre quand même ! — Je fus obligé d'insister et je saisis pour cela l'occasion d'un banquet que le parti radical anti-balmacédiste offrait, le 6 juillet, au poète national Victor Domingo Silva pour le remercier d'avoir apporté son concours à la bataille qui s'engageait à Tarapaca contre la corruption des services publics.

Des partisans du Vice-Consul étaient venus à ce banquet. Ils eussent voulu m'empêcher de parler, mais la salle toute entière m'était favorable.

Après avoir salué le poète national Victor Domingo Silva, je disais qu'il était nécessaire de fonder au Chili comme en France une Ligue des Droits de l'Homme.

Mon discours fut applaudi.

On ne l'applaudissait pas pour ce qu'il valait. On l'applaudissait parce qu'on savait que depuis quatre mois et demi j'étais victime d'une odieuse violation des Droits de l'Homme et du Droit des Gens et parce qu'on savait aussi que je conquérais cette fois de haute lutte et malgré le Vice-Consul de France la parole libre.

Le Vice-Consul découvrit dans mon discours de l'anti-balmacédisme.

Or j'étais peu instruit sur le balmacédisme et je ne pouvais guère le combattre.

J'avais ouï dire que les balmacédistes, qui tenaient leur nom de Balmacéda, ancien Président de la République du Chili, et qui continuaient sa politique en la déformant, étaient le parti d'obstruction au progrès. Ils avaient le pouvoir et s'en servaient pour dévorer le bien public. Je le savais mais ne le proclamais point à cause de ma qualité d'étranger, qui m'imposait une certaine réserve en matière politique.

Les balmacédistes comprirent que je ne combattais pas leur parti et que mon discours, bien qu'il eût été prononcé dans un banquet anti-balmacédiste, était plutôt anti-autoritariste qu'anti-balmacédiste. Je ne suis pas d'ailleurs, bien que je sois anti-autoritariste, partisan de l'abolition totale de l'autorité.

L'abolition totale de l'autorité est un rêve d'artiste parfois, un rêve d'imbécile souvent.

L'existence d'un pouvoir qui commande est peut-être une calamité sociale; c'est une calamité inéluctable; il faut bien que la société soit et qu'elle persévère dans son être, et elle a besoin pour cela d'un pouvoir qui commande.

Mais aussi il ne faut pas que l'exercice de l'autorité dégénère en abus. Quand on se révolte contre les abus de l'autorité ce n'est pas le principe d'autorité qu'on attaque, c'est le principe de liberté qu'on défend. Si le lecteur veut bien se rapporter à l'annexe n° 29 il comprendra ce que comprirent les balmacédistes.

Si le Vice-Consul ne comprit pas cela c'est parce qu'il avait intérêt à comprendre autre chose afin d'utiliser contre moi les haines de partis et d'employer le balmacédisme comme un nouveau tremplin.

Le Vice-Consul ne put réussir à déchaîner contre moi les colères balmacédistes.

Il obtint seulement qu'on insérât dans la *Patria*, journal du Préfet de Police, une « protesta » insignifiante qui était censée émaner de la colonie française. (V. annexe n° 30).

❀ ❀ ❀

Un commissaire - enquêteur tout à fait bizarre — Vers cette même époque, le Consulat de France reçut la visite de M. . . . . . qui était, paraît-il, consul de France à Santiago.

Je ne me rappelle pas exactement la date de l'arrivée de M. . . . . . à Iquique. Tout ce que je sais c'est que ledit M. . . . . . avait fait connaître au Vice-Consul qu'il le verrait à Iquique pour lui faire de la part du Ministre de France une communication très importante. La colonie française assurait que M. . . . . . était le commissaire-enquêteur délégué par le Ministre de France. Nous espérions, mes amis et moi, que M. . . . . . nous convoquerait. Il n'en fut rien. M. . . . . . débarqua un matin, déjeûna au Consulat, où il fit appeler les amis du Vice-Consul et repartit le soir même. Le lendemain il adressa au Vice-Consul un câblogramme qui fut lu par le Vice-Consul à M. Catley, ancien agent consulaire : la lecture ayant été faite au téléphone rien ne permet d'affirmer que M. . . . . . ait écrit ce que lut le Vice-Consul, mais d'après ce que lut le Vice-Consul, l'appui de la Légation de France était définitivement acquis à l'Alliance Française et au Consulat.

Quand même le sens de ce câblogramme aurait été dénaturé par le Vice-Consul en vue de démoraliser mes amis, il reste établi que le Ministre de France est responsable d'avoir provoqué de nouveaux troubles en n'ordonnant pas à M. . . . .

de se montrer impartial entre le Vice-Consul et moi. M. . . . . .
n'avait pas à insister auprès de certains membres de la
colonie française pour les engager à m'abandonner et à
reconstituer, avec le Vice-Consul pour base, le Bloc
Patriotique.

❋ ❋ ❋

**La campagne consulaire
du 14 Juillet**

Après son entrevue avec M.
. . . . le Vice-Consul entreprit une véritable campagne
pour organiser, dans un but exclusif de réclame personnelle,
la fête du 14 Juillet. Il s'agissait, selon les instructions de
M... . . . ., de démontrer au Ministre de France que le
Vice-Consul avait reconquis les sympathies perdues. Cela
devait servir à la fois les intérêts du Consulat, ceux de la
Légation et ceux de l'Alliance Française.

Le Vice-Consul convoqua ses amis au Consulat. Le parti
consulaire se transforma en Comité des fêtes du 14 juillet.

Ce Comité adressa des invitations à tous les membres de la
colonie française et aux étrangers amis de la France.

Il « délibéra » sur le point de savoir si le banquet du
14 juillet devait avoir lieu au siège de l'Alliance Française ou
ailleurs.

Il décida que le banquet aurait lieu dans un restaurant à
la mode, le Restaurant Catley, à Cavancha.

Au siège de l'Alliance Française on se contenterait de
sabler le champagne du Vice Consul.

Je ne fus invité ni au banquet ni au champagne.

Le Vice-Consul, Président d'Honneur des fêtes du 14 juillet,
aurait pu se dire cependant que la commémoration du souvenir glorieux du peuple de Paris enlevant la Bastille était
une « fête nationale » ; il aurait pu se dire que le peuple de
Paris avait enlevé la Bastille pour tout le monde et qu'aucun
Français ne pouvait être exclu d'une fête qui symbolisait
l'admission de tous aux libertés nouvelles.

Ne pas m'inviter au banquet et au champagne c'était
m'exclure des fêtes, car il n'y avait pas d'autres manifestations.

J'eusse pu contre-manifester. Je ne le fis point. Le 14 juillet
était avant tout la fête de la liberté. Je dis à mes amis :

« Allez au banquet. Allez au champagne. Vous êtes libres. Je vous conseille même de ne pas diminuer, par votre abstention, l'éclat que doit avoir la « fête nationale ». Mes amis résistèrent.

Et même M. Recabarren, directeur du journal *El Despertar de los Trabajadores*, me déclara qu'il ne tenait pas à conserver l'invitation du Vice-Consul. Il me la remit pour que je la conservasse.

Mes amis décidèrent qu'on dînerait en petit comité sans élection de secrétaires ou de trésoriers, sans délibération et sans champagne.

Nous n'aurions même pas de décorations. Nous nous en passerions. Le Vice-Consul, lui, promettait à ses amis rubans violets et rubans verts. C'étaient des fariboles !

L'amour de la cocarde était particulièrement ardent parmi le parti consulaire.

Tous les intéressés attendaient le 14 avec une anxiété qui faisait peine à voir. Mais le Vice-Consul calmait chacun d'un mot. Il disait qu'il était le maître de la pluie. Et pour preuve il montrait, arc-en-ciel prometteur, sa veste de gala décorée de rubans de toutes les nuances.

La pluie du 14 ne fut pas aussi abondante que le Vice-Consul l'avait fait espérer.

Deux décorations seulement étaient arrivées du Quai d'Orsay.

L'une récompensait Madame la Directrice du Collège français de jeunes filles.

A quoi servent les décorations

Jamais palmes académiques ne furent plus méritées. Mme B.. a fondé à Iquique, il y a 20 ans, un Collège français où l'enseignement se donne en espagnol mais où le français est enseigné supplémentairement. Le Vice-Consul avait demandé les palmes pour Mme B..... afin de décorer la décoration et de faire mousser sa valeur. Après la rupture de mon contrat avec l'Alliance Française j'étais devenu professeur au Collège français de jeunes filles. Le Vice-Consul avait vainement essayé, ainsi que je l'ai dit, de me faire perdre cette petite situation.

Il se servit encore de la décoration qui avait été décernée par le Gouvernement français à Mme B..... pour obtenir d'elle mon congédiement. Ce congédiement eût été exploité en faveur de l'Alliance Française, du Consulat de France et de la Légation. Mme B..... fut avisée par le Vice-Consul qu'une cérémonie aurait lieu à l'Alliance Française pour la remise solennelle des décorations. L'envoyé du Vice-Consul profita de l'occasion pour faire appel au patriotisme de Mme B..... et lui dire qu'elle ne devait pas me garder comme professeur dans son Collège Mme B... ne se laissa pas impressionner par ces sortes d'arguments, mais le Vice-Consul ne se décourageait pas et renouvelait un peu partout les démarches et les efforts de toute sorte pour m'empêcher d'enseigner le français à Iquique.

✠ ✠ ✠

Le Vice-Consul continue à faire échouer mon cours de français

J'avais fondé mon Cours de français. J'avais fait de la réclame par voie d'annonces dans les journaux et par voie de prospectus. Mais cela, ce n'était pas de l'enseignement par l'Alliance Française.

Donc il fallait faire échouer mon essai. Le Vice-Consul s'y employait de son mieux.

J'avais de même tenté de faire des conférences. J'avais demandé au Maire d'Iquique de me louer le théâtre municipal pour quelques conférences sur des sujets de littérature ou des questions de droit.

J'avais adressé plusieurs autres demandes à diverses sociétés pour obtenir la location d'une salle de conférences. J'avais même fait une démarche auprès de l'agent consulaire d'Italie pour qu'il voulût bien faire mettre à ma disposition, moyennant payement d'un prix de location, une salle qui appartenait à une société italienne. Mais le Vice-Consul dressait partout devant moi quelque obstacle et comme la Légation de France le laissait faire on ne voulait pas déplaire au Gouvernement français en me louant une salle de conférences.

La Légation de France savait parfaitement que je désirais louer une salle de conférences puisque je l'avais dit dans ma première publication. Si elle avait eu le moindre souci de la protection française, elle aurait compris que c'était son devoir de m'aider à trouver une salle. Le Ministre de France avait bien aidé l'Alliance Française d'Iquique à trouver un Sous-Directeur dont elle n'avait pas besoin et dont le Vice-Consul ne s'était servi que pour me remplacer à la Direction. Le Ministre de France pouvait se déranger pour moi comme pour l'Alliance Française.

❋ ❋ ❋

Mon projet de Revue franco-chilienne échoue aussi par la faute de la Protection française

Un autre projet que j'avais formé (fondation d'une Revue franco-chilienne) eût pu se réaliser si la protection française m'avait protégé au lieu de me combattre.

❋ ❋ ❋

Ce qu'on pouvait faire à Iquique pour l'enseignement du français

Le Collège de l'Alliance Française continuait à vivoter.
Que pouvait-on faire là-bas pour l'enseignement de la langue française ?

Au point de vue de l'enseignement, Iquique possède des établissements nombreux qui suffisent largement aux besoins du pays.

Il y a, à Iquique, un Lycée chilien pour garçons et un Lycée chilien pour jeunes filles.

Il y a un Collège ecclésiastique, le Collège Arthuro Prat.

Il y a un Collège anglais.

Il y a, pour les Italiens, l'Ecole Dante.

Il y a un Collège français de jeunes filles.

Ce Collège est français en ce sens que la Directrice est française, mais le personnel scolaire est surtout chilien.

L'enseignement y est donné en espagnol.

La Directrice de ce Collège a compris ce que le Vice-Consul de France ne comprenait pas: l'impossibilité de fonder à Iquique un Collège français avec pour base l'enseignement du français. Au Collège français de jeunes filles, le français est enseigné, mais à titre de spécialité - comme en France l'enseignement des langues étrangères.

Il y a enfin à Iquique cinq ou six écoles laïques, industrielles ou professionnelles.

Iquique ne manque donc pas,comme le Comité de l'Alliance Française et le Vice-Consul de France l'avaient prétendu, d'établissements d'instruction.

❀ ❀ ❀

Le milieu et ses besoins en matière d'instruction

D'autre part, le milieu n'est pas ce que la fantaisie consulaire me l'avait dépeint.

Ce n'est pas un milieu de culture littéraire ou scientifique.

C'est un milieu bourgeois et commerçant.

Corollaire : l'instruction, pour y être appréciée, doit rester bourgeoise et commerciale.

Dans ce milieu de bourgeois et de commerçants, de petits bourgeois qui font le commerce pour devenir de gros bourgeois, ou de gros bourgeois qui font le commerce pour grossir davantage, l'instruction est sans valeur si elle ne prépare pas au commerce.

On ne se prépare guère là-bas au fonctionnarisme. Il y a si peu de fonctionnaires ! On les paie si mal !

On ne se prépare pas à l'agriculture,à Iquique surtout,où il n'y a pas un seul agriculteur et pour cause : le salpêtre n'a pas besoin d'être cultivé ; la nature le donne à profusion ; il n'y a qu'à se baisser pour en prendre si on a le capital nécessaire pour acheter une concession et l'outillage qui sert à séparer d'avec son mélange de matières étrangères la précieuse poudre blanche.

On sait que le salpêtre est utilisé notamment pour la fabrication de la poudre de guerre. Comme le salpêtre l'instruction, à Iquique, est considérée comme une sorte d'engin : c'est un engin en vue de la guerre commerciale.

Le commerce, en effet, est une véritable guerre à la pampa chilienne. La raison du plus fort y triomphe presque toujours. La raison du plus juste, si quelquefois elle s'y montre, y est considérée comme une nouveauté.

Il y a des pays où l'on pense que les lois sont faites pour adoucir avec de la justice les rapports entre les hommes. A la pampa chilienne on pense que les lois sont faites pour irriter les rivalités commerciales afin de stimuler l'émulation de chacun. Aussi est-il rare que la Puissance Publique judiciaire et policière ne s'ingénie pas à appliquer les lois de telle manière que le plus fort paraisse en règle avec le Code. Il ne faut pas que le Code gêne le commerce.

Et pour ce qui concerne l'instruction, il ne faut pas non plus qu'elle gêne le commerce.

Fi donc de toute instruction qui n'aurait pas le commerce pour but. Les connaissances qui ne sont pas commerciales sont des poids inutiles et encombrants. On doit savoir compter, parler, lire et écrire.

Pour compter il n'y a pas de différence entre le système de la pampa et celui des autres pays, sauf qu'à la pampa on abuse du signe — chaque fois qu'il s'agit de compter de l'argent qu'on doit aux autres.

Pour parler, les gens de la pampa sont extraordinaires. C'est un pays où on parle toutes les langues et où chacun parle à sa façon la langue de son pays. Cela rappelle les temps primitifs antérieurs à l'éclosion des grammaires.

On enseigne les langues étrangères aux enfants dans presque toutes les écoles. On les leur enseigne dans un but commercial et rien que dans ce but.

On leur enseigne l'anglais, l'allemand, l'italien. On ne leur enseigne pas le français. Le français n'est pas, dit-on, la langue du commerce. C'est la langue des belles choses. Mais les belles choses sont des choses dont on n'a pas le temps de s'occuper à la pampa. On ne s'est pas enfoui dans les sables pour s'occuper des belles choses. On s'en occupera plus tard. On gagne de l'argent en attendant. Quand on gagne de l'argent, pense-t-on, la chose qui importe le plus c'est de gagner de l'argent.

Voilà pourquoi les familles demandent avant tout pour leurs enfants un enseignement pratique. « Quero que mis hijos y mis hijas sean comerciantes. Quero que reciben instruccion comercial ». Voilà ce que disent les pères de famille; ils veulent que leurs fils et leurs filles soient commerçants; ils veulent qu'on donne à leurs enfants une instruction commerciale.

Ces familles amies du commerce font naturellement du commerce avec les professeurs comme avec tout le monde. Il n'y a rien à dire là contre: c'est la coutume du pays. Il n'y a qu'à constater que l'enseignement est l'article de commerce qui se paie le moins cher.

Le Vice-Consul de France avait dû fixer, pour la pension et les études au Collège de l'Alliance Française, des prix dérisoires : bien que la vie soit deux fois plus chère au Chili qu'en France, les élèves du Collège de l'Alliance Française ne payaient pas plus cher que les élèves de nos Collèges en France.

Avec des prix de scolarité aussi faibles devait-on promettre au Directeur un traitement de quinze à vingt mille piastres ? Mais on avait besoin d'un Directeur, on avait besoin d'un nom pour lancer l'affaire. Il fallait donc s'engager largement. Il fallait faire miroiter, en sus du traitement de quinze à vingt mille piastres, l'avantage supplémentaire des leçons particulières et des consultations d'avocat. Une fois l'affaire lancée on prendrait un Directeur à meilleur compte : puisque la Légation de France à Santiago fournissait ce remplaçant elle serait obligée de marcher jusqu'au bout dans toute la combinaison.

Devait-on promettre un traitement de quinze à vingt mille piastres au Directeur d'un Collège nouveau, d'un Collège français dans un pays où il y avait quinze Français qui n'avaient pas d'enfants à envoyer au Collège ou n'avaient que des enfants en bas âge pour l'Ecole maternelle ?

Le Vice-Consul savait bien que l'enseignement était très mal payé au Chili. Même les professeurs de l'Etat gagnent peu en comparaison de ce que gagnent les autres fonctionnaires et on a diminué leur traitement il y a quelques années pendant qu'on augmentait celui des officiers. Quant aux professeurs de l'enseignement libre leur situation est lamentable.

Un Collège français ne pouvait donc pas réussir à Iquique.

Le Collège anglais se soutenait à peine. Et pourtant c'était le Collège anglais ! Il se soutenait grâce à la supériorité que lui donnait sur les autres établissements scolaires la prépondérance anglaise dans le pays. Il se soutenait aussi grâce aux subventions qu'il recevait.

L'Ecole Dante n'existait que de nom. On disait qu'elle venait de fermer ses portes pour ne plus les rouvrir.

Ce qu'il fallait avoir pour faire œuvre utile en matière d'enseignement du français

Il n'était pas impossible, cependant, de démontrer aux Chiliens que la France possède en matière d'enseignement des moyens d'action appréciables. Mais il eût fallu avoir un local imposant ou en tout cas confortable, un outillage scolaire, un corps d'enseignement et de surveillance et beaucoup d'autres choses que le Vice-Consul m'avait fait espérer que l'on aurait ; il eût fallu obtenir de l'Alliance Française et de l'Etat les subventions que le Vice-Consul avait promises au Comité ; il eût fallu faire auprès de l'opinion publique une campagne de vérité au lieu de faire cómme le Vice-Consul une campagne de mystification ; il eût fallú pouvoir compter enfin sur une protection française indépendante et désintéressée.

Si le Collège de l'Alliance Française a vivoté malgré tout, c'est que le Vice-Consul et ses amis ont voulu démontrer, afin que cette apparente démonstration se tournât contre moi, que ce Collège se maintenait : il s'est maintenu grâce à des subventions diverses dont quelques-unes sont parties de l'Alliance Française de Paris.

J'ai parlé d'une campagne consulaire de mystification.

Au début, c'est la presse d Iquique qui publiait les articles du Vice-Consul ou ceux que le Vice-Consul rédigeait pour ses amis.

Puis à la suite du scandale de 1913 la presse d'Iquique refusa d'abord de favoriser les combinaisons du Vice-Consul. Alors le Vice-Consul reprit son battage dans la *Patrie* de Santiago, journal français dirigé par un ami de la Légation de France.

J'ai reproduit aux annexes un des articles qui ont inauguré la campagne au moment où le Vice-Consul voulait m'attirer à Iquique (V. annexe nº 1).

Les lettres de M. V... étaient accompagnées de coupures de ces journaux.

Le Vice-Consul avait annoncé, par la voie de la presse, des cours de latin et de grec !

C'était de l'aberration.

✠ ✠ ✠

Pourquoi les cours de latin et de grec annoncés par le Vice-Consul étaient impossibles

Le Chili n'est pas un pays de culture latine et hellénique.

On me parlait là-bas de la fraternité chilo-latine.

Le Chili, me disait-on, est une ancienne colonie espagnole et comme l'Espagne est notre sœur d'Europe, comme il n'y a entre la France et l'Espagne que l'épaisseur des Pyrénées, le Chili est notre parent.

Avec ces raisonnements-là on découvrirait des liens de parenté entre tous les peuples de la terre.

L'épaisseur des Pyrénées est encore quelque chose et il y a, pour amortir l'influence pyrénéenne à la pampa chilienne, l'Océan Atlantique plus la Cordillère des Andes.

Mais le souvenir du passé..... me disait-on encore. Les Chiliens n'ont pas oublié que les Araucaniens leurs ancêtres, ont bégayé grâce aux latins d'Espagne les premiers mots de la civilisation. Sans doute, mais l'histoire de la civilisation chilienne a été traversée depuis ce temps-là par les Anglais et les Germains, voire même les Asiatiques qui sont venus en assez grand nombre vers le salpêtre de Tarapaca.

Le Chili, me disait-on enfin, est un pays de langue espagnole. Ah! voilà un argument! Un idiome a quitté les Pyrénées lointaines; c'est un roc détaché des montagnes natales; une fois transporté jusqu'après l'Océan, il conserve toujours par delà cet espace un peu du son du cor qu'entendit Roncevaux, il conserve toujours un peu de la fierté de l'âme de Castille, il conserve toujours la splendeur et l'éclat des choses castillanes. C'est parce que les Chiliens n'oublient pas l'espagnol que le cœur du Chili bat encore pour l'Espagne.

L'influence exercée par la langue espagnole non seulement au Chili mais au Pérou, dans la République Argentine, dans l'Urugay, au Brésil et dans d'autres pays de l'Amérique du Sud est une influence qui résiste à l'épreuve des siècles et qui est toujours très puissante. C'est à cette influence-là que se heurte surtout le pan-germanisme.

C'est à cette influence-là que se heurtent aussi les idées qui descendent des Etats-Unis. La doctrine de Monroë, qui est si séduisante pour les Américains du Nord, si flatteuse pour leur gloire, la doctrine de Monroë, toujours fière et debout dans l'obscure mêlée de races où se joue le destin du Nouveau Continent, la doctrine de Monroë, qui a pourtant le triomphe facile, ne triomphe pas de l'espagnol en Amérique du Sud.

Il est vrai que si la doctrine de Monroë ne pénètre pas au Chili c'est aussi pour d'autres raisons, c'est peut-être bien parce que les Chiliens sont fâchés contre les Etats-Unis depuis la guerre du Pacifique, mais c'est aussi bien parce que la langue espagnole n'est pas faite pour canaliser le pan-américanisme.

L'espagnol n'est pas fait non plus pour canaliser le pan-germanisme.

C'est donc par l'espagnol qu'au Chili les Français peuvent encore lutter contre l'influence germanique.

Ce n'est pas par le latin.

Sans doute intéresserait-on les Chiliens en leur parlant de Rome où comme à Santiago on aimait les guerriers. Mais de là à leur enseigner le latin il y a un abîme.

Il ne faut pas songer non plus à leur enseigner le grec.

Même en France, où il y a des étudiants en grec, le grec qu'on étudie on l'étudie souvent parce que c'est nécessaire. Si quelques étudiants prétendent étudier le grec pour leur plaisir cette prétention-là est souvent excessive. Il arrive parfois qu'elle soit justifiée. On peut bien étudier le grec pour son plaisir. Ronsard lisait jadis l'Illiade dans trois jours. Mais il était Ronsard! L'amour de l'art pour l'art faisait battre son cœur. Et puis Ronsard vivait pendant la Renaissance, au temps où l'on pouvait se dévouer au grec. Si par le temps qui court on néglige le grec, il faut le constater, il ne faut pas s'en plaindre. De négliger le grec on est bien excusable. La lutte pour la vie n'exige pas le grec. Tout de même il est bon d'en savoir quelque peu. Mais on en sait assez pour peu que l'on en sache quand on n'a pas le feu du grec au fond de l'âme.

Le grec est en effet une spécialité. Or les spécialités sont pour les spécialistes et pour être très sûr de les bien posséder il faudrait les aimer d'un véritable amour. Peut-on aimer le grec d'un véritable amour dans le monde où nous sommes ? Il faut vivre d'abord avant d'helléniser et ce n'est pas le grec qui fait vivre son homme. La vie est si complexe au temps où nous vivons! Les étudiants en grec ne peuvent rien la-contre. Ce sont les philistins qui compliquent la vie. Ce sont les épiciers qui font payer trop cher le poivre qu'ils nous vendent! Qui aime encore le grec d'un amour véritable ? On l'aime par métier. Ceux-là qui font métier de traduire le grec sont-ils bien sûrs de comprendre la pensée grecque? Pour comprendre la pensée grecque on n'est plus assez simple. Qui donc ayant le cœur encore apostolique s'en va comme

Renan prier sur l'Acropole ? Et pouvons-nous encore, sur notre vieille terre, évoquer pleinement et goûter tout à fait l'âme jeune et fleurie de la terre des dieux ?

Les défenseurs du grec parlent haute culture. Parler haute culture est parler sagement. Mais est-ce que l'on serait hautement cultivé parce qu'on décline grec, parce qu'on conjugue grec, parce qu'on sait faire un thème ou bien une version, parce qu'on est candidat au baccalauréat, parce qu'on est bachelier, parce qu'on est licencié, parce qu'on est agrégé ? Ça prouve peu de chose, ça prouve simplement qu'on a eu la faveur que beaucoup n'ont pas eue qui la méritaient mieux d'être instruit par l'État élémentairement. L'essentiel est de se former l'esprit et avec l'esprit le cœur et avec le cœur la volonté, que ce soit par le grec ou bien par autre chose. Il n'y a d'ailleurs pas de haute culture absolue. La plus haute culture est celle que chacun accommode à sa terre. La plus haute culture est celle-là qui sait faire jaillir la flamme. Qu'importe la charrue si le champ se laboure ? La meilleure charrue est pour le paysan la charrue qu'il préfère, celle qui fouille bien la terre qu'elle sillonne, celle qui creuse bas le sillon chaleureux. Les sueurs du travail que le sillon reçoit le féconderont bien. Le grain pourra germer dans ce sein favorable. La plante y puisera les forces de la sève en vue de la moisson abondante et dorée.

On néglige le grec au Chili plus qu'en France. On s'y passe de grec pour « passer l'examen », quel que soit l'examen.

En acceptant la Direction de l'Alliance Française d'Iquique j'avais pensé que dès l'instant que le Consulat de France, maison officielle d'informations sur l'étranger, m'indiquait qu'on pouvait enseigner le grec à Iquique l'enseignement du grec devait être possible.

J'avais un peu oublié le grec mais je me serais remis à l'étudier si cela m'eût rapporté quelque chose. D'ailleurs, en attendant de m'y remettre j'avais retenu assez de grec pour l'enseigner à des Chiliens.

Or quelle ne fut pas ma déception en constatant que je devais renoncer à l'enseignement du grec en terre chilienne !

En somme le Vice-Consul m'avait fait entrevoir, avec les cours de latin et de grec, une source de revenus absolument fictive.

※ ※ ※

Les conférences bi-hebdomadaires de littérature étaient encore un bluff

Pour ce qui concerne les conférences bi-hebdomadaires de littérature « para señoras y señoritas », c'était encore une fantaisie consulaire.

Je concède que le beau sexe d'Iquique est assez cultivé pour s'intéresser à notre littérature. Mais je ne l'offense pas en disant qu'il aurait besoin d'étudier d'abord notre vocabulaire. Les señoras y señoritas reconnaissaient elles-mêmes d'ailleurs, très raisonnablement, qu'elles devaient, avant d'apprendre à comprendre la littérature de notre pays, apprendre à comprendre la langue française, et elles disaient avec beaucoup de bonne grâce que la campagne du Vice-Consul relative aux conférences bi-hebdomadaires de littérature française était du bluff.

Les Chiliennes comme les Chiliens étudient beaucoup les langues étrangères. Il n'est pas rare qu'elles parlent couramment trois ou quatre langues.

Mais c'est la langue anglaise surtout qui est en vogue à Iquique.

※ ※ ※

Les Anglais ont le salpêtre

Les Anglais sont les maîtres du pays.

La moitié du salpêtre appartient aux Anglais. Voici le schéma de la situation salpêtrière : on trouve de ci de là partout quelque Anglais qui s'est emparé de la bonne concession ; il l'exploite et il la ronge ; il en extrait du salpêtre pendant des années ; sur le sol nourricier il ne laisse plus rien ; puis il dit que c'est encore une affaire « confortable » et il le dit si bien qu'un étranger le croit et lui achète l'os dépouillé de sa chair, sucé jusqu'à la moelle, aussi cher que si l'os était encore intact.

Toutes les grandes officines salpêtrières sont anglaises.

Le capital d'exploitation est anglais, du moins en majeure partie.

C'est la Banque anglaise qui centralise les plus grosses opérations. Il y aussi à Iquique une Banque allemande, une Banque italienne et une Banque chilienne.

Il n'y a pas de Banque française.

C'est peut-être dommage que les capitaux français ne s'aventurent pas à la pampa chilienne. Parfois ils risqueraient de se perdre dans les sables..... mais il y a quand même des affaires sérieuses où l'on ferait des placements très sûrs. Il est encore temps, il sera toujours temps pour l'argent de France d'aller dans ce pays. Le salpêtre n'est pas près de s'épuiser. Il en restera pour tout le monde. D'après les cal_culs auxquels on s'est livré, il y a là une richesse naturelle si considérable qu'elle pourrait, sans autre accroissement, suffire pendant trois siècles à la consommation mondiale.

Le prix de la marchandise se maintient assez haut. Les demandes sont régulières et connues d'avance et les salpêtriers se sont organisés en un Syndicat de défense de leurs intérêts, la « Compânia de propaganda salitrera ».

Pendant que les Anglais exploitent le salpêtre, les Italiens, les Boliviens, les Péruviens, les Turcs et les Chinois s'emparent des petits commerces de la ville. Les Chinois sont d'excellents vendeurs de poivre et de chandelle, d'articles de mercerie, de bimbeloterie et de cigarettes.(Pour les cigarettes, qu'on vend toutes faites en mauvais papier et triste tabac, il n'y a pas de monopole national au Chili; il n'y a pas de bureaux de tabac officiels; est buraliste qui veut.) Les Turcs sont marchands de vin. Les Péruviens, les Boliviens et les Italiens travaillent dans l'alimentation, dans les draperies, dans la bijouterie, ou bien, comme les Anglais, dans le nitrate — ce qui est la même chose que le salpêtre.

❁ ❁ ❁

Les Allemands ont germanisé l'armée chillienne — Les Allemands sont un peu partout. Mais ce qui est principalement digne de remarque, c'est qu'ils ont germanisé l'armée chilienne. Ils l'ont équipée à l'allemande. Ils l'ont instruite et disciplinée à l'allemande. Ils ont envoyé à Santiago une mission militaire composée d'officiers de tous grades que le Gouvernement chilien a engagés pour qu'ils inculquent leurs méthodes aux officiers du pays.

❁ ❁ ❁

Patriotisme Chilien — Les Chiliens sont très patriotes. Ils sont très fiers de leur armée et de leur marine. Ils tirent un juste orgueil des grandes victoires de 1879 sur le Pérou à Iquique et Pijagua, à Miraflores et Arica. Ils commémorent avec joie ces fastes glorieux de leur histoire.

Ils ont au fond du cœur l'amour de la « Bandera ». Ils lui réservent toujours une mention à la fin de leurs discours, dans les banquets et les meetings. L'invocation à la « Bandera querida », au Drapeau bien-aimé, est le thème favori de tous les orateurs. « Bandera querida », cette expression d'amour, qui est sortie du peuple et qui tombe de toutes les lèvres, montre bien quel est le culte passionné des Chiliens pour leur Drapeau. C'est dans ce culte que se fait la communion nationale. Les Chiliens savent qu'ils sont riches et comme ils ont le sens de la réalité ils veulent rester forts. Ils gardent leur patrie avec un soin jaloux. Ils veillent aux frontières. Ils ont leurs magasins remplis de munitions. Ils ont acheté des canons, des mitrailleuses et des fusils. Ils possèdent des vaisseaux de guerre formidables. Ils se tiennent au courant de tout ce qui touche à la science militaire et à l'art de la guerre. Ils connaissent les derniers progrès de la stratégie et ses inventions les plus récentes. Ils ont institué depuis 1890 le service militaire obligatoire. Ils ne négligent rien pour faire de leurs soldats des hommes vigoureux et aguerris. Ils ont des cadres solides, formés de sous-officiers énergiques et d'officiers intelligents et instruits, quoique trop exclusivement recrutés encore dans la classe aristocratique. Enfin ils ont une littérature qui entretient le feu sacré au cœur des patriotes par l'exaltation des vertus guerrières et la glorification du Drapeau.

⚜ ⚜ ⚜

La question de Tacna et Arica — La grande question patriotique au Chili, la question nationale par excellence, c'est la question de Tacna et Arica.

Le Chili et le Pérou ont longtemps vécu à couteaux tirés.

Ils se battirent en 1879. A la suite de cette guerre qui se termina par la défaite du Pérou et au cours de laquelle se distingua particulièrement, dans le combat naval d'Iquique, le capitaine de l'*Esmeralda* Arthuro Prat à qui la ville d'Iquique a élevé une statue, le vaincu abandonna provisoirement au vainqueur les provinces de Tacna et Arica,

Le traité de paix qui suivit la guerre du Pacifique indiquait qu'au bout de dix ans un plébiscite déciderait si Tacna et Arica redevenaient provinces péruviennes moyennant versement d'une indemnité par le Pérou ou restaient définitivement sous la domination du vainqueur.

A l'expiration du délai fixé, le Pérou demanda que le plébiscite fût organisé. Le Chili résista. Il résiste encore.

La question de Tacna et Arica est une sorte de question d'Alsace et Lorraine entre le Chili et le Pérou. Ainsi du moins l'interprétait le Consulat de France d'Iquique, dans ses rapports avec les tiers. Cette interprétation est exacte si on la précise: la question de Tacna et Arica n'est pas une question de race, comme la question d'Alsace et Lorraine. Le conflit chilo-péruvien n'est pas un conflit de civilisation comme le conflit franco-allemand. Chiliens et Péruviens sont de même race et ont à peu près la même civilisation. La question de Tacna et Arica a longtemps été une question de finance. Tacna et Arica sont des provinces riches en salpêtre. C'est le salpêtre qui a déchaîné la guerre du Pacifique. C'est le salpêtre qui a servi de base à la promesse du plébiscite. C'est le salpêtre qui a empêché le plébiscite d'aboutir. Cependant le Chili a besoin du Pérou. Et le Pérou aussi a besoin du Chili. Chiliens et Péruviens font du commerce ensemble. Le commerce mêle les produits. Le commerce développe et resserre, entre le Chili et le Pérou, les relations de voisinage. Il y a beaucoup de Chiliens qui travaillent au Pérou. Il y a beaucoup de Péruviens qui travaillent au Chili. Le travail mêle les sueurs. L'agriculture et l'industrie des deux pays se mettent ainsi grâce au commerce et au travail, en état de communication constante. D'autres énergies naturelles multiplient encore les voies et moyens de communication. Les commerçants chiliens donnent souvent leurs filles à des commerçants péruviens. Les commerçants péruviens donnent souvent leurs filles à des commerçants chiliens. L'amour mêle les âmes. Ainsi, grâce au commerce, au travail et à l'amour, la force nationale s'élève à peu près au même niveau dans les deux vases communicants. Et peu à peu, dans les deux vases, bouillonne une conception nouvelle de la question de Tacna et Arica. Des enfants naissent. Ils sont mixtes. On ne sait pas toujours ce qu'ils ont du Chili, ce qu'ils ont du Pérou. Les enfants poussent. Ils grandissent. Ils partagent leur cœur entre les deux pays. Peut-être éteindront-ils le feu des vieilles haines.

† † †

Surveillons nos diplomates — Pendant mon séjour à Iquique j'ai vu se dessiner une campagne de presse qui tendait à la réconciliation chilo-péruvienne.

Il faut se féliciter, dans l'intérêt de la paix, de la tournure nouvelle que le Chili et le Pérou semblent vouloir donner à leur conflit.

On trouvera un terrain d'entente et ce sera tant mieux.

Mais il faut craindre, dans l'intérêt de la France, que la diplomatie française ne laisse accommoder à la sauce germanique la réconciliation chilo-péruvienne.

Cette réconciliation est favorisée par l'Allemagne.

L'Allemagne ne néglige ni le Chili ni le Pérou.

Elle leur envoie ses plus habiles diplomates.

Elle cherche à étendre jusqu'à Lima la main qu'elle a posée sur Santiago.

De Santiago à Lima la distance est considérable, mais les diplomates allemands ont les doigts longs.

Quant à nous, sans abandonner les sympathies péruviennes, nous devrions nous rapprocher davantage du Chili.

Nous devrions en tout cas ne pas nous aliéner le Chili par une attitude de défiance.

La Légation de France à Santiago devrait donc veiller à ne pas laisser atteindre à Iquique les susceptibilités chiliennes par l'attitude provocante du Vice-Consul de France, par ses menaces intempestives et ridicules d'incidents diplomatiques pour des riens et par ses maladroites allusions à l'amitié chilo-germanique. Il ne faut pas perdre de vue en effet qu'un Vice-Consul est considéré par les tiers comme engageant toujours un peu la responsabilité de son pays.

Le rapprochement franco-chilien est possible et nécessaire.

Les Chiliens disent qu'au cours de la guerre de 1879 un amiral français aurait eu, dans le conflit chilo-péruvien, une attitude désobligeante à leur égard. Et depuis ce temps-là nous ferions d'après eux la cour aux Péruviens.

Il y a là un malentendu que nous pourrions dissiper.

Au lieu de le dissiper, la Représentation française l'envenime.

J'ai bien peur que le rapprochement franco-chilien ne puisse se faire tant que nous n'enverrons pas au Chili quelque diplomate de valeur.

Le cabinet de Santiago s'inspire toujours de la politique de Berlin. Le parti militaire chilien est germanophile. La Légation d'Allemagne à Santiago a la cote d'amour au palais de la Présidence.

❀ ❀ ❀

Pourquoi le peuple chilien qui aime l'esprit français n'aime pas la Représentation Française

Mais dans le peuple, autant que j'ai pu m'en rendre compte à Iquique, on préfère l'esprit français à l'esprit allemand, on dit que l'esprit français est plus élevé et plus généreux.

Pourtant on n'aime pas notre Représentation. On pense qu'elle représente trop. On pense que la République Française a dû dès le principe, afin d'avoir la paix avec la vieille noblesse du pays, lui abandonner le Ministère des Affaires Etrangères où les derniers hobereaux ont accepté que le peuple gouverne, eux-mêmes n'étant pas gouvernés par le peuple, ermites isolés du reste du pays et ne fréquentant plus que les gens du dehors qui sont souvent comme eux des hommes du passé.

Mais on sait que depuis quarante ans la République Française a grandi et que la force irrésistible de l'idée républicaine a pénétré partout, qu'elle a donc envahi le fief des hobereaux et les a délogés du moins pour la plupart, ayant dû ménager par pitié ou faveur tantôt ce bon vieux-là imposé par l'histoire, tantôt ce jeune ci infligé par son père. Le peuple chilien sait que ces rescapés, étant décoratifs comme les vieux portraits, sont principalement utilisés par la France pour qu'ils la représentent dans les pays très jeunes comme le Chili où il faut du décor pour étonner les gens, ceux de la bourgeoisie surtout.

Le peuple chilien ne s'étonne plus avec ce décor-là. Ou bien s'il s'en étonne c'est pour nous en blâmer. « Comment se fait-il donc, me disait-on à Iquique, qu'un pays comme le vôtre, un pays libéral et démocratique, plastronne à la pampa comme une monarchie? Nous connaissons la

France et notre peuple l'aime. Nous admirons la France parce qu'elle a un passé de lutte pour le droit des hommes et des peuples. Mais comment se fait-il que votre République ait des représentants dont le tsar de Russie ne voudrait même pas ? »

Aux braves gens qui me disaient ces choses, je répondais : « Que voulez-vous que nous y fassions ? Le passé est toujours plus ou moins notre maître. La France, comme le Chili, subit son atavisme. Elle traîne à ses talons le boulet féodal. Elle porte dans son sang le virus monarchique. Pensez-vous qu'on refait un peuple comme un code ? La France d'aujourd'hui n'a pas pu remplacer du jour au lendemain la France d'autrefois. Notre République est forcée de composer avec les survivances du passé qui s'étaient d'abord ralliées à elle sans changer de nom, qui ont plus tard accordé leurs principes avec leurs intérêts en s'empanachant d'étiquettes républicaines diverses et qui se sont si bien imposées maintenant qu'elles ont réussi, ainsi que vous le démontre par ses faits et gestes la Représentation Française au Chili, à accaparer la confiance du Gouvernement Républicain sans pratiquer aucune des vertus républicaines. Que voulez-vous que nous y fassions ? Nous sommes les esclaves du passé ».

En attendant une Représentation Française Républicaine, les braves gens que j'ai vus m'ont promis de ne pas juger notre pays sur sa représentation actuelle, mais de le juger sur son histoire, sur sa civilisation, sur son idéal de liberté et de justice.

※ ※ ※

Le socialisme chilien à son berceau

C'est surtout chez mon ami Recabarren, Directeur du *Despertar de los Trabajadores*, que je m'entretenais avec des gens du peuple.

Le siège du *Despertar* est le foyer ou pour mieux dire le berceau de l'émancipation prolétarienne au Chili. Car c'est à Iquique, sous la direction de Recabarren, que le prolétariat chilien a jeté les premières bases d'une organisation socialiste.

Nulle part ailleurs, au Chili, la rencontre n'est plus tragique qu'à Iquique entre le Capital et le Travail. Nulle part ailleurs le contraste n'est plus douloureux entre l'extrême richesse et l'extrême misère.

Nulle part ailleurs le salariat n'est plus atroce.

Les ouvriers du salpêtre firent la grève en 1906. Ils étaient quatre mille sur une place. Ils ne menaçaient pas, ils suppliaient. Des témoins impartiaux l'ont affirmé depuis ; tous les bourgeois d'ailleurs sont d'accord là-dessus. Ils demandaient du pain. On fit venir deux mitrailleuses. On tira dans le tas. Il resta huit cents morts. Le chiffre est officiel.

Les ouvriers du salpêtre ont repris le travail.

❋ ❋ ❋

Un homme   Recabarren est là qui travaille avec eux.

Je n'ai pas le culte des personnalités parce qu'il y en a trop de celles qu'on dit hautes qui ne se sont élevées à cette altitude qu'à force de médiocrité, mais je suis obligé de parler de Recabarren parce qu'il fait au Chili des choses exceptionnellement méritoires.

Recabarren fut poursuivi il y a quelques années pour délit d'opinion et condamné à dix-huit mois d'emprisonnement.

Etant autodidacte, il profita de l'ombre pour s'instruire..

Quand il sortit de prison, les ouvriers du salpêtre l'envoyèrent à la Chambre pour qu'il y fût le porte-parole des revendications prolétariennes.

La parole socialiste n'avait pas encore retenti au Parlement de Santiago.

Recabarren craignait qu'on ne lui interdît l'entrée du Parlement.

Pourtant il put entrer sans graves objections. Aux huissiers qui voulaient lui barrer le passage les députés disaient : « Laissez-le donc entrer pour voir ce qu'il fera ».

Dans l'enceinte parlementaire, petits et gros bourgeois se tenaient à l'écart.

Et quand ce fut son tour de prêter devant Dieu le serment rituel d'être fidèle aux lois et aux mœurs du pays, Recabarren jura qu'il était devenu député grâce aux hommes et qu'il prêtait serment devant ces hommes-là.

Ce fut à Santiago une stupeur profonde.....

Puis ce fut la colère avec le poing tendu.....

Les députés disaient : « Cet homme est un athée. Cet homme est un sauvage ».

Chose étrange et bizarre, et dont l'étrangeté se traduit mal encore dans la double épithète, la Chambre des Croyants et des Civilisés (ô mystère du cœur doublement mystérieux s'il est parlementaire...)valida le serment de l'incroyant sauvage.

Lors un bon député moins bourgeois que les autres (c'était un radical) vint au socialiste et osa une main vers sa main qui était à demi-fraternelle : « Mon ami, lui dit-il, il vous faudra bientôt remonter vers Iquique. L'heure de Santiago ne marque pas votre heure. Nous sommes en retard ici sur la pampa ».

Et quelques jours plus tard, *manu militari*, sans rime ni raison (du moins on ne sait pas exactement pourquoi, les fastes là-dessus ne s'expliquent pas bien), Recabarren fut expulsé du Parlement. Recabarren revint retrouver ses mandants restés à la pampa. Ils repartiront tous un jour pour Santiago et ils enlèveront la Chambre et les Ministres.

En attendant Recabarren instruit son peuple, l'élève et l'organise, par le journal, par la conférence populaire et par les œuvres de solidarité.

❀ ❀ ❀

« El Despertar de los Trabajadores »

El Despertar de los Trabajadores, fondé et dirigé par Recabarren, est la propriété d'une Coopérative des ouvriers du salpêtre. C'est le seul organe socialiste du Nord du Chili.

C'est un journal d'une très haute tenue. C'est de tous les journaux chiliens celui qui ressemble le plus aux bons journaux français par ses articles de fond, ses chroniques, son aspect et son allure.

La plupart des journaux chiliens sont des journaux d'affaires qui ne vivent que de publicité financière, de réclame commerciale et de pots de vin. Les annonces y débordent tout. Elles prennent trois pages sur quatre, six pages sur huit ou quatorze pages sur seize. Les chroniques régionales, faites de basses polémiques ou de cancans, absorbent les trois quarts de la place laissée disponible par les annonces. La chronique nationale est reléguée dans quelque coin où elle se ratatine. Les articles de fond sont rares. Il y a des journaux qui n'en publient jamais. La politique générale, la littérature, les sciences et les arts n'intéressent pas la clientèle bourgeoise chilienne. Le peuple ne lit pas les journaux.

Le journal de Recabarren est lu par le peuple dans toute la province de Tarapaca et jusqu'à Valparaiso et Santiago.

Pour compléter et renforcer la propagande socialiste du *Despertar*, Recabarren fait des causeries et des conférences au siège du journal.

Presque tous les soirs, après leur travail, les ouvriers se réunissent à l'Université populaire du *Despertar* pour écouter la parole de Recabarren qui les initie au socialisme.

Une petite bibliothèque est à la disposition des ouvriers. Elle contient des brochures de vulgarisation socialiste et aussi des œuvres de doctrine des grands socialistes allemands et français. Elle contient encore des ouvrages divers de science et de littérature.

Les ouvriers du salpêtre ne sont pas très instruits. Ils sont restés peu de temps à l'école. Ils s'en tiendraient à un savoir verbal et rudimentaire. Mais Recabarren cultive de son mieux ce sol ingrat et obtient des résultats satisfaisants.

La fréquentation de l'Université populaire fortifie entre les ouvriers les sentiments de bonne camaraderie et de solidarité.

On parle, on apprend à se connaître, on se serre les coudes et on se prépare aux prochaines grandes batailles pour la revanche du Droit.

On parle et on agit.

On fonde des Coopératives.

❀ ❀ ❀

La Coopérative de pain — On a déjà une Coopérative de pain qui fonctionne admirablement.

Je l'ai visitée en compagnie de Recabarren dans ses succursales de la Calle Serrano et de la Calle San-Martin et j'ai été émerveillé de voir ce que, grâce à l'union, les ouvriers pouvaient faire.

Tous les mois ils achètent un gros stock de farine et obtiennent ainsi des réductions de prix sur cette marchandise. Les coopérateurs achètent leur farine avec leur propre argent. Ils ne paient d'intérêts à aucun usurier. C'est une économie considérable, car l'argent qui se prête dans le pays se prête toujours à usure. On paie le 18 du cent, sans compter les commissions ! Les coopérateurs ont installé leurs fours d'après leurs propres plans. Ils n'ont été volés par

aucun architecte. Ils préparent la pâte et la font cuire eux-
mêmes. Et le pain qu'ils fabriquent est du pain excellent.
Tout le monde en achète.

La Coopérative a donné aux ouvriers le sentiment profond
de la nécessité des efforts solidaires. Elle a si bien démontré
que la solidarité ouvrière vient à bout de tout, elle a si bien
exercé et stimulé l'enthousiasme corporatif que, sur le
modèle de la Coopérative de pain, se forment d'autres Coopératives ayant pour but de procurer au prolétariat tous les
objets dont il a besoin.

✿ ✿ ✿

La Coopérative
de consommation

Une Coopérative de consommation
devait rayonner sur toutes les officines de la pampa et vendre aux
ouvriers toutes sortes de denrées alimentaires et d'articles
d'épicerie. Les salpêtriers ne se contentent pas d'exploiter à
la pampa le travail des ouvriers. Ils exploitent aussi les
besoins de leur estomac en leur vendant très cher des
aliments médiocres et en les forçant à faire leurs achats à la
boutique patronale qui est annexée à chaque officine salpêtrière. Le ravitaillement alimentaire de la classe ouvrière à
la pampa est pour les patrons un moyen hypocrite de reprendre aux ouvriers la presque totalité de leurs faibles salaires.
Quand parfois un patron a augmenté la paye il le crie dans
les sables afin que les ouvriers des patrons d'à-côté quittent
le joug qu'ils ont et en prennent un autre. Le patron ne crie
pas qu'en augmentant la paye il a aussi accru le prix des
haricots. La nouvelle Coopérative de consommation permettra aux ouvriers de manger à leur faim pour des prix
raisonnables. Les coopérateurs alors pourront dire aux
bourgeois: « C'est nous qui nourrissons la pampa salpêtrière.
Nous pouvons maintenant mieux défendre nos droits. Il faudra maintenant que l'on se tienne bien. Il faudra maintenant,
sans espoir de reprise sur la vente du pain ou bien des
haricots, payer aux travailleurs ce qui leur sera dû ».

❈ ❈ ❈

La Maison du Peuple

Indépendamment des Coopératives de pain et de consommation,
les coopérateurs ont organisé une Maison du Peuple. Cette

Maison, très confortable, très vaste, bien éclairée, bien aérée, est le lieu où les ouvriers se réunissent pour régler les rapports du Prolétariat et du Capital dans la faible mesure où ce règlement peut dépendre en l'état actuel des choses de la volonté des prolétaires. Ainsi peu à peu le prolétariat du salpêtre prend conscience de sa force. Il se fait connaître et redouter. Recabarren est là qui dirige au jour le jour la grande mobilisation prolétarienne. Pour le cas où la lutte pacifique des Coopératives ne donnerait pas un résultat satisfaisant, pour le cas où la Bourgeoisie s'entêterait dans l'injustice, pour le cas où elle voudrait tenter quelque nouveau coup de force comme celui de 1906, on se défendra cette fois avec la certitude de la victoire.

Les ouvriers se réunissent à la Maison du Peuple comme les patrons se réunissent dans les « clubs ». Dans les « clubs » les patrons conspirent contre les ouvriers. A la Maison du Peuple les ouvriers s'organisent contre la conspiration patronale. C'est dans les clubs qu'est née, devant les guéridons garnis du cocktail frais que les gros salpêtriers savourent avec douceur pendant que leur havane odorant et superbe fait avec sa fumée des volutes jolies, la *Compania de propaganda salitrera* dont il a déjà été question. La Compania de propaganda salitrera, c'est une compagnie de propagande salpêtrière. Elle a pour but de maintenir très haut le prix du salpêtre et très bas le salaire des ouvriers. Elle est un Syndicat patronal. La Maison du Peuple est une Fédération ouvrière.

A la Maison du Peuple on ne boit pas. L'alcool, « voilà l'ennemi ! » C'est l'ami des capitalistes. Le marchand d'alcool est un empoisonneur qui fait cause commune avec la Bourgeoisie. Elle a lié partie avec ce marchand-là pour endormir le peuple au moyen de mixtures et de raisonnements.

Voilà ce que Recabarren s'efforce de faire comprendre au prolétariat du salpêtre.

Le lecteur comprendra que je parle de Recabarren avec tant d'insistance. Je répète que je n'ai pas le culte des personnalités parce que l'expérience m'a démontré qu'avec les procédés employés de nos jours pour « fabriquer » la popularité, ce sont les idiots qui souvent sont sacrés grands esprits par le peuple. Mais Recabarren a une valeur symbolique suffisante pour que je parle de lui avec insistance. Il a une valeur symbolique indépendante de son milieu, une valeur symbolique d'ordre général. C'est un caractère.

Au fond des sables désolés où la tristesse humaine semble porter le poids des tristesses extérieures, dans cette pauvre région de Tarapaca qui n'a été gâtée par rien de ce qui fait le charme de la terre, dans ce désert de sécheresse où le soleil a tout rôti, même la montagne, vieux roc tout calciné qui fait pitié à voir, au milieu de cette nature ingrate qui n'offre aux hommes rien qui les puisse distraire, qui leur fasse oublier leur chaîne et leur boulet, Recabarren procure au prolétariat une distraction supérieure : celle de préparer, parmi le désordre d'aujourd'hui, l'ordre de demain. Recabarren a la foi qui sauve et qui se communique. Les ouvriers du salpêtre ont confiance en lui. Ils savent que c'est lui qui fait de la justice. Il fait de la justice autant qu'il peut en faire. S'il n'en fait un peu plus c'est parce que les bourgeois sont encore les plus forts.

La guerilla des partis L'œuvre de Recabarren est d'autant plus méritoire qu'elle est bien difficile à Iquique.

Là c'est la guerilla permanente entre les partis.

Le parti qui est au pouvoir traque par tous moyens ceux qui ne veulent pas s'incliner devant lui.

C'est le parti balmacédiste qui gouverne. Il se dit libéral. Il est conservateur.

Le parti anti-balmacédiste est un peu moins conservateur. Il se dit républicain. Il est opportuniste. Car l'extrême gauche du radicalisme chilien est moins avancée que l'extrême droite de l'opportunisme français.

Le parti socialiste est le parti des réformes intégrales. Il pense que les anti balmacédistes qui préconisent les demi-mesures ne donneront au peuple que des quarts de satisfaction.

Recabarren organise son parti sur le terrain économique. Il l'empêche de se mêler par trop aux luttes politiques encore aléatoires, décevantes et corruptrices.

Le parti socialiste ne peut prendre position devant la classe ouvrière que par le journal et par la parole.

Il est exclu des Assemblées communales aussi bien que du Parlement.

La réunion publique est libre en principe, mais elle est surveillée de très près par la police.

Le meeting en plein air est libre aussi, mais il dégénère souvent en bagarres et pugilats. Pendant les heures de tourmente, les policiers chiliens ne savent à quels saints ils doivent se vouer. La police de Tarapaca a depuis longtemps expérimenté son impuissance à rétablir l'ordre dans la rue. Aussi s'est-elle fait une réputation en démontrant son aptitude à provoquer le désordre. C'est sa spécialité. Elle y excelle. Le rétablissement de l'ordre est l'affaire des soldats. La police sait bien qu'elle n'y saurait pourvoir. Elle pense cependant que ce n'est pas l'armée qui doit le démontrer. L'armée intervenant, la police se fâche. Et lorsque les soldats se mettent à cogner sur tels manifestants les policiers aussi se mettent à cogner, mais sur le groupe adverse. Et quand la foule enfin commence à circuler, policiers et soldats restent seuls face à face. C'est la fin du tableau : policiers et soldats qui se battent entre eux.

Le parti socialiste se tient à l'écart de ces manifestations bourgeoises.

Il sait que les bourgeois se querellent pour rien et se réconcilient avec facilité.

Il sait que ces gens-là ne sont en désaccord qu'au moment où il faut partager le butin. Le butin qu'ils partagent est le pain des ouvriers, mais le parti socialiste n'est pas encore assez organisé pour livrer bataille à tous ces spoliateurs.

Il sait que la propriété bourgeoise à la pampa chilienne n'est que le fruit de la spéculation des forts sur le travail des faibles et qu'il en sera ainsi tant que le travailleur ne se sera pas forgé la lime qu'il lui faut pour bien limer sa chaîne. Ce n'est pas le bourgeois qui fournira la lime ; au contraire il est là qui épie l'œuvre du forgeron et qui éteint le fourneau. Il faut le rallumer, il faut toujours veiller sur le feu de la forge, car l'éteigneur revient toujours à la fontaine.

Le parti socialiste sait que l'exercice de l'autorité bourgeoise n'est pas considéré comme une charge mais comme une sinécure qui ne crée aucune obligation de se préoccuper

de l'intérêt de tout le monde et donne simplement la
faculté de satisfaire des intérêts personnels. Le parti socialiste sait que presque tous les services publics de l'Etat
bourgeois dégénèrent vite en entreprises privées dont les
agents se livrent tour à ceux-ci ou à ceux-là qui les solici-
tent, pourvu qu'en les sollicitant ils puissent leur offrir, sous
une forme ou sous une autre, des avantages divers, moyens
d'avancement, bonifications et épices de toute nature.

Le parti socialiste dénonce les abus, mais il doit les subir.

Le moyen, en effet, de ne pas les subir ?

Compter sur la Justice ?

La Justice au Chili est un mot encore vain.

Cela tient à des causes diverses et je ne les connais pas
toutes. La Protection Française m'a mis dans une situation
bien difficile pour m'instruire sur toutes ces causes.

La confusion des pouvoirs L'une de ces causes est la confusion
des pouvoirs.

En France où nous souffrons d'une
centralisation excessive, en France où le Gouvernement nous
gouverne si bien qu'il nous suit partout et au besoin nous
accompagne jusqu'au delà des mers pour s'imposer encore à
nous par l'intermédiaire d'un agent de protection qui peut
impunément porter atteinte à notre liberté et à nos droits, en
France où l'étatisme nous dévore, nous aimons à vanter les
bienfaits de la décentralisation et les douceurs du « self-
government ». La décentralisation — l'exemple des Anglais
est là pour le prouver — stimule les initiatives individuelles et le zèle corporatif ; elle réchauffe partout l'ardeur
des citoyens ; elle donne un plein essor à la vie régio-
nale. Oui, mais à condition que le pouvoir central veille
à ce que cette décentralisation ne se fasse pas au prix de la
confusion des pouvoirs. Le Pouvoir central n'y veille pas
assez au Chili, où c'est souvent la décentralisation qui
provoque la confusion. Sous prétexte de réveiller la vie
publique du pays, le Pouvoir central chilien a délégué à tort
et à travers la Puissance publique ; il ne s'est même pas
réservé le droit de contrôle ; il vit à Santiago parmi les transcendances ; Iquique est un peu loin ; on y fait ce qu'on veut ;
le Pouvoir central s'en désintéresse.

L'Intendant de province concentre dans ses mains, comme les Intendants de province de notre ancien régime, toutes sortes d'attributions qui relèvent des trois pouvoirs.

Le Ministère Public, qui s'appelle de son vrai nom le Promoteur Fiscal (on voit qu'au Chili tout ressemble à ce que nous avions en France avant 1789, même les noms dont on se sert pour désigner les principales fonctions) le Ministère Public, dis-je, n'exerce sa fonction d'accusateur qu'à titre subsidiaire. Il accuse bien plus pour remplir ses loisirs que pour poursuivre les coupables. Ses heures de travail il les consacre au Fisc, car c'est avec le Fisc qu'on gagne de l'argent et comme la justice est pour tous une charge le Promoteur est juste à ses moments perdus.

Encore ne l'est-il qu'en faveur des bourgeois qui veulent se venger de quelque homme du peuple. Mais quand c'est un bourgeois que le peuple dénonce, le Promoteur répond qu'il ne saurait agir. C'est que le Fisc alors ligote la Justice pendant que les bourgeois bâillonnent les journaux.

Le Promoteur d'ailleurs joue un rôle effacé.

❀ ❀ ❀

L'omnipotence du Juge de lettres
Car le Juge de lettres (El Juzgado de letras) éclipse autour de lui les hommes et les choses.

Il donne la justice à tous les justiciables.

Quand on a besoin de la justice il faut, pour être justiciable, être protégé par les Autorités. Les indigènes qui sont amis du Pouvoir sont justiciables. Les indigènes que le Pouvoir soupçonne d'inimitié ou de froideur sont injusticiables. Tous les socialistes sont injusticiables. Ils ne sont justiciables que si la justice veut les mettre dedans.

Un Vice-Consul qui ne protège pas un de ses nationaux le rend injusticiable.

Le national qui n'est pas protégé par son Vice-Consul n'est justiciable que dans la mesure où il plaît au Vice-Consul de le citer devant le Juge.

Le Vice-Consul est dans ce cas, dispensé de se présenter devant le Juge pour soutenir sa plainte.

Si le justiciable demande, même par conclusions écrites, la comparution du plaignant il redevient injusticiable. Il est justiciable pour subir la justice et injusticiable pour la solliciter.

Dans mes conflits contre le Vice-Consul, j'avais adressé des requêtes au Promoteur Fiscal en même temps qu'au Juge de Lettres. Les unes et les autres avaient été « classées ».

Cependant le Promoteur Fiscal avait poussé la complaisance jusqu'à adresser lui-même au Juge de Lettres une requête personnelle au sujet d'une de mes plaintes. Il lui demandait d'aviser à donner à ma plainte la suite qui conviendrait le mieux aux intérêts de la Justice.

Le Juge « classa » la requête du Promoteur parce qu'il estima que les intérêts de la Justice exigeaient l'étouffement de cette affaire.

Les Requêtes du Promoteur Fiscal sont quelquefois prises en considération par le Juge de Lettres. Il suffit pour cela qu'elles soient recommandées au Juge de Lettres par quelqu'un qui le connaisse.

Il n'est pas toujours facile, surtout quand on est étranger, de connaître quelqu'un qui connaisse le Juge. Il faudrait, quand on a le Vice-Consul contre soi, connaître quelqu'un qui fût plus influent que le Vice-Consul et qui voulût prendre fait et cause pour vous contre lui.

La justice du Juge est une justice de castes et de clans. Comme le Promoteur Fiscal le Juge intervient presque toujours pour les bourgeois contre le peuple.

Quand ce sont des bourgeois qui ne sont pas d'accord, le Juge donne gain de cause à celui des bourgeois qui est le plus bourgeois.

Le Juge est invité à toutes les « comidas » de la bourgeoisie. La comida est un banquet privé que les bourgeois offrent à leurs amis sous n'importe quel prétexte. Il y a des comidas chaque soir à Iquique. Tous les bourgeois veulent être les amis du Juge, voilà pourquoi le Juge est invité à tous les comidas ; il ne dîne presque jamais chez lui.

Les jugements qu'il rend sont toujours composés par le Juge de Lettres au sein des comidas parmi les beaux bouquets qui viennent de Liai-Liai et mêlent leur odeur exquise et capiteuse au parfum délicat des belles señoras.

Voilà donc pourquoi, sans qu'il soit fait du mal au sein des comidas, les jugements rendus sentent souvent la femme,

Les belles señoras ont mille et un moyens d'interpréter le Code et le Juge est forcé de leur donner raison.

Et la loi dit ainsi toutes sortes de choses ! Le sens des meilleurs textes est métamorphosé !

Somme toute, l'influence féminine sur la jurisprudence chilienne n'est pas toujours mauvaise. Mais comme tout ce qui subit l'influence féminine la jurisprudence chilienne est capricieuse et changeante.

> *Souvent Juge varie.....*
> *Bien fol est qui s'y fie.....*

Cette jurisprudence n'est pas au goût du peuple. En admettant même que le peuple ait parfois le goût difficile, il faut bien supposer que, puisque dans certains cas tout le monde approuve le Juge, le peuple apprécie sa justice sans parti-pris d'injustice et que c'est avec raison qu'il la critique dans la plupart des cas. Au demeurant, et la part étant faite aux erreurs populaires, la part des erreurs judiciaires reste grande. Et même en tenant compte des exagérations possibles, il est pénible de constater que la justice chilienne de première instance n'a pas la confiance du peuple. Il est pénible de constater qu'entre le Juge de lettres et l'âme populaire les discordances s'accentuent de jour en jour. Su Señoria représente une magistrature aristocratique dont le peuple se séparera. En attendant que cette séparation soit faite, on peut dire qu'il y a là deux forces qui ont consommé le divorce sentimental.

❊ ❊ ❊

Insuffisance de la légalité — Il faut bien dire aussi que si la jurisprudence chilienne ne satisfait pas l'ensemble du public ce n'est pas toujours la faute à la jurisprudence : c'est quelquefois la faute à la légalité.

La légalité chilienne est si embrouillée !

Après avoir dit que la légalité chilienne est embrouillée que puis-je dire encore, étant donné les conditions déplorables où je me suis trouvé, par la faute de la protection française, pour étudier les lois chiliennes ?

Le législateur chilien s'est servi, en le compliquant, de notre Code Napoléon, comme la justice chilienne se sert de nos

Pandectes, de notre Dalloz et de notre Sirey. Et s'il y avait au Chili des Cours d'Assises on fera t peut-être appel à nos orateurs comme on se sert de nos jurisconsultes.

Il n'y a pas de Cour d'Assises au Chili. Les Chiliens pensent que la Cour d'Assise n'est pas assez sûre. Elle l'est beaucoup plus que le Juge chilien.

La Justice criminelle au Chili ne présente aucune garantie. Le Juge prononce souverainement dans son cabinet toutes les peines, depuis l'amende de simple police jusqu'à la peine de mort. Il est à la fois accusateur et Juge. Il examine le fait et le droit. Il applique la loi selon son bon plaisir.

Au civil, c'est la même chose.

En matière d'accidents du travail par exemple, le risque professionnel n'étant pas règlementé au Chili comme en France, le Juge applique l'article qui correspond à l'article 1382 de notre Code Civil. Mais voici comment d'ordinaire il l'applique : quand l'ouvrier qui se plaint d'avoir perdu un membre peut très bien établir, sur preuves pertinentes et preuves concluantes, la faute du patron, le Juge lui alloue très charitablement le prix d'un membre en bois. L'ouvrier n'est pas content ; il crie à l'injustice ! On lui dit : « C'est la loi ». En effet c'est la loi. Mais qu'est-ce que la loi ? Un moyen de justice. Et toute la justice dépend de la manière dont le moyen est employé.......

J'ai vu à Iquique de pauvres ouvriers estropiés ou malades dont l'incapacité de travail était à peu près complète des suites d'un accident survenu pendant leur travail ; je leur ai demandé ce qu'ils avaient touché comme indemnité ; les uns m'ont répondu qu'on les avait empêchés d'aborder la justice, les autres qu'on les avait découragés par toutes sortes de chicanes de procédure, les autres qu'on les avait mis dans l'impossibilité de prouver la faute du patron, les autres qu'ils avaient reçu des sommes dérisoires.

J'ai même vu un patron dont le commis était mort à l'hôpital des suites d'un accident de travail. En France ce patron eût été condamné à payer une pension à la veuve. A Iquique il étalait sa générosité en disant qu'il avait envoyé au moribond quelques bouillons gras.

✠ ✠ ✠

Danger de la juridiction unipersonnelle

L'une des raisons qui font la valeur et l'autorité de la justice française, c'est que notre juridiction est à plusieurs têtes. En France nous ne disons pas le Juge, nous disons le Tribunal. Nous avons, au civil, au criminel et même en matière administrative, une juridiction composée de trois ou cinq juges, sauf en justice de paix où la juridiction est unipersonnelle.

Au Chili c'est la juridiction unipersonnelle qu'on a adoptée en première instance, au criminel comme au civil.

Le Juge est compétent en dernier ressort jusqu'à 1500 piastres pour les actions personnelles· et mobilières et jusqu'à 60 piastres, je crois, pour les actions réelles immobilières. Au delà il n'est compétent qu'à charge d'appel.

Et il faut voir avec quelle rapidité vertigineuse Su Señoria expédie les affaires !

Dès que le greffier a présenté à Su Señoria le sacramentel « Qué pidé » c'est-à-dire le placet où la demande est formulée, Su Señoria sait déjà ce qu'elle accordera d'après la qualité plus ou moins bourgeoise du demandeur. Su Señoria fait des signes mystérieux, prononce des paroles cabalistiques et voilà la cause entendue ! « Al siguiente »..... Au suivant.

❀ ❀ ❀

Procédure secrète

La procédure est secrète. Les portes sont closes.

Les hommes du peuple qui attendent leur tour dans le vestibule regardent la petite porte du petit cabinet de Su Señoria comme s'ils y lisaient l'inscription que les condamnés lisent sur la porte de l'Enfer du Dante : « Vous qui entrez laissez toute espérance ». Ceux qui sortent de là font un nez encore plus lamentable que ceux qui attendent leur tour. Ils se plaignent d'avoir été mal opérés. « Vamos a Tacna ! Vamos ! »

Ils iront à Tacna ! C'est le siège de la Cour d'Appel.

Mais le lendemain quand on leur demande s'ils sont toujours décidés à aller à Tacna ils disent que leur avocat leur a conseillé de ne pas aller à Tacna parce que Su Señoria note sur son calepin le nom de ceux qui ne sont pas contents de sa justice afin d'être plus injuste à la première occasion.

Difficultés de l'appel   L'appel est d'ailleurs si aléatoire!
La Cour est si éloignée! Il y a de si grandes difficultés de communication!

La juridiction d'appel jouit d'un certain crédit. Elle ne peut pas réparer toutes les injustices de première instance, mais elle en répare beaucoup. Elle est composée de cinq magistrats et admet la plaidoirie en audience publique.

La réforme de l'organisation judiciaire au Chili se fera par l'extension à la juridiction de première instance du système adopté pour les Cours d'appel.

En attendant, le contrôle des Cours d'Appel sur les Juges de première instance est insuffisant à cause des distances et des difficultés de l'appel.

* * *

Pas de contrôle hiérarchique   Aucun contrôle hiérarchique efficace ne remédie à l'insuffisance de ce contrôle judiciaire. Le contrôle hiérarchique ne saurait d'ailleurs se substituer complètement au contrôle judiciaire quand il s'agit de contrôler l'administration de la justice. Mais le contrôle hiérarchique peut, quand il est rigoureux, maintenir dans la bonne voie les magistrats qui voudraient en sortir. En France les magistrats sont soumis à un contrôle hiérarchique assez sévère. Au Chili le Juge de première instance ne connaît guère qu'un chef: le Ministre. Mais le Ministre est loin! La distance qui sépare Santiago de certaines villes du Nord et du Sud empêche tout contrôle sur la juridiction de première instance.

❀ ❀ ❀

Des avocats qui sont avocats sans être avocats   L'Administration de la justice trouve-t-elle du moins sur place les collaborateurs indispensables?

En première instance, il n'y a pas d'avocats.

Il y a des avocats, mais ils ne sont pas avocats, ils sont avoués.

Je n'attaque pas la fonction d'avoué. Elle est digne entre toutes. Devant le Tribunal qui domine les hommes, avoués, avocats ou simples citoyens, nous sommes tous égaux.

L'avoué a un mandat d'intérêt particulier mais d'ordre public, car l'ordre public est lié à ce mandat par les fils qui attachent toujours quelque peu l'intérêt général aux intérêts particuliers.

L'avocat a un mandat d'ordre public plus large — d'ordre public si large qu'il comporte le droit de protester contre l'ordre public même, quand cet ordre public, comme cela arrive bien souvent, n'est qu'une combinaison politique qui cache l'ordre véritable.

L'avoué représente.

L'avocat plaide. Il ajoute à l'écrit l'âme de la parole.

Au Chili, les avocats ne plaident pas — en première instance du moins. Des avocats qui ne plaident pas, qui n'ont que le droit de se taire, sont des avocats dont le pouvoir est diminué. On a beau dire qu'ils obtiennent par le silence des résultats qu'ils n'obtiendraient pas par leur parole, il n'en est pas moins vrai qu'il n'y a rien de plus étrange qu'un avocat qui ne peut pas parler. La liberté de la parole est une liberté naturelle et si on refuse cette liberté aux avocats à qui la donnera-t-on ? Un avocat qui ne peut pas parler c'est un avocat qui ne peut pas agir, car pour un avocat parler c'est agir. Un avocat qui ne peut pas parler c'est comme un médecin qui serait obligé d'attendre que le malade se guérisse tout seul. Il y a des cas où cette médication est la seule qui convienne, mais il y a des cas où cette médication serait périlleuse. Il y a aussi des procès où le meilleur des avocats doit, sans rien dire, attendre que justice soit faite par les juges, mais il y a des procès où il est bon que l'avocat puisse dire quelque chose. La plaidoirie est admise au Chili devant la Cour d'appel, mais comme la première instance absorbe la plus grande partie du contentieux, en raison de la compétence étendue du Juge pour les affaires du premier ressort et à cause des difficultés de l'appel pour les autres affaires, on peut dire que le champ d'action de la défense est très limité.

Pense-t-on que cela diminue le nombre des avocats ? Point du tout. Les avocats chiliens sont nombreux et ils sont toujours occupés. S'ils n'ont pas des procès ils ont des affaires. Les uns font de l'arbitrage, les autres de l'escompte, les autres dirigent des officines salpêtrières ou des maisons de nouveautés; d'aucuns s'occupent de la mise en valeur des terres agricoles, de la vente et de la location des propriétés, de l'exploitation des mines d'or ou de cuivre; d'autres mettent sur pied des Sociétés financières. Tous, ils sont avant tout de gros brasseurs d'affaires. On ne peut pas défendre aux avocats de brasser des affaires dans un pays où cela n'est pas défendu aux fonctionnaires même administratifs, dans un pays où un Préfet de Police est autorisé, comme à Iquique par exemple, à diriger un journal ! On voit combien les mœurs chiliennes diffèrent des nôtres ! En France un Préfet de Police qui soit Directeur de Journal est un être inconcevable. Car nous concevons qu'un Directeur de Journal ait un parti mais nous ne concevons pas qu'un Préfet de Police en ait un, la police étant un service d'ordre public et l'ordre public étant une chose qui doit dominer les partis et s'imposer à tout le monde. Mais au Chili un Préfet de Police fait la police pour ses amis et il est naturel que ses amis lui permettent de défendre sa police dans un journal. En France les choses se passent autrement : le Préfet de Police n'a pas de journal ; nonobstant quoi, s'il lui plaisait de faire écrire par cinquante journaux que Monsieur un Tel est un âne il trouverait tout de suite cinquante Directeurs de journaux qui mettraient leurs feuilles à sa disposition sans autre forme de procès.

Reprenons les avocats à l'endroit où ils étaient. Les avocats chiliens sont des brasseurs d'affaires. Ils sont, pour la plupart du moins, avocats et commerçants ou pour mieux dire commerçants d'abord et avocats ensuite. Ils dirigent telles ou telles affaires et, pendant les loisirs que cette direction leur laisse, ils font des écritures de droit. Leurs écritures de droit s'inspirent de la même méthode que leurs écritures de commerce. L'habitude acquise ne se perd pas en un instant et l'avocat conserve devant le dossier d'un procès la mentalité commerciale : le commerçant d'il y a quelques minutes n'a pas changé de lunettes en changeant de profession ; eût-il changé de lunettes qu'il n'eût point changé de manière de voir. Or, s'il est vrai que dans le contentieux commercial la manière de voir du commerçant permette souvent de bien juger les choses, il est vrai aussi que même dans ce contentieux la manière de voir du commerçant empêche parfois de découvrir la règle de droit qui pèserait le mieux dans les balances de la justice les intérêts contradictoires ; dans le contentieux civil la manière de voir du commerçant est plus dangereuse encore. Le contentieux commercial et le contentieux civil relevant de la même juridiction au Chili, l'avocat regarde toutes les affaires, commerciales ou civiles, à travers le prisme du commerçant : c'est là précisément ce qu'il ne faudrait pas.

Le commerçant n'est pas libre. La fortune même ne lui donne pas la liberté, au Chili surtout où les commerçants ne se croient jamais assez riches pour cesser de s'enrichir. Le commerçant qui veut s'enrichir ne peut le faire qu'aux dépens de ses fournisseurs et de ses clients : il faut qu'il achète bon marché et qu'il vende cher. Il doit en conséquence ménager à la fois les acheteurs au détail et les vendeurs en gros. Quand on est forcé de ménager tant de monde on n'est pas libre. Si fortuné qu'on soit on est couvert de chaînes.

Un homme enchaîné peut-il être avocat ? Les chaînes sont néfastes à qui sert la Justice. Pour servir la Justice il faut des hommes libres.

Il faut des hommes libres et solidarisés. Les avocats chiliens ne sont pas solidarisés. Ils n'ont pas fait le bloc de leurs forces éparses. Ils n'ont pas de Barreau. Sans Barreau l'avocat est trop seul près du Juge.

On a beaucoup critiqué l'institution du Barreau. On a dit notamment que cette institution était antidémocratique. Antidémocratique, elle l'est en ce sens que les règles et usages qui lui servent de fondement tiennent à l'écart de la profession d'avocat ceux-là qui seraient peut être d'excellents avocats mais qui ne sont pas assez riches pour le devenir ou le rester. Mais pour antidémocratique qu'elle soit, l'institution du Barreau rend de grands services à la démocratie. Elle donne à l'avocat le sentiment qu'il fait partie d'une sorte de personne morale indépendante et haute qui relève l'autorité du plus humble stagiaire et ajoute à la vertu naturelle du mérite personnel la force qui lui vient de la solidarité professionnelle organisée par la tradition en puissance collective. L'Institution du Barreau assure et garantit, par des moyens que ce n'est point ici le lieu d'examiner, la liberté de la Défense.

La liberté de la Défense qui est une liberté essentielle en tous pays serait plus indispensable en terre chilienne qu'en terre française à cause des mœurs politiques, à cause de la confusion des pouvoirs, à cause de la toute-puissance de Su Señoria le Juge de lettres et à cause de la forme géographique du Chili où le Nord et le Sud sont trop loin l'un de l'autre pour que la magistrature puisse être efficacement surveillée d'un bout à l'autre du pays.

La liberté de la Défense serait, pour la magistrature chilienne, une purge désagréable à avaler dans le principe, mais bienfaisante et nécessaire et d'accoutumance possible.

Pour le peuple chilien, qui a besoin qu'on secoue la magistrature, la liberté de la Défense serait un calmant.

Pour la police chilienne la liberté de la Défense serait un stupéfiant : ce n'est que par la stupéfaction que la police chilienne peut être amenée à résipiscence.

Pour l'avocat chilien, la liberté de la Défense serait un tonique.

Dans l'état actuel des choses, le manque de liberté empêche l'avocat de remplir sa mission.

En matière criminelle il n'assiste le client que si celui-ci risque quelque grosse peine, la peine capitale par exemple. Si le client ne risque qu'une amende ou que quelques jours de prison, l'avocat laisse faire le Juge.

Au civil, l'avocat chilien fait de la procédure écrite. A travers les escarpements et les anfractuosités de cette procédure le Droit fait des faux pas à chaque instant.

❀ ❀ ❀

Le Vice-Consul a de nouveau recours à la violence

Pour en revenir au Vice-Consul, les autorités se solidarisaient toujours avec lui, à cause de l'attitude du Ministre de France. Cela encourageait le parti consulaire. Commettre de nouvelles violences, disait-on dans l'entourage du Vice-Consul avec son approbation, c'est agir à la fois pour le compte du Consulat et pour le compte de la Légation.

Aussi, le 19 juillet, l'ancien conseiller du Consulat de France, qui était resté l'ami du Vice-Consul, m'attaqua de nouveau dans la rue.

Puis le Vice-Consul voulut me faire passer pour l'agresseur.

« Voilà votre agresseur », disait le Vice-Consul en me désignant et en parlant à son conseiller sur la Plaza Prat où je passais quelques instants après l'agression.

Le Vice-Consul avait voulu être entendu par moi, bien qu'il ne se fût pas adressé à moi directement.

Je le pris à partie et lui déclarai qu'il n'était pas digne d'exercer le mandat de protection française, qu'il me faisait attaquer sur la voie publique pour m'accuser ensuite d'agression et que cela était odieux.

Le Vice-Consul répondit que mes paroles seraient « rapportées à qui de droit ».

⚜ ⚜ ⚜

Le Vice - Consul me cite encore devant la Justice et ne vient pas soutenir sa plainte

Et le 21 juillet, à l'audience même où j'avais cité mon agresseur, je fus aussi cité par le Vice-Consul pour diffamation.

Le Vice-Consul fit défaut — selon son habitude — bien qu'il fût plaignant. Il avait déposé sa plainte pour embrouiller la situation en compliquant de son affaire contre moi mon affaire contre l'ex-conseiller du Consulat de France et en donnant ainsi à ce dernier devant la Justice l'avantage de la protection consulaire. En effet, ma plainte contre l'ex-conseiller du Consulat de France et la plainte du Vice-Consul contre moi étaient jointes.

Je conclus à la disjonction des causes.

Le Juge retint mon affaire et renvoya l'affaire du Vice-Consul à l'audience du 22 juillet.

Dans mon affaire le Juge proposait d'appliquer à mon agresseur une amende.

Ce jeune homme disait : « J'ai voulu défendre le Représentant de la France ». Il ne devait pas être condamné. Le Juge devait plutôt exiger la comparution du Vice-Consul qui en parlant à son ex-conseiller d'inviolabilité consulaire et d'insulte au Drapeau avait excité ce jeune homme contre moi.

Mais l'attitude du Ministre de France, télégraphiquement prévenu aussitôt après l'agression et toujours silencieux, dictait à la Justice chilienne une belle leçon d'indifférence. Le Juge ne pouvait pas être plus royaliste que le roi.

A l'audience du 22 juillet, le Vice-Consul ne comparut pas plus que la veille.

J'eus beau demander, par conclusions écrites, sa comparution, le Juge, qui sentait le Ministre de France derrière le Vice-Consul, refusa de faire droit à ma demande.

Le lendemain, M. B... fit croire au Vice-Consul que j'avais obtenu du Tribunal expédition de la minute de l'audience du 21. Le Vice-Consul courut chez le Juge pour lui demander si cela était exact. Le Juge, plein de condescendance pour le Vice-Consul, fit appeler M. B... et il y eut dans le cabinet du Juge une scène de comédie que M.B...m'a racontée plus tard.

« Qui vous a dit, demandait le Juge à M. B..., que j'ai laissé délivrer à M. Boucabeille l'expédition dont vous avez parlé ? — C'est pour plaisanter que j'ai dit cela, répondait M. B. ». Le Vice-Consul intervenant : « Ah ! M. B., vous oubliez le bien que je vous ai fait. Vous vous gaussez du Représentant de la France ». Finalement, le Vice-Consul et le Juge se mirent d'accord sur le texte de l'expédition à me délivrer : on n'y relaterait rien de compromettant pour le Vice Consul. Aussi, l'expédition qui me fut remise quelques jours après, sur ma demande, était-elle un chef-d'œuvre d'escamotage pour ce qui avait trait aux moyens invoqués par l'ex-conseiller défenseur du Représentant de la France.

La police persiste dans son refus de donner les raisons des mesures policières du 21 Avril et du 28 Mai

J'avais écrit aussi à l'Intendant de Tarapaca pour lui redemander les raisons de mon arrestation du 21 Avril et de mon arrestation du 28 Mai.

Pour la première de ces mesures policières, j'avais une preuve et la police connaissait cette preuve : le procès-verbal de l'opération dressé en présence de trois citoyens français.

Pour la seconde arrestation, qui était la plus grave, je n'avais pu, à cause des dispositions prises par la police, me procurer aucune preuve.

L'Intendant de Tarapaca m'adressa copie d'un rapport

insignifiant du Préfet de police : l'arrestation du 28 Mai n'était pas avouée, celle du 21 Avril n'était pas expliquée.

J'eus beau réécrire à l'Intendant de Tarapaca et demander au Ministre de France d'intervenir auprès du Gouvernement chilien pour me faire accorder des explications ou des réparations, je n'obtins aucune réponse.

Le Vice-Consul spéculait sur l'irritation très légitime que me causaient toutes ces déceptions après une lutte de cinq mois et il espérait que j'aurais quelque mouvement d'impatience qu'il eût pu exploiter. Je restai calme. Il fut déçu lui aussi.

✿ ✿ ✿

Conflits entre Balmacédistes et Antibalmacédistes

La ville d'Iquique était troublée à ce moment-là par les luttes de partis entre Balmacédistes et Anti-Balmacédistes. On avait commencé par se dire dans la presse quelques aménités. Puis on avait fini par échanger des coups de poing. La police était intervenue et comme toujours quand la police intervient, surtout à Tarapaca, elle avait aggravé la situation en provoquant de nouveaux troubles afin d'obliger les Antibalmacédistes à rester silencieux au lieu de dénoncer les abus dont ils souffraient.

Le poète national Victor Domingo Silva était venu entreprendre à Tarapaca une campagne de régénération des services publics.

Les autorités administratives, judiciaires, policières et municipales avaient à repousser chaque jour, par l'organe de *La Patria*, journal du Préfet de Police, le formidable assaut de Victor Domingo Silva.

El Nacional, organe du parti opportuniste, *El Tarapaca*, organe du parti radical, *El Despertar de los Trabajadores*, organe du parti socialiste, appuyaient Victor Domingo Silva contre la Préfecture et contre les « Alcaldes ».(Les « Alcaldes », ce sont les conseillers municipaux).

Victor Domingo Silva écrivait :

« La justicia i la policia de la pampa ! Diez años llevo de periodismo i de tribuna i no encuentro, sin embargo, el vocablo capaz de significar precisamente lo que es eso, ni calificativo bastante duro para fulminarlo. De un grand poeta del Renacimiento, que escribio en su Divina Comedia los suplicios de los condenados a las llamas eternas, se dijo: « He aqui el que ha ido al infierno i ha vuelto ». Despues de mi viaje por la pampa, e impuestodel sistema de explotacion vergozosa establecido alli por jueces i policiales, yo, modesto escritor de esto siglo, podria decir tambien que violvo del infierno ».

C'est-il bien vrai qu'on puisse dire d'un homme qui revient de Tarapaca : « He aqui el que ha ido al infierno i ha vuelto »? « Voilà l'homme qui est allé en enfer et en est revenu » ?

« Exajeracion de poeta ! » — dice el articulista de *La Patria*. » « C'est une exagération de poète ! » dit le journaliste de *La Patria* en réponse à Victor Domingo Silva.

Et Victor Domingo Silva de prouver qu'il n'exagère rien :

« Ojala fuese exajeracion de poeta ! Pero para eso, seria necesario que estuviesen revestides del don de la poesia todos los habitantes de Tarapaca » ! Eh oui ! Plût au ciel que ce fût une exagération de poète ! Mais il faudrait pour cela que tous les habitants de Tarapaca fussent revêtus du don de la poésie ». Car tout le monde se plaint à Tarapaca !

Tout le monde se plaint, sauf ceux qui profitent des abus « es decir todos los que no granjean los favores de la situacion actual », c'est-à-dire tous ceux qui cultivent le jardin des faveurs. Toute la poésie serait donc dans le peuple et toute la prose serait près des Autorites ? C'est le journaliste de *La Patria* qui exagère. Les Autorités de Tarapaca ne sont pas complètement dépourvues de poésie.

« Es, pues, una exajeración decir que la Municipalidad está en la más espantosa bancarrotta, debido á la inepcia de la mayoría imperante ?

« Es una exajeración decir que andan por allí empleados municipales vendiendo CON DESCUENTOS USURARIOS, patentes para 1914 i 1915 ?

« Es una exajeración decir que todos los servicios municipales estan entregados al favoritismo, desde el Matadero á los Teatros, establecimientos que, por medio de palos blancos, no son sino negocio esclusivo de municipales en ejercicio.

« Es una exajeración dejar establecido que hai varios rejidores que no tienen más oficio que el de ser rejidores, cargos
honoríficos que les permiten sin embargo, vivir espléndi-
damente ?

. Parbleu ! c'est pour mener une vie splendide que les mandataires publics de Tarapaca acceptent les postes « honorifiques » ! C'est dans les postes « honorifiques » qu'ils gagnent
le plus d'argent ! Ils disent cependant : « Nous sommes
obligés à beaucoup de dépenses ! Nous nous ruinons ! » Et
c'est vrai qu'ils se ruinent parfois... Ils se ruinent souvent
avec l'argent des autres !

« Es una exajeración observar que empleados municipales
con renta exigua en relación á la carestía de esta vida, osten-
tan un lujo superior al de un potentado ?

« Es una exajeración afirmar que un Inspector de Servicios
Municipales ha hecho contruir la acera de su casa con ope-
rarios i materiales del Municipio ; i que el carruaje municipal
se emplea por el señor Alcalde esclusivamente en usos
particulares ?

« Es una exajeración, decir que en el Matadero basta pagar
10 pesos por cabeza para que se permita beneficiar todo
animal, asi se halle carbuncloso, ó tuberculoso, ó canceroso?

« Ayer misme se han beneficiado, señor, veintidos animales
llegados muertos al Matadero, contraviniendo con estos
espresamente el artículo 9 del Reglamento respectivo !......
I esto es exajeración ?

« Es una exajeración de recordar que hai en Iquique i en el
interior infinidad de negocios que funcionan sin patente
legal, autorizados por tales ó cuales rejidores, ó Presidentes
de Juntas Locales ?

« Es una exajeración afirmar que la Tesorería ha ordenado
« no cobrar » una serie de patentes de Caleta Buena, corres-
pondientes à 1912 ?....

« Es una exajeración recordar que el señor abogado municipal, con una facilidad que honra poco su talento ó la buena
fe de litigante de la I Municipalidad ha perdido todos los
cuantiosos juicios seguidos últimamente por la Corporación?

« Es una exajeración recordar que dos señores han com-
prado doce mulas de desecho en 82 pesos cada una i las han
vendido à la Municipalidad en 6.240 pesos el lote ?...

Après ces douze mules on peut tirer l'échelle...

12 mules à 82 piastres chacune, cela fait 984 piastres. Le lot ayant été revendu 6240 piastres, le maquignon a gagné 5256 piastres, moins les épices qu'il a dû verser aux collaborateurs qui lui ont facilité cette opération avec la Municipalité. Si les collaborateurs ont été nombreux, le bénéfice du maquignon n'a peut-être pas été considérable, mais le public a-t-il gagné beaucoup à cette acquisition municipale ?

Eh oui, tout de même, le public y a gagné quelque chose ! Car c'est peut-être bien ces mules de la pampa qui sont attelées aux petits tramways Iquique-Cavancha ; Cavancha est un petit village de la banlieue d'Iquique ; c'est à Cavancha que demeure M. Cattey, un Français qui quitta il y a quelque vingt ans la Savoie pour aller débarquer un beau matin sur la cote occidentale d'Amérique du Sud, à Valparaiso, je crois, et qui fut poussé jusqu'à Cavancha où il se fixa pour vendre des langoustes et du vin de Champagne ; or chaque soir Tout-Iquique mondain se donne rendez-vous à la maison Cattey pour manger des langoustes et sabler du champagne ; et c'est sur la grand'route de Cavancha qu'il les faut admirer, les mules de la pampa fières de transporter dans leurs petits tramways Tout-Iquique mondain à la maison Cattey! L'air marin est très doux dans la brise du soir. Des eaux de l'Océan la sérénité monte. Et c'est une magnifique leçon de paix qui se dégage, à cette heure-là et à cet endroit-là, des harmonies naturelles.

Malgré cette leçon que donnait la Nature, Balmacédistes et Antibalmacédistes continuaient à se disputer et à se battre par les rues de la ville.

Les Balmacédistes étaient appuyés par la police.

Des agents provocateurs avaient été lancés pour exciter et entretenir les désordres de la rue.

Des hommes de sac et de corde avaient été soudoyés pour prêter main-forte à la police.

L'hôtel Fornos, où était descendu Victor Domingo Silva, avait été lapidé. Il y avait des Espagnols à l'hôtel Fornos : le Ministre d'Espagne au Chili, qui était un homme indépendant, était intervenu en faveur de ses nationaux.

Je ne me mêlais pas aux conflits entre Balmacédistes et Antibalmacédistes parce que ma qualité d'étranger m'impo-

sait, ainsi que je l'ai dit, une réserve dont je ne me suis
jamais départi en matière de politique chilienne.

Cependant le Vice-Consul de France essayait toujours de
me compromettre dans cette affaire afin de se chercher une
excuse pour les fautes qu'il avait commises par ailleurs. Les
démarcheurs en diffamation de la Maison de France s'effor-
çaient toujours de faire accroire aux Balmacédistes que je
les combattais.

J'étais chaque jour menacé de nouvelles violences.

✠ ✠ ✠

**La Pétition de
l'insulte au Drapeau**

Le Vice-Consul faisait circuler
des pétitions contre moi. C'est
ainsi qu'il tenta, mais en vain,
d'en faire signer une par la colonie française et par le Corps
consulaire. Il était dit dans cette pétition que j'avais insulté
le Drapeau Français et que je devais être expulsé du Chili.
Cette pétition ne se couvrit que de signatures d'amis personnels du Vice-Consul. Aucun Consul ne voulut la signer. Le
Consul de Belgique, auprès de qui le Vice-Consul de France
insistait au nom de l'amitié franco-belge comme il avait
insisté auprès du Consul d'Angleterre au nom de l'entente
cordiale, renvoya le papier.

Le Vice-Consul de France passait aux yeux de tous pour
un gaffeur impénitent et opiniâtre. Il étonnait beaucoup de
monde ; il étonnait moins de monde que le Ministre de
France qui le laissait faire.....

✳ ✳ ✳

**Comment je devais
dissiper certains éton-
nements**

Mes amis continuaient à s'étonner de la tolérance, quelques-uns
disaient de la complicité du Ministre de France. J'étais encore forcé
de dissiper tous ces étonnements en expliquant que le Ministre de France faisait partie d'une Administration où le jeu
des influences politiques et des relations de noblesse intro-
duisait toutes sortes de gens, — et que pour ces gens-là
administrer c'était mener la grande vie aux frais de l'Etat,
sans se préoccuper d'autre chose ; pour ces gens-là, disais-je,
administrer c'est bien soigner ses propres intérêts, c'est avoir
un bel hôtel, des calèches et des cochers, des laquais et des

servantes ; étonnez-vous après cela, disais-je encore, que
lorsqu'on est Ministre de France on oublie de surveiller la
Protection Française !... Et puis il y a chez ces gens-là
l'esprit de solidarité entre les gros et les demi-gros, il y a
l'esprit de carrière ; il n'y a pas l'esprit de justice ; il y a
l'esprit de repos, la douce religion des sommeils léthargi-
ques !... Heureusement pour nous, ajoutais-je, nous sommes
un peuple si industrieux et si vaillant que nous pouvons
nous offrir le luxe d'une Administration dormant à poings
fermés ; nous travaillons pendant qu'elle dort ; nous la rem-
plaçons pour le bien de tous ; nous faisons son travail mieux
qu'elle ne le ferait ; nous la laissons dormir pour qu'elle
s'épanouisse en toute sa beauté, afin qu'on puisse un jour
modeler sa figure et graver ses traits dans le marbre.....

❋ ❋ ❋

**Je me prépare
à quitter le pays**
Depuis que je lui avais refusé la
reconnaissance de tout le monde —
monnaie sans grande valeur d'é-
change, monnaie qu'aucun paquebot transatlantique n'eût
acceptée en payement de mon billet de retour en France — le
Ministre de France était de nouveau retombé dans sa léthar-
gie religieuse.

Il savait que j'étais bloqué dans les sables à quinze mille
kilomètres des terres françaises et que je forcerais difficile-
ment le blocus pour arriver jusqu'au Quai d'Orsay.

Cependant, pour sauver les apparences le Vice-Consul
m'avait fait une offre, lui aussi : il m'avait offert ou plutôt
fait offrir, après cinq mois, de me rembourser mes frais de
voyage supplémentaires de l'aller et de me remettre un billet
de passage pour le retour. Il prétendait avoir provoqué une
« souscription » pour payer cette dépense et j'étais invité à
fournir un « reçu ». Je ne pouvais pas accepter l'offre du
Vice-Consul : 1º elle était inconvenante, car elle était le
produit d'une « souscription » ! et j'étais le créancier des
« souscripteurs » ; 2º l'offre était dolosive, car on me demandait un reçu et on désirait m'attirer encore, comme le
9 mars, dans quelque lieu aussi sûr que le Consulat de
France ou même me faire revenir au Consulat de France où
quelque mise en scène eût été organisée de nouveau en vue
d'une transaction draconienne ou d'une compromission

dangereuse. Mais l'offre était d'ailleurs de pure et simple forme, car aucune souscription n'avait été faite ailleurs que sur le papier fantaisiste du Consulat de France. Chaque membre du Comité sollicité en vue de cette souscription disait qu'il verserait « sa part » quand le voisin aurait versé la sienne — et le voisin disait la même chose — et tous ensemble disaient ou pensaient que c'était le Vice-Consul qui les avait engagés dans une affaire patriotique et que c'était « pour la patrie » et non pour soi-même qu'on travaillait et que par conséquent on ne pouvait pas faire mieux !

❀ ❀ ❀

Personne ne veut être responsable

Voilà à quoi aboutit le Privilège de l'Alliance Française ! Et l'Alliance Française n'est pas responsable, dit-elle..... Personne ne veut être responsable dans cette Maison, ni à Paris ni à Iquique ! Tout le monde y travaille « pour la patrie ! »

La Patrie ne saurait admettre cette conception de la responsabilité. Si haut placés que soient les administrateurs de l'Alliance Française, la Patrie fera comprendre à cette Société patriotique que le Privilège qui lui a été octroyé dans l'intérêt supérieur du développement de la langue française à l'étranger n'est pas un privilège dont elle doive se servir contre la pensée de France. La Patrie mettra l'Alliance Française sur le chemin de la justice.

❀ ❀ ❀

En route pour la France

C'est pour aider la Patrie à mettre l'Alliance Française sur le chemin de la justice que je repris, le 26 juillet 1913, la route de France.

Je m'étais encore imposé des frais de câblogrammes pour obtenir rapidement un envoi de fonds. Dès que j'eus reçu des fonds, je pris un billet pour Panama : la perte au change de la monnaie m'avait empêché de prendre un billet pour Bordeaux ! Je recâblerais de Panama pour avoir des fonds supplémentaires. Je n'avais pu passer par le Sud pour la même raison qui m'avait empêché de prendre un billet jusqu'à Bordeaux. Il valait mieux que je m'arrêtasse à Panama qu'à Buenos-Ayres parce que j'y serais plus près de

Bordeaux. D'autre part, j'avais aussi décidé de m'arrêter à Lima pour m'y fixer le cas échéant s'il m'avait été possible d'y fonder, dans de meilleures conditions qu'à Iquique, un Collège français.

Je dus m'embarquer sur le premier paquebot qui partit pour le Nord. C'était un paquebot de la Compagnie Sud-Américaine, *Le Mantaro.* Pourquoi le service des Messageries maritimes d'Amérique du Sud n'a-t-il pas tenté quelque Compagnie française? Elle aurait gagné de l'or dans ce service. La Compagnie anglaise de la Pacific Steam Navigation C° et la Compagnie Sud-Américaine font fortune.

Jusqu'au moment de mon départ, des amis m'accompagnèrent. La police aussi m'accompagna. Le Vice-Consul lui avait fait dire que je voulais manifester contre lui avant de m'embarquer. Je n'avais pas du tout cette intention.

A la marée montante, *Le Mantaro* gagna le large.

J'avais le cœur serré en m'éloignant pour toujours peut-être d'une terre où on oublie vite ceux qui passent et où mon souvenir ne resterait pas mais où mon idée resterait : l'idée de liberté quand même! L'idée est anonyme, mais je l'ai marquée d'abord à mon coin, et puis je l'ai si bien répandue au pays du salpêtre qu'il faudra bien par la force des choses que quelque trace d'elle y persiste en quelque endroit.

Le Mantaro passait à travers les eaux calmes. Iquique peu à peu se faisait plus lointaine. La ville n'était plus, là-bas, dans les sables, qu'une petite chose qui se faisait de plus en plus petite et que la mer me reprenait à chaque tour d'hélice du navire.

Je montai sur le deuxième pont pour regarder encore Iquique. Iquique n'était plus! Elle avait disparu sous le beau manteau bleu de la Mer Pacifique!

Le long de la côte, jusqu'à Mollendo, je vis des rochers qui ressemblaient à tous les rochers que j'avais déjà vus de Valparaiso à Iquique.

❋❋❋

MOLLENDO   A Mollendo, où *Le Mantaro* faisait escale, je descendis.

Pour descendre à Mollendo il faut monter, car la ville est construite à flanc de montagne et on descend à terre à l'aide de grues élévatrices et de paniers suspendus.

On célébrait, ce jour-là, à Mollendo, comme dans toutes les villes du Pérou, la fête de l'indépendance péruvienne.

C'était l'heure des discours sur la place publique devant la Maison des Alcaldes.

On avait fait une tribune avec quelques bouts de planches. On l'avait pavoisée aux couleurs nationales.

Il y avait des orateurs et aussi des oratrices, mais, chose singulière et fort gracieuse, ces orateurs et ces oratrices étaient des enfants !... Les orateurs avaient quinze ans au plus, les oratrices avaient de douze à quatorze ans. Les petits orateurs en habit noir, les petites oratrices en robe blanche occupaient tour à tour la tribune et discouraient éloquemment sur la grandeur de la patrie, sur l'indépendance nationale et les libertés péruviennes. Ceux et celles qui attendaient leur tour de parole ou qui avaient déjà parlé s'alignaient au pied de la tribune et servaient de chefs de claque, ponctuant après chaque période le discours de l'orateur ou celui de l'oratrice d'applaudissements frénétiques et de clameurs d'enthousiasme qui se répétaient dans la foule et se prolongeaient sur la mer.

La place était bondée. Toute la ville était là. Hommes et femmes de tout âge et de toute condition, jeunes et vieux, riches et pauvres, tous se pressaient pour écouter les harangues des enfants.

Les petits orateurs en habit noir, les petites oratrices en robe blanche récitaient des discours composés et appris, mais ils les récitaient avec tant d'assurance, avec tant de chaleur, avec tant de ferveur, il y avait dans leur contenance oratoire tant de grâce naturelle, et leur voix était si suave, leur regard si expressif, leur geste si harmonieux, que la foule qui assistait à cette fête laïque était comme saisie d'émotion religieuse.

Et je pensais en regagnant le paquebot que si M. Maurice Bouchor avait pu voir la belle fête laïque de Mollendo il l'aurait donnée comme modèle des fêtes laïques qu'il a jadis rêvées pour la démocratie.

De Mollendo à Lima la cote présente le même aspect que d'Iquique à Mollendo et de Valparaiso à Iquique. Les couleurs grises sévissent partout du côté de la terre avec une continuité ininterrompue, avec une monotonie qui découragerait les yeux les plus tenaces à chercher des variations. Je m'étonne que les marins qui sont au service des Messageries de la côte ne finissent pas par devenir aveugles à force de voir la montagne et les dunes. Il est vrai que les marins de ce pays-là ont depuis longtemps pris l'habitude des dunes et de la montagne, et puis les marins de ce pays-là comme les marins de tous les pays ne se soucient que de la mer : ils confondent leur âme avec l'âme des eaux.

Que la mer est triste, cependant, la Mer Pacifique surtout ! Elle est pacifique avec tant d'obstination, le long des côtes principalement ! Elle n'a jamais connu le vent ni la tempête ! La surface des eaux est à peine ridée par les vagues légères ! Le murmure des flots, est-ce bien un murmure ? C'est bien plutôt une berceuse, ou une cantilène. Quand vous écoutez cette musique, elle vous grise d'abord, mais ensuite et à la longue elle vous irrite comme la doléance des orgues qui jouent toujours les mêmes airs. Je m'étonne que les marins de ce pays-là ne finissent pas par devenir sourds à force d'entendre ce murmure.

LIMA   Nous arrivâmes à Callao le 31 juillet.

Callao est le port de Lima. De Callao à Lima la distance est petite (quatre ou cinq kilomètres environ). Un service de tramways assure le transport des voyageurs entre les deux villes.

Je désirais m'arrêter à Lima pour y fonder, si cela m'avait été possible, un Collège français. Je pensais qu'un Collège français devait mieux réussir à Lima qu'à Iquique parce que Lima est une ville plus importante qu'Iquique et aussi parce que le Pérou est plus francophile que le Chili, et encore parce que la protection française ne peut pas être aussi mal organisée au Pérou qu'au Chili.

Je passai aux bureaux de la Légation de France. La Légation de France a ses bureaux à Lima, mais l'Hôtel de la Légation est à Miraflores, petite ville de la banlieue de Lima.

Miraflores est un nom qui fait rêver. C'est un nom bien porté, car Miraflores est une ville où il doit y avoir beaucoup de fleurs; il n'y en avait pas beaucoup à l'époque où j'y suis passé, mais j'y ai vu beaucoup de verdure et beaucoup d'arbres — particulièrement dans le jardin de la Légation de

France, où le Ministre a toute l'ombre qu'il lui faut pour bien travailler pour la France, et une ombre aussi poétique que possible.

Dans le riche salon de son Hôtel splendide, le Ministre me reçut fort aimablement; il me donna quelques renseignements qui me permettraient de prendre d'autres informations sur les possibilités ou les impossibilités de succès d'un Collège français à Lima, mais il me déclara que mon projet était de réalisation bien difficile. Je lui fis connaître les difficultés que m'avait suscitées, pour la réalisation d'un projet semblable, le Vice-Consul de France d'Iquique appuyé et couvert par le Ministre de France au Chili. J'étais dans une Maison de France et, bien que le Ministre de France au Chili ne fût pas sous la dépendance du Ministre de France au Pérou, il suffisait que le Ministre de France au Pérou fût le collègue du Ministre de France au Chili, il suffisait que le Ministre de France au Pérou fût un Représentant de la France, il suffisait même qu'il fût citoyen français pour que j'eusse le droit de dire ce que j'avais à dire. J'exprimai au Ministre le désir qu'il voulût bien faire part de ma communication au Ministre de France au Chili afin qu'il eût l'obligeance de répondre à mes lettres et d'assurer pour l'avenir une protection plus efficace des intérêts et des droits que son attitude m'avait fait abandonner en terre chilienne. Le Ministre me répondit qu'il ne pouvait intervenir auprès du Ministre de France au Chili qu'en qualité de collègue, mais qu'en cette qualité il interviendrait.

Après avoir vu le Ministre, je vis le lendemain, à Lima, le Président de l'Alliance Française.

Si j'avais pensé que l'Alliance Française de Lima n'existait pas, je ne me serais même pas donné la peine de faire une visite à son Président. L'Alliance Française m'a pris mon temps avec cette visite inutile. En effet, quoi que l'Alliance Française puisse écrire dans ses Bulletins, le Comité de Lima n'a qu'une existence d'écritures. Le Président de ce Comité préside une fiction. Le Président de l'Alliance Française de Lima est un simple délégué de l'Alliance Française, un « correspondant », selon l'expression qu'il a employée lui-même. Cet excellent homme envoie de très bonne foi à l'Alliance Française des correspondances dont l'insertion au

Bulletin pourra quelque jour peut-être provoquer de belles initiatives et de beaux désastres; et l'Alliance Française profitera des expériences nouvelles mais ne voudra pas payer les dommages : c'est à Lima qu'on aura tort ! Et à Lima on pensera qu'on n'a pas raison à Paris ! Et il y aura tant de responsables qu'on ne trouvera personne pour répondre !

La colonie française de Lima était assez nombreuse autrefois — avant la guerre du Pacifique. La guerre du Pacifique fut une dure épreuve pour le Pérou et pour les étrangers qui étaient venus y faire fortune. C'est le mirage de l'or qui avait attiré les étrangers dans ce pays. Le mirage de l'or n'avait pas toujours été un mirage Il fut un temps où on trouvait de l'or au Pérou, sans dépenser beaucoup d'argent : il y avait des paillettes d'or dans le sable des rivières et, parmi les pierres des montagnes, des pépites superbes !... Il y avait aussi de l'or dans la terre, et l'or qu'on n'a pas encore extrait du sein fécond de l'alma mater y est resté.....Mais les mines sont difficiles à découvrir, et quand on les a découvertes elles sont difficiles à exploiter. Il faut des bras et des capitaux et on ne trouve dans le pays ni une chose ni l'autre. La guerre du Pacifique fut précédée et suivie de dilapidations et de malversations de toute sorte. On assista à une débâcle formidable des finances publiques et à l'écroulement des fortunes privées. La monnaie de papier avait subi une dépréciation considérable. On était exproprié et dépouillé. C'était la ruine définitive pour bien des gens. Les étrangers s'en allaient sous des cieux plus propices. Les Français sont partis comme les autres. Ils devraient revenir. Le Pérou est riche. Il a des richesses inexploitées, des mines d'or, des mines d'argent, des mines de cuivre, des terres fertiles et du guano. Il a aussi des gouvernements qu'on renverse du matin au soir et qui entraînent dans leur chute les entreprises et les affaires, les projets en voie de réalisation et les fortunes réalisées. Il a des agioteurs, des écumeurs et des faiseurs dont il faut se méfier. Les étrangers sont quand même revenus au Pérou. L'immigration étrangère est peu favorisée par les lois du pays, moins favorisée qu'en République Argentine, par exemple, où on accorde aux étrangers beaucoup plus de garanties et beaucoup plus de privilèges. Mais les Anglais, les Allemands et les Chinois débarquent quand même à Lima et dans les autres villes du Pérou. Quelque Français vient aussi de temps en temps, mais les Français ne viennent pas assez nombreux pour prendre les bonnes affaires ; pour prendre les bonnes affaires ils devraient avoir de l'influence et pour avoir de l'influence ils devraient avoir la force du nombre avant d'avoir les autres forces ; à Lima les Français n'ont pas la force du nombre.

Il y avait 260 couverts au banquet de la colonie française du 14 juillet 1913.

« Vous êtes donc 260 », disais-je au Président de l'Alliance Française de Lima. — « Il y avait aussi les amis », me répondit-il ; « on est peut-être plus de 260, mais on est bien peu nombreux par rapport aux Anglais par exemple ! » — « Mais ne seriez-vous que 260, ajoutais-je, vous pourriez fonder un Collège français ; à Iquique, on a fondé un Collège français et cependant on n'était que 15 ! ».

Le Président me déclara qu'un Collège français avait ouvert ses portes il y a quelques années et qu'il avait dû ensuite les fermer.

Lima est une ville où les habitudes cosmopolites, loin de mêler les colonies les unes aux autres, les séparent complètement. Un Collège français ne pourrait compter que sur une clientèle française et cette clientèle serait insuffisante. Les haines de race ou, sinon les haines de race, les dissentiments nationaux, les différentes manières nationales de penser et de vivre, auraient pour conséquence actuelle l'échec d'un Collège français à Lima, comme elles ont eu cette conséquence pour le Collège français qui avait ouvert ses portes il y a quelques années.

La religion est peut-être là-bas le seul lien qui puisse rapprocher, en dehors des rapports commerciaux, plusieurs colonies étrangères. C'est ainsi qu'à Lima le même culte a réuni des prêtres français et des prêtres péruviens au Collège catholique de « Los Sacrados Corazones », où on enseigne plusieurs langues étrangères, l'anglais, l'allemand, le français, avec, pour base des études, la langue espagnole.

Je tenais à voir ce Collège. Le Directeur me reçut de façon très courtoise. Il me déclara que son Collège lui avait coûté beaucoup d'argent et beaucoup de temps ! Il y avait quinze ans qu'il y travaillait ! Et l'enseignement était si peu payé ! Les familles étaient si dures à délier leur bourse ! Il fallait faire des concessions à tout le monde ! Et c'était pénible de nouer les bouts ! S'il n'y avait pas les subventions religieuses, la générosité des amis de l'instruction religieuse, on ne s'en tirerait pas. Pour un Collège laïque étranger, il n'y avait aucun avenir. Il y avait, à Lima, un Collège allemand, mais la colonie allemande était nombreuse et elle patronnait bien son Collège, qui peut-être même recevait des subventions de Berlin.

Le Gouvernement français devrait envoyer à Lima, où on aime beaucoup la France, une mission universitaire. Cette mission ferait pour l'enseignement ce que notre mission militaire fait pour l'armée.

J'eus le plaisir de m'entretenir pendant quelques minutes avec un officier de notre mission qui venait d'arriver à Lima et me disait qu'on allait réorganiser l'armée péruvienne sur le modèle de l'armée française.

Au point de vue du développement de l'influence française au Pérou, l'œuvre de la mission militaire sera féconde bien que son champ d'action soit limité. On voit déjà dans les rues de Lima des régiments passer qui ont l'allure et la couleur des régiments de France.

« C'est la France qui passe », disais-je à des Péruviens qui étaient à côté de moi dans la foule, au passage d'un régiment d'infanterie. — Si « Señor », me répondirent-ils et ils m'expliquèrent que les Péruviens aimaient beaucoup la France. — « Vous avez raison, ajoutai-je, car les Français aiment beaucoup le Pérou. Vous devez être contents de la mission militaire que nous vous avons envoyée ». Ils m'expliquèrent que le Pérou fondait les meilleurs espoirs sur notre mission militaire et que les Français devraient venir plus nombreux au Pérou.

Je pris congé de mes interlocuteurs en déplorant avec eux le peu d'enthousiasme des Français pour l'émigration, leur effroi du départ pour les terres inconnues, leur amour exclusif des petits horizons de la vie sédentaire.

Pouvais-je rester à Lima ? Telle est la question que je me posais. Dans l'enseignement il n'y avait aucun avenir pour un Français.

Dans la profession d'avocat, on ne pouvait réussir, me déclara le doyen des avocats de Lima, qu'à condition de s'installer avec un capital suffisant pour attendre pendant plusieurs années la clientèle.

A Lima, comme à Iquique, comme à Santiago, comme dans toutes les villes de l'Amérique du Sud, on a besoin, non de professeurs et d'avocats, mais de capitalistes qui aient n'importe quelle capacité et qui se spécialisent dans n'importe quelle exploitation.

Avant de quitter Lima, je voulais prendre encore mes responsabilités par un nouveau délit de presse, afin d'obliger le Ministre de France au Chili à prendre ses responsabilités. Mais j'étais pressé. Je me bornai donc à accuser le Vice-Consul de France d'Iquique de forfaiture, sauf à donner de plus amples explications plus tard.

❀ ❀ ❀

PAYTO   Après Lima, nous fîmes escale à Payto.

Payto, comme la plupart des ports de cette côte, n'est pas à vrai dire une ville. C'est un campement.

A voir tant de maisons délabrées, tant de huttes lamentables, on a tout de suite l'impression que la population de commerçants qui s'est réfugiée sur ces sables, entre la montagne grise et la mer bleue, est une population qui ne s'est pas fixée à demeure : les habitants de ce lieu s'y sont campés pour un temps jusqu'à ce qu'ils aient ramassé un bon pécule ; puis ils iront se camper ailleurs pour laisser à de nouveaux nomades la place qu'ils ont occupée pendant quelques années ou quelques mois ; tout ce monde-là est flottant comme les barques des « fleteros » qui les débarquent sur les sables ; ceux-là seuls qui sont nés dans ce pays ne le quittent pas, mais, chose étrange, les indigènes croupissent toujours dans la misère, tandis que les étrangers qui ne font que passer s'enrichissent.

Dans le bas de la ville, il y a quelques rares maisons qui ont meilleure mine que les autres. Je demande quels sont les privilégiés qui occupent ces « monuments ». « Eso el Consejo provincial », me dit on dans un groupe de « pescadores » que j'interroge sur la grand'place. Et on ajoute avec fierté : « El Consejo provincial es eligido por el pueblo ».

Puis on me montre la « Casa del subprefecto » et la « Casa del Alcalde ». Tout cela est d'une architecture bien médiocre.

L'art à Payto? Il vaut ce que vaut l'art à Coquimbo. Ce n'est pas dans l'amour du beau que les habitants de ces pays-là dépensent leur argent. Ils ne le dépensent pas non plus dans l'amour du bien, ni dans l'amour du vrai. Ils dépensent leur argent dans l'amour de l'argent. Ils font fortune. Tout l'idéal se résume pour eux dans ces deux mots : faire fortune ! Faire fortune par tous les moyens ! Gagner, gagner, gagner, — ne jamais perdre, si possible ! Aimer le vrai, le bien, le beau, c'est d'après eux perdre quelque chose, perdre du temps en tout cas, disent-ils.

Panama   Je fus agréablement surpris, en arrivant à Panama, de voir une ville européenne. Quelle différence d'aspect entre Panama et la plupart des villes de la côte occidentale d'Amérique du Sud. A Panama il y a encore des bicoques, mais il y a aussi des maisons, de belles maisons ; ces maisons sont construites en pierre ; elles ont deux, trois, quatre, cinq étages — comme les maisons d'Europe ; elles ont des portes qui sont des portes, des fenêtres qui sont des fenêtres, des balcons qui sont des balcons ; elles sont équilibrées, elles ont des fondements solides et des murs verticaux. Il y a à Panama de larges rues et des places publiques, des squares, des jardins et des bassins, des jets d'eau et des fontaines, des monuments et des statues. Il y a à Panama des magasins qui ne sont pas, comme à Payto, à Mollendo ou à Iquique, de simples « tiendas » ; la tienda sud-américaine est un vrai capharnaüm où on entasse pêle-mêle, dans une seule pièce du rez-de-chaussée ou dans quelque cave du sous-sol, toutes sortes de marchandises hétéroclites et bariolées ; les magasins de Panama sont des maisons de commerce spécialisées où les plantes maraîchères et les légumes, les ananas et les pastèques ne voisinent pas dans la même boutique avec des articles de lingerie, des pantalons et des corsets.

Panama, ai-je dit, est une ville européenne. Il serait peut-être plus exact de dire que Panama est une ville anglaise, car presque tout ce qui est européen à Panama est anglais. Ce qui n'est pas anglais est « yanke ». L'Amérique latine, que les peuples latins continueront à appeler latine jusqu'à ce qu'elle ne le soit plus, est encore moins latine à Panama que dans le Sud. Rien ne résiste ici à l'influence anglaise et au pan-américanisme de Monroë ; la langue espagnole qu'on parle encore laisse de plus en plus le champ libre à la langue anglaise, et avec la langue anglaise c'est la pensée anglaise ou nord-américaine qui domine, c'est-à-dire une manière de voir la vie, de comprendre les hommes et les choses qui diffère beaucoup de la manière latine.

Les Anglais et les Américains du Nord ont à Panama la prépondérance morale et la maîtrise des affaires. Ils ont fait le canal et ils le tiennent — et avec le canal ils tiennent beaucoup d'autres choses.

Je ne suis resté que deux ou trois jours à Panama. J'ai vu le Vice-Consul de France. Je lui ai expliqué que je revenais du Chili où un de ses collègues m'avait fait venir pour une œuvre patriotique qui m'avait coûté cher et que j'étais encore bloqué à Panama après avoir été bloqué au pays du salpêtre. Le Vice-Consul de France à Panama s'est désintéressé de cette situation. Il m'a laissé voyager de Panama à Fort-de-France à mes frais et en 4ᵉ classe, avec les émigrés. Je pouvais encore payer, sur les fonds qui me restaient, un billet de 4ᵛ classe jusqu'à Fort-de-France et, au lieu de recâbler de Panama en France pour me faire envoyer d'autres fonds, je décidai d'attendre, pour recâbler, d'être arrivé à la Martinique.

De Panama à Colomb   Le canal de Panama allait bientôt s'ouvrir pour le libre passage des océans et des hommes. Magnifique symbole de libération des forces naturelles et sociales ! J'ai vu le canal sans eau et j'ai coupé l'isthme en chemin de fer comme « les hommes des temps anciens ». « Les hommes des temps nouveaux » coupent, depuis un an, l'isthme sur des navires.

De Panama à Colomb on traverse un pays boisé, verdoyant et fleuri. Le voyage en chemin de fer dure deux ou trois heures. J'ai voyagé en compagnie d'un « intellectuel » de Bogota qui me disait que Bogota était la nouvelle Athènes, l'Athènes d'Amérique du Sud, et qui me conseillait d'arriver jusqu'à Bogota pour y fonder un Collège français ! Encore un

qui, comme le Vice - Consul de France d'Iquique, était
complètement dépourvu du sens des réalités !

🌻 🌻 🌻

De COLOMB
à FORT-DE-FRANCE

A Colomb je n'eus que le temps
de prendre mon billet de 4ᵉ classe
pour un paquebot qui allait à
Bordeaux : c'était, je crois, le paquebot *Martinique*. Si j'avais
pu prendre un billet jusqu'à Bordeaux j'aurais fait une
économie appréciable, car les Compagnies de Messageries
entre Colomb et l'Europe font payer presque aussi cher le
passage de Colomb à la Martinique que le passage de Colomb
à Bordeaux. Mais à la Maison de France à Panama, comme à
la Maison de France à Iquique, comme à la Maison de
France à Santiago on ne s'occupe pas du rapatriement des
Français aux frais de l'Etat, même à titre d'avance ou de
remboursement patriotique : dans les Maisons de France à
l'étranger on ne s'occupe que de « représentation » aux frais
de la République Française !

De Colomb à Fort-de-France j'ai voyagé, à mes frais, avec
les émigrants.

Je pouvais voyager avec les émigrants puisque j'étais un
proscrit..... (Pendant ce temps la Représentation Française
voyageait en première classe, et si elle avait dû aller par
exemple de Benghasi à Iquique elle se serait encore procuré
un billet supplémentaire de seconde classe — tout cela aux
frais de l'Etat, c'est-à-dire un peu à mes frais puisque je suis
contribuable et beaucoup plus à mes frais qu'aux frais des
autres contribuables puisque tous les contribuables n'ont pas
contribué comme moi à la fondation d'un Collège français à
quinze mille kilomètres de la France, sous les auspices de
l'Alliance Française, Société patriotique !)

Les émigrants ne sont d'ailleurs pas, de par leur seule qualité d'émigrants, des compagnons de route plus désagréables
que les bourgeois des premières classes. D'ailleurs, beaucoup
de bourgeois des premières classes sont d'anciens émigrants
de la quatrième. Ce qui fait le désagrément du voyage en
compagnie des émigrants c'est qu'on est exposé non pas au
manque d'égards des émigrants mais au manque d'égards
des services du bord qui se croient investis d'une dignité
supérieure parce qu'ils ont quelques pouvoirs de police.

Heureusement que les mesures d'ordre qui sont prises à
bord des paquebots ne sont pas aussi vexatoires que les
mesures de police qu'un Vice-Consul de France peut faire
prendre « pour la patrie ». Il n'en est pas moins regrettable
qu'on soit obligé, parce qu'on voyage pour une œuvre
patriotique, de se soumettre jusque sur les paquebots à des
mesures d'ordre qui, dans les conceptions policières, doivent
être plus sévères pour les émigrants que pour les bourgeois
— bien qu'il y ait autant de bonnes raisons pour suspecter
certains bourgeois qu'il peut y en avoir de mauvaises pour
suspecter certains émigrants.

Abstraction faite des ennuis que cause parfois la surveillance ridicule des services du bord, la compagnie des
émigrants est supportable. Et même elle met dans le voyage
une note pittoresque que la compagnie des bourgeois n'y
mettrait pas. Les bourgeois, eux, se ressemblent presque
tous — exception faite, bien entendu, pour quelques « types »
particuliers, tandis que les émigrants sont presque tous différents les uns des autres : chacun a quelque signe distinctif
qui le caractérise et le fait sortir de la norme ; chacun a sa
physionomie ou son profil, son regard, son langage, ses
gestes, sa tenue ou sa manière de se tenir, son costume ou sa
manière de le porter ; si on donne à l'un d'eux un vieil habit
il a une manière de l'endosser qui fait que la coupe prend
instantanément, malgré les difficultés de l'adaptation ou en
raison même de ces difficultés, un cachet d'originalité qui
est tout à fait *sui generis*.

Les « types » d'émigrants que j'ai vus à bord du *Martinique*
étaient tellement variés que je ne puis tracer leurs portraits
— qui du reste seraient dignes d'une plume descriptive aussi
artistique que les modèles.

J'ai d'ailleurs oublié les individualités et je n'ai gardé
souvenance que du pêle-mêle mirobolant de tous ces êtres
humains assis ou couchés sur le pont ou juchés sur la
balustrade ou étendus dans des hamacs ou suspendus aux
poutres avec des draps de lit noués aux quatre bouts. Et ce
pêle-mêle, où tout était mêlé, les conditions et les âges, les
races et les sexes, était quelque chose d'aussi beau à voir
qu'une réunion de bourgeois des premières classes. Il y
avait d'ailleurs un mulâtre qui disait avoir été dans la

carrière diplomatique et une négresse qui prétendait avoir fait l'élection d'un député ! Et tous les jours il fallait entendre les réclamations de tout ce monde contre les services du bord, contre le cuisinier, contre le commissaire ! Et toutes les nuits il fallait entendre le ronflement de tout ce monde parmi le murmure des flots !

Nous longions les côtes de Venezuela. La mer était agitée. Les lames sifflaient sur le pont.

❀ ❀ ❀

PUERTO-CABELLO   Nous nous arrêtâmes à Puerto-Cabello. C'est un port qui a l'air bien misérable. Quelques centaines de maisons construites avec du bois et recouvertes de chaume ont poussé là, au hasard, près des lagunes aux eaux bourbeuses. Il y a deçà delà quelque habitation plus confortable que les autres, mais il n'y en a aucune qui soit luxueuse ou coquette. Sur la place publique, sur une pauvre place très exiguë, on a élevé un très médiocre monument qui commémore l'indépendance du Vénézuela. Les rues sont presque désertes. Les rares passants qu'on rencontre sont taciturnes et silencieux. La méfiance vénézuelienne à l'égard des étrangers est bien connue : elle se devine dans toute l'attitude des habitants de ce pays et principalement dans leur regard ; on croirait qu'ils vont vous avaler avec leurs yeux !

❀ ❀ ❀

LA GUAYRA   Nous fîmes, quelques jours après, une longue escale à La Guayra. C'est le port de Caracas. Je voulais aller voir la capitale du pays de M. Castro. Je pouvais aller à Caracas puisque j'étais allé à Iquique..... M. Castro était libéral, par rapport au Vice-Consul de France d'Iquique. Il ne m'aurait pas tracassé avec la police. Il m'aurait laissé passer dans les rues de Caracas... Et j'aurais peut-être découvert, à Caracas comme à Lima, quelque Président de l'Alliance Française !

Mais le commissaire du paquebot ne voulut pas me permettre de descendre, sous prétexte que les émigrants ne devaient pas quitter le pont : il n'y avait que les bourgeois qui pouvaient aller à Caracas ! Si je n'ai pas vu la capitale du pays de M. Castro, c'est donc encore par la faute de la Représentation Française qui m'avait obligé, en me retenant mon argent, à voyager en 4e classe.

❀ ❀ ❀

Fort-de-France — Le 22 août, j'étais à Fort-de-France. Je ne pouvais continuer mon voyage faute de fonds suffisants.

Le Gouvernement de la Martinique refusa de prendre à sa charge les frais de ma traversée jusqu'à Bordeaux. Même à titre d'avance patriotique remboursable, le Gouvernement de la Martinique ne pouvait pas, me disait le Procureur Général faisant fonctions de Gouverneur intérimaire, payer mon billet de passage.

A Buenos-Ayres, quand on m'avait demandé de faire une avance à une œuvre patriotique, en passant par la Cordillère des Andes à mes frais, je n'avais pas refusé ce service...

Le Gouverneur intérimaire laissa partir le paquebot sans même consentir à me recommander au capitaine pour un passage en 4e classe payable à mon arrivée en France.

Le Gouverneur titulaire fut plus généreux : il m'offrit un billet de 4e classe, mais il me priva des moyens de l'utiliser.

Je dûs câbler de nouveau en France pour me faire envoyer des fonds supplémentaires. Les câblogrammes qu'on fait partir de la Martinique pour la France coûtent plus cher, chose étrange, que ceux qu'on fait partir du Chili qui pourtant est beaucoup plus éloigné : un câblogramme de la Martinique pour la France se paie à raison de 6 fr. par mot ou peut-être même davantage (je ne m'en souviens pas exactement), tandis qu'un câblogramme du Chili pour la France ne se paie que 5 fr. ou 5 fr. 50 par mot.

A propos de câblogrammes j'étonnerais le lecteur si je lui faisais connaître la somme que j'ai dépensée, par la faute des services de protection française, pour câbler de Paris à Iquique, d'Iquique à Santiago, d'Iquique en France et de la Martinique en France. Et la Légation de France au Chili, qui nous coûte une centaine de mille francs par an et qui pendant l'année 1913 m'a coûté une centaine de mille francs à moi tout seul, en dommages de toute sorte, n'a pas trouvé pendant mes cinq mois de séjour à Iquique de quoi payer un timbre-poste pour répondre à mes lettres et m'éviter des frais de câblogrammes !

J'attendis à Fort-de-France la correspondance pour Bordeaux. Il ne part de Fort-de-France pour Bordeaux que deux courriers par mois. Ayant manqué un premier courrier, que je ne pouvais prendre parce que les fonds que j'attendais n'étaient pas arrivés, je dus séjourner à Fort-de-France jusqu'au 20 septembre.

Je fis insérer dans la *France Coloniale*, qui paraît à Fort-de-France, quatre articles au cours desquels je formulais des accusations graves contre le Vice-Consul de France d'Iquique. On pourra lire ces articles aux annexes.

Ce m'était un charme de retrouver enfin la liberté sur une terre française. La Martinique c'est presque la France déjà, quand on revient de l'Amérique du Sud !

Fort-de-France est une ville très blanche. Toutes les maisons y paraissent neuves. Les rues sont propres. Les places sont larges et décorées de palmiers superbes.

La population est très sympathique. Les blancs ont leurs magasins de commerce et leurs barraques dans la ville basse où ils sont à la disposition des clients de 8 heures du matin à 5 heures de l'après-midi. Après cinq heures, on les voit regagner les hauteurs par des routes qui contournent les collines à travers une végétation magnifique.

Les nègres habitent les environs immédiats de la ville. Ils sont abrités dans des cambuses sur pilotis le long des ruisseaux. Ils se nourrissent de poissons, de crabes, de rats et de fruits. La plupart sont désœuvrés. Ils suent l'ennui à grosses gouttes. Ils sont presque tous commissionnaires ou portefaix. Mais l'ouvrage leur manque souvent : pour une valise à enlever, ils sont tout de suite une quinzaine à offrir leurs services. La Compagnie Transatlantique les emploie à l'embarquement du charbon à bord des paquebots ; aux jours d'embarquement du charbon on peut voir sur le quai une queue-leu-leu de nègres et de négresses qui portent chacun ou chacune un panier de charbon sur la tête.

C'est à l'époque des fortes chaleurs que j'ai séjourné à Fort-de-France.

Le séjour de Fort-de-France est surtout agréable en hiver, la température hivernale étant très douce.

Pendant la saison chaude il fait si chaud qu'on ne sort guère que le matin avant neuf heures ou l'après-midi vers 3 heures.

La nuit, toutes les maisons sont assiégées par des moustiques innombrables, de gros moustiques aux longues pattes qui se cramponnent avec fureur !

Chaque matin, je me levais avant l'aurore et j'allais me promener. Je rencontrais le long des routes nègres, négresses et négrillons. Ils portaient au bras ou sur la tête des paniers de figues ou d'ananas, de noix de coco ou de pastèques qu'ils allaient vendre à Fort-de-France.

❄ ❄ ❄

Saint-Pierre et le Mont-Pelé Avant de quitter Fort-de-France j'ai tenu à visiter Saint-Pierre et le Mont-Pelé.

Le port de Saint-Pierre est à une vingtaine de kilomètres de Fort-de-France. Des courriers quotidiens de navigation mettent les deux ports en relations. On peut aller aussi de Fort-de-France à Saint-Pierre par voie de terre. Une route et un service de voitures assurent les communications entre les deux villes. La ville de Saint-Pierre est une ville morte, mais il faut toujours ravitailler les villages et les fermes que la ville de Saint-Pierre approvisionnait autrefois, il faut aussi exporter leurs produits, car la culture de la canne à sucre et l'élevage du bétail font vivre beaucoup de colons sur cette terre si fertile ; le transit entre Saint-Pierre et Fort-de-France est encore assez important malgré la diminution considérable qu'il a subie après la catastrophe de 1902.

Saint-Pierre était la plus jolie ville de la Martinique. Elle s'élevait aux bords d'une baie gracieuse sur le versant en pente douce d'une colline verdoyante que domine le Mont-Pelé. Elle était prospère, insouciante et joyeuse. Elle avait grandi en beauté au milieu du plus lumineux des paysages.

Cependant la terre tremblait maintenant. Le Mont-Pelé, qui depuis plus d'un siècle s'était endormi, menaçait d'avoir un réveil sinistre. Il jetait de la fumée. On disait que c'était bon signe, que le monstre se dégageait de ses vapeurs et qu'il garderait le feu dans son ventre. Un matin le monstre jeta le feu et c'était un feu tellement effroyable qu'en dix minutes une ville de quarante mille habitants était complètement anéantie ! Les habitants de Saint-Pierre avaient été surpris dans les rues, dans leurs maisons, dans leurs caves. Pas un seul, semble-t-il, ne survécut. On a parlé d'un survivant, mais c'est là sans doute une légende.

Saint-Pierre est depuis lors une nécropole où la nature a repris ses droits. Des plantes et des arbres ont poussé sur les ruines, qu'elles embellissent avec leurs fleurs et leur verdure. C'est une forêt sauvage et silencieuse où la voix de l'Océan vient s'attendrir dans un écho plaintif qui prend les tons lugubres et doux d'un chant funèbre.

Mais la vie des sociétés est un perpétuel recommencement ; les nécessités sociales auxquelles la ville de Saint-Pierre donnait satisfaction n'ont pas disparu et Saint-Pierre renaîtra sur les cendres de ses morts pour quelque jour peut-être encore être engloutie sous une nouvelle trombe de feu.

Le Mont-Pelé a toujours des fumeroles sur ses flancs, mais on dit encore que c'est bon signe et ce n'est pas la menace éternelle d'une éruption volcanique qui empêchera la reconstruction de Saint-Pierre.

Saint-Pierre renaîtra, c'est nécessaire et c'est souhaitable.

Le danger du volcan n'est peut-être pas un danger qu'on doive redouter à Saint-Pierre plus qu'ailleurs. Le volcan du Mont-Pelé est peut-être éteint pour toujours comme beaucoup d'autres volcans. Et d'ailleurs nous vivons tous sur un volcan et il n'est pas démontré que les volcans d'Auvergne par exemple soient moins dangereux que le volcan du Mont-Pelé.

On a déjà rebâti quelques maisons à Saint-Pierre. Il y a un hôtel, un café, une épicerie, des hangars, des magasins d'entrepôts pour marchandises diverses et un certain nombre de cambuses où s'abrite le personnel occupé au service des Messageries et du transit.

❃ ❃❃

Départ de la Martinique et rentrée en France — J'ai quitté la Martinique vers le 20 septembre 1913. J'y avais fait un assez long séjour qui m'avait paru d'autant plus long que les heures avaient été plus lourdes, ayant dû passer mon temps à méditer sous les palmiers, comme naguère dans les sables, sur la médiocrité administrative et l'inclairvoyance gouvernementale.

La traversée de Fort-de-France à Bordeaux me parut très longue aussi,

La terre de France était, dans ma pensée, une terre de justice.

Un Titre L'intérêt patriotique de l'expérience que j'avais tentée pour fonder au Chili le premier Collège français — intérêt patriotique qu'on avait assez proclamé au Consulat de France d'Iquique et à la Légation de France au Chili et même au Ministère des Affaires étrangères, au Ministère de l'Instruction publique et à l'Alliance Française — les travaux que j'avais délaissés en France pour cette œuvre patriotique lointaine, les risques que j'avais courus à cause de la Protection Française, l'énergie dont j'avais fait preuve devant une coalition d'intérêts, d'appétits et d'ambitions que l'idée de patrie stimulait, que le Drapeau français décorait, que le Privilège de l'Alliance Française organisait en une parodie du régime légal, les déboires que j'avais eus, les projets que j'avais formés et que la Protection Française avait fait échouer, les services que malgré tout j'avais rendus au pays, tout cela me créait, je puis le dire sans fausse modestie, un véritable titre à la reconnaissance de mes compatriotes : ce n'était pas un titre semblable à celui qu'avait pu acquérir le Ministre de France au Chili en assurant par son attitude le triomphe de la Force ; c'était un titre de nature plus délicate — et d'appréciation facile en France, étant donné les traditions nationales.

Le Ministre des Affaires étrangères est embarrassé Je suis arrivé à Bordeaux dans les premiers jours d'octobre 1913. Le Ministre des Affaires Etrangères n'avait encore rien répondu à la Ligue des Droits de l'Homme. Il était embarrassé pour répondre. La réponse qu'il fit plus tard à la Ligue des Droits de l'Homme témoigne de cet embarras. La Ligue fut obligée de lui arracher cette réponse.

Le Ministre des Affaires Etrangères ne se pressait pas non plus pour répondre à M. Brousse, député des Pyrénées-Orientales.

Le Ministre répondit enfin, évasivement......

Le Ministre n'avait pas d'opinion personnelle. Un Ministre peut-il avoir une opinion personnelle? Soucieux avant tout de rester Ministre, ou en tout cas député, sinon sénateur, tracassé par le Ministère, torturé par le Parlement, envahi par les paperasses, englouti dans les dossiers, étouffé par la poussière, cet homme extraordinaire qui trouve encore le moyen de parler dans son fauteuil, de parler à la Chambre, de parler au Sénat, de parler à l'Elysée, de parler dans sa circonscription, de parler dans les banquets officiels après avoir parlé dans les assemblées du peuple, de parler en mangeant, de parler en buvant, de parler réveillé, de parler endormi, cet homme qui parle partout, qui parle toujours, aurait-il jamais le temps de penser? Et alors, pourquoi voulez-vous qu'il ait des opinions personnelles? Il a pu avoir des opinions personnelles autrefois quand il était une personnalité, mais aujourd'hui qu'il est Ministre, qu'est devenue, mon Dieu, sa personnalité? C'est une personnalité panthéistique qui se divise et se répand, qui s'enfuit et qui se perd comme l'onde dans les sables, comme le parfum dans le vent. Le Ministre d'aujourd'hui est un Ministre, voilà tout. Il est un homme qui gouverne, qui du moins a l'illusion, les honneurs et le profit de ce que nous nommons gouvernement. Quand cet homme est fatigué de parler, il écrit. Ecrire, çà consiste pour un Ministre à savoir signer son nom sur des milliers et des milliers de feuilles qu'il ne lit pas. Le Ministre signe ou contresigne, ce qui revient à peu près au même. Il contresigne des décrets, il signe des arrêtés, il signe des décisions, il signe des réponses aux questions des députés, il signe tout ce que M. Lebureau veut lui faire signer. Et tant pis si les députés ou les citoyens ne sont pas satisfaits.

❖ ❖ ❖

M. Lebureau n'est pas orfèvre mais il est Consul

Dans l'affaire du Consulat de France d'Iquique, M. Lebureau, qui n'est pas orfèvre mais qui est Consul, pensait qu'il fallait sauvegarder les intérêts de l'Alliance Française et de l'Etat sans avoir à s'occuper des droits individuels et donc se retrancher derrière l'opinion diplomatique du Ministre de France au Chili qui disait qu'il avait adressé des observations au Vice-Consul d'Iquique et que si ce fonctionnaire avait manqué de

. calme à la suite de ma campagne de diffamation j'avais tout de même exagéré l'importance des incidents.

Or, les faits sont là qui jurent contre cette opinion diplomatique. Ce sont des faits évidents, positifs, indiscutables. Le lecteur qui voudra bien se reporter aux annexes documentaires verra que le Ministre de France a pris les causes pour les effets et les effets pour les causes. Le lecteur verra que ma « campagne » — si campagne il y a eu (et le mot campagne n'est pas le mot juste, mais j'ai affaire à des politiciens qui emploient, naturellement, le langage de la politique) — le lecteur verra que ma « campagne » a suivi et non précédé les vexations consulaires tolérées par la Légation de France. Ah ! il est bien mal venu à se plaindre de ma « campagne », ce Ministre qui l'a provoquée ! Il l'a provoquée pour s'en servir comme d'une excuse pour son Vice-Consul et pour lui-même ! C'est d'ailleurs une excuse qui n'en est pas une, car un mandataire public investi d'un mandat de protection des intérêts français à l'étranger — mandat de confiance nationale — ne doit jamais manquer de calme, même devant une campagne de presse. Je n'ai pas abusé de la liberté de la presse, j'ai dit la vérité, j'ai laissé la vie privée en dehors de mes attaques, je n'ai attaqué que le Vice-Consul mandataire public et je ne l'ai attaqué qu'en réponse à ses attaques. Il n'y a pas eu « campagne de diffamation », il y a eu simple défense de mes droits, de mes libertés, des traditions nationales de protection française et des coutumes du Droit des gens. Dans l'ardeur de la défensive je n'ai peut-être pas surveillé ma plume à chaque mot, mais le lecteur verra que ma polémique est libérale, abstraction faite des petits détails de forme et d'expression — les *lapsus calami* étant en l'occurrence tout à fait excusables.

✠ ✠ ✠

Une promesse de Ministre plénipotentiaire — J'ai dû déposer une plainte contre le Ministre de France au Chili. M. Lebureau, qui cette fois n'était pas consul mais ministre plénipotentiaire, a répondu qu'il transmettait ma plainte au Ministre de France au Chili et que je serais avisé dès que les nouveaux renseignements qui étaient demandés seraient parvenus. Or, depuis deux ans, je n'ai jamais été avisé et toutes mes lettres

de rappel sont restées sans réponse : la promesse de M.
Lebureau était une promesse de Ministre plénipotentiaire.....

✖ ✖ ✖

**Terre de justice
quand même**
La terre de France était, dans ma pensée, terre de justice quand même.

J'avais été attiré en terre lointaine pour une œuvre patriotique qu'un Vice-Consul de France avait fondée par application des textes ministériels qui ont organisé le Privilège de l'Alliance Française. Le Ministre de France au Chili avait approuvé cette œuvre et le Vice-Consul d'Iquique avait publié cette approbation ministérielle dans les journaux de Tarapaca pour rassurer par avance ses collaborateurs en engageant la responsabilité de l'Etat français.

Un Comité (dont le Vice-Consul de France d'Iquique était le maître absolu puisqu'il l'avait créé, détruit et recréé selon son bon plaisir) avait servi de paravent à cette œuvre patriotique ; l'Alliance Française, avec le nom qu'elle a et qui se présente sous l'apparence d'une raison sociale absolument sûre puisque c'est une raison sociale patriotique, avait servi de couverture ; le Drapeau Français avait servi de pavillon.

J'avais été expulsé par la force « et dans l'intérêt de l'Alliance Française et de la Patrie », selon les termes dont le Ministre de France au Chili avait permis au Vice-Consul d'Iquique un long emploi, d'un Collège qui m'appartenait en partie puisque c'est grâce à mon nom et grâce à ma collaboration que ce Collège avait pu ouvrir ses portes.

Une somme que j'avais prêtée à l'Alliance Française en cours de voyage à l'aller ne m'avait pas été remboursée au moment où elle m'était immédiatement nécessaire dans un pays lointain où j'étais isolé et désarmé. C'est le Vice-Consul d'Iquique qui avait provoqué ce prêt en faisant modifier mon itinéraire par le câblogramme de Rio-de-Janeiro dont il avait été l'inspirateur comme il avait été l'inspirateur et souvent même le rédacteur des lettres et câblogrammes qui m'avaient attiré au Chili. C'est le Vice-Consul qui avait empêché le remboursement du prêt, comme il avait empêché le payement de mes mensualités en cours, après l'expulsion qu'il avait ordonnée.

C'est encore le Vice-Consul qui avait échafaudé, avec un amas d'inventions calomnieuses, tout un système de diffamation qui tendait à m'empêcher de gagner ma vie à Iquique et à favoriser la réussite d'une transaction draconienne.

C'est le Vice-Consul qui m'avait fait tracasser par la police et qui avait demandé au Corps consulaire d'appuyer auprès du Gouvernement chilien de ridicules requêtes en décret d'expulsion.

C'est le Vice-Consul qui avait fomenté contre moi des haines patriotiques, m'avait fait attaquer à plusieurs reprises sur la voie publique, m'avait cité abusivement sans jamais comparaître devant la Justice chilienne et m'avait empêché d'aborder utilement les Tribunaux pour la défense de mes droits.

Le Ministre de France au Chili avait toléré ces abus.

Le Gouvernement français n'avait rien fait pour me tirer d'embarras pendant mon séjour à Iquique et pendant mon voyage de retour en France.

Une indemnité m'était due par l'Etat Français en réparation du dommage causé, sauf le droit pour l'Etat Français de demander à l'Etat Chilien une contribution au payement de cette indemnité.

Il y a des précédents nombreux d'indemnités de cette sorte accordées aux citoyens qui ont été victimes d'actes d'arbitraire à l'étranger.

Le Ministère des Affaires Etrangères a préféré, et pour cause, considérer comme étant personnel mon conflit avec le Vice Consul de France à Iquique, et, en diminuant la gravité des faits, il a nié la responsabilité de l'Etat.

Or, il ne s'agit pas, en l'espèce, *lorsqu'on examine les faits et gestes du Vice-Consul de France d'Iquique,* de ce qu'on a coutume d'appeler « *faits personnels se détachant de la fonction* ». Il y avait certes quelques faits personnels mais ils n'étaient pas la cause des faits de service et des actes de fonction ; ils en étaient la conséquence. Le Vice-Consul avait engagé sa personne et sa fonction, mais sa personne après sa fonction, sa personne à cause de sa fonction. Le conflit avait eu pour origine l'intérêt de l'Alliance Française, intérêt mal entendu sans doute, mais mal entendu à cause du privilège de protection particulière que le Ministre des

Affaires Etrangères a laissé naître au profit de l'Alliance Française à côté et en dehors du régime légal.

Le Vice-Consul avait cru bien faire, dès le principe, en engageant sa fonction et le Drapeau français pour la défense de l'Alliance Française. Par la suite, il avait engagé de plus en plus sa personne, mais en se servant toujours de sa fonction et du Drapeau français.

Même pour les fautes personnelles les plus lourdes du Vice-Consul, il y a responsabilité civile de l'Etat parce que ces fautes n'ont servi qu'à couvrir les fautes de service et parce que l'intérêt de l'Etat a provoqué les unes et les autres.

Si le Vice-Consul ne s'était pas servi, pour défendre l'intérêt de l'Alliance Française, du mandat dont il était investi pour défendre tous les intérêts, s'il n'avait pas imaginé que la Patrie était en danger parce que je ne voulais pas me soumettre au caporalisme consulaire, s'il n'était pas intervenu contre moi auprès des Autorités chiliennes, s'il n'avait pas gêné dès la première heure les libertés de la Défense, j'aurais pu actionner devant la Justice chilienne l'Alliance Française et son Comité d'Iquique.

On me dira peut-être que la Justice chilienne ne se serait pas laissée influencer par le Vice-Consul de France. Si les Vice-Consuls ne doivent pas influencer les autorités étrangères pourquoi les envoie-t-on ? La raison d'être de la fonction consulaire est toute entière dans la nécessité de contrebalancer par une influence nationale les influences du dehors. La justice de notre pays est pour chacun de nous la justice de droit commun, la justice étrangère n'est qu'une justice d'exception ; or, la justice d'exception ne peut juger — j'entends bien juger — qu'avec le consentement de la justice de droit commun. Dès l'instant que le Vice-Consul prenait ouvertement parti contre moi, la Justice chilienne ne pouvait pas juger librement, car sa sentence était d'avance interprêtée par le pronunciamento du Représentant de la France comme un pronunciamento anti-français.

Le Ministre de France au Chili aurait pu rétablir, en intervenant en ma faveur, l'équilibre de forces qui avait été rompu par l'intervention hostile du Vice-Consul. L'intervention du Ministre, pour être efficace, devait même être aussi nette, aussi ouverte que l'intervention contraire du Vice-

Consul. Le Ministre de France n'est intervenu en ma faveur ni ouvertement ni d'aucune autre manière. Il n'est intervenu que pour me nuire lui aussi par des câblogrammes de félicitations au Comité et des enquêtes ridicules dont l'Etat Français est responsable.

Il serait trop facile à l'Etat de se soustraire à sa responsabilité, motif pris de ce qu'il y a eu des fautes personnelles du Vice-Consul. Il eût donc suffi au Ministre de France au Chili de tolérer l'aggravation du conflit pour permettre au Ministre des Affaires Etrangères de se servir des fautes graves comme d'un prétexte destiné à garantir l'Etat contre toute réclamation ! Ainsi, au Chili, le Drapeau français avait garanti le Vice-Consul ; en France, c'est le Vice-Consul qui garantissait le Drapeau ! Dans ce système de garanties réciproques, il n'y a qu'une seule chose qui ne soit pas garantie : la Justice.

Le Ministre des Affaires Etrangères a pu penser qu'entre le Vice-Consul et moi il y avait une rivalité personnelle dans laquelle l'Alliance Française ne serait pour rien. Le Ministre a pu penser cela à cause de certaine lettre qui a été écrite par le Vice-Consul pour me susciter des inimitiés personnelles·

J'aurais le plus grand intérêt à publier la réponse qui a été faite à cette lettre. Un décalque de cette réponse m'a été remis et le Vice-Consul y est traité de belle manière ! Mais des tiers sont mis en cause dans ce document, et je ne peux pas, pour cette raison, le livrer à la publicité.

Le Ministre des Affaires Etrangères a eu communication d'un extrait de ce document. Ce n'est pas moi qui ai communiqué cet extrait et je regrette que cette communication ait été faite parce qu'elle a pu faire germer dans l'esprit des fonctionnaires du Ministère des Affaires Etrangères, qui ont vu le dossier de mon affaire, des idées complètement fausses sur la nature et les causes de mon conflit avec le Vice-Consul d'Iquique.

Quand la Justice aura pris connaissance de ce document, elle me saura gré de ne pas l'avoir publié ; car elle verra que dans ma défense je m'abstiens de recourir à certains moyens qui ont été employés par le Vice-Consul dans son attaque.

Les annexes documentaires contiennent tout ce qui est utile pour dégager la vérité.

Certains documents que je n'ai pas publiés seront soumis à la Justice. Ce sont pour la plupart des documents accessoires — pièces de comptabilité établissant des dommages matériels (je n'ai d'ailleurs pas pu me procurer toujours une pièce pour chaque dommage matériel) lettres reçues d'Iquique depuis deux ans (je ne peux pas publier toutes ces lettres, il y faudrait un volume de plus).

Depuis que je suis rentré en France, je me suis employé à obtenir justice.

Le Ministère des Affaires Etrangères a refusé toute communication de dossier et cela prouve qu'il avait à cacher quelque chose.

J'ai eu beau insister pour obtenir cette communication en offrant moi-même communication de mes documents, je me suis heurté à une résistance systématique et intéressée: le Ministre des Affaires Etrangères voulait soustraire l'Etat Français à ses responsabilités et la communication du dossier était dangereuse parce qu'elle m'eût permis de découvrir des pièces qui prouvaient mes droits contre l'Etat. Ce refus de communication m'a beaucoup gêné pour ma défense devant la Justice. Les avocats n'aiment pas beaucoup plaider contre l'Etat, surtout dans les affaires délicates comme celle-ci. Il faut trouver un avocat d'une indépendance complète et quand on a trouvé cet avocat il faut encore lui faire comprendre la vérité — ce qui n'est pas toujours facile quand l'Administration s'emploie à dissimuler des documents dont la mise au jour offusquerait le Ministère Public.

On m'a dit au Ministère des Affaires Etrangères (Direction des Consulats, Bureau du Personnel) où je me suis présenté pour demander des explications, qu'on n'avait pas de dossier, qu'on était obligé de défendre les intérêts de l'Etat et que pour les fautes personnelles du Vice-Consul je n'avais qu'à plaider contre lui.

Or, il est certain que le Vice-Consul d'Iquique a engagé tantôt sa responsabilité personnelle, tantôt la responsabilité nationale mais surtout la responsabilité nationale.

Invoquer le fait personnel en l'occurrence, c'est ainsi que je l'ai dit, vouloir échapper aux responsabilités. Grâce au prétexte du fait personnel, l'Etat ne répondrait jamais de rien. Il trouverait toujours des fonctionnaires pour fournir le prétexte à titre gracieux, car ils auraient la chance d'y gagner toujours quelque chose, ne fut-ce que la gloire de « servir » l'Etat qui les « servirait » de son côté.

En l'espèce, le Vice-Consul aurait « servi » l'Etat en abusant du Drapeau à Iquique et l'Etat « servirait » le Vice-Consul en abusant du Drapeau en France !

Voilà une combinaison que le Ministère des Affaires Etrangères ne fera pas accepter à l'esprit de justice de notre pays.

J'arrivais d'un pays où je n'avais pu défendre mes droits par la faute des services de protection française ; je pensais que la responsabilité de l'Etat s'offrirait d'elle-même pour se substituer aux responsabilités personnelles restées insaisissables ; il y avait déjà moratorium de justice et j'espérais que l'Etat ne m'obligerait pas à tenter un procès, qu'il aimerait mieux, comme de juste, verser une indemnité transactionnelle.

Le Ministère des Affaires Etrangères dirait-il que la protection française à l'étranger est une concession gracieuse de la Puissance Publique et qu'elle ne saurait donner aux citoyens lésés par la faute de cette protection un droit à dommages-intérêts ?

Il n'importe guère que la protection à l'étranger soit une concession gracieuse de la Puissance publique ou un élément fondamental de statut civique.

L'égalité de tous les citoyens devant la protection fait en tout cas partie du statut. C'est l'essentiel. Si le principe d'égalité est violé il y a sinon source du droit à réparation, du moins, titre à indemnité, ce qui revient au même.

Quant à l'Alliance Française, Société patriotique, puissance formidable qui connaît sa force et qui sait qu'elle peut presque tout se permettre, elle est restée sourde à mes réclamations. Elle n'avait pas traité avec moi, disait-elle, et je devais me faire payer par le Comité de l'Alliance Française d'Iquique. Cependant le Comité de l'Alliance Française d'Iquique espérait que l'Alliance Française qui recueillait les bénéfices payerait les dommages, puisque c'était par sa faute et par la faute de la Représentation française qu'il y avait eu des dommages.

De ne pas payer leurs dettes n'empêchait pas l'Alliance Française et le Comité de l'Alliance Française d'Iquique de continuer comme par le passé à faire montre, dans les journaux et publications diverses, du Collège de l'Alliance Française d'Iquique.

Le Secrétaire Général de l'Alliance Française rendait compte des succès de l'Alliance Française au Chili, en disant que dans le grand port salpêtrier de la province de Tarapaca l'Alliance Française avait « conquis » sa place.

Ainsi il y avait eu « conquête », il n'y avait pas eu acquisition.

Si ceux-là qui dirigent de haut les destinées de l'Alliance Française voyaient ce qui se passe en bas et qu'on se sert du Drapeau français pour assurer obscurément le triomphe de la Force sous le couvert d'une œuvre patriotique de développement de la langue française, langue de lumière et de justice, ils ne féliciteraient pas l'Alliance Française de sa triste conquête.

Au 31 janvier 1914, il y avait un moratorium de Justice. Depuis ce temps-là l'Alliance Française a abusivement prolongé le moratorium.

Le 31 janvier 1914, j'ai assigné l'Alliance Française en remboursement de mes frais de voyage au Chili, payement de traitement d'une année comme Directeur du Collège de l'Alliance Française d'Iquique et dommages-intérêts.

C'est à cause du nom qu'il portait que je n'avais pu assigner le Comité de l'Alliance Française d'Iquique devant la Justice chilienne. L'Alliance Française aurait pu hâter la solution du conflit en appelant rapidement en garantie son Comité d'Iquique, car la Justice avait déjà subi, à cause du Privilège de l'Alliance Française, un long moratorium.

L'Alliance Française aurait même dû, puisqu'elle m'avait empêché, avec son nom et par ses fautes, de plaider à Iquique, me dispenser de plaider en France: c'était à elle d'accepter les ennuis et les risques d'un procès qu'elle avait retardé ; c'était à elle de me payer ce qui m'était dû, sauf à se faire subroger, si cela lui convenait, dans tous mes droits contre son Comité d'Iquique.

L'Alliance Française laissa passer le délai accordé ou garanti pour la mise en cause du garant, ce qui laissait supposer qu'elle prenait ses responsabilités. Mais en juin 1914, au moment où l'affaire pouvait être appelée à l'audience du Tribunal, elle se ravisa et, pour se prémunir contre les risques d'insolvabilité du garant, risques auxquels elle s'était exposée par sa propre négligence en ne demandant pas à être garantie par voie d'action incidente et en courant ainsj le danger d'une action principale ultérieure contre un garant de plus en plus difficile à saisir, elle usa de stratagème pour réparer sa propre faute. Elle me fit promettre que son Comité d'Iquique, si je l'assignais moi-même devant le Tribunal de la Seine, constituerait avoué dès qu'il recevrait l'assignation, sans invoquer le délai des distances (qui est de huit mois pour le Chili).

L'Alliance Française voulait gagner du temps, mais le temps qu'elle allait gagner ne serait pas très long puisque l'affaire allait pouvoir se plaider en octobre 1914.

En octobre 1914, le Comité d'Iquique, assigné depuis le mois de juillet, n'avait pas encore constitué avoué.

Les membres du Comité étaient mobilisés, me disait-on maintenant. Or, sur les seize membres du Comité un ou deux tout au plus pouvaient être mobilisés ! Les autres ne l'étaient certainement pas, pour l'excellente raison qu'ils étaient ou étrangers ou Français non mobilisables à cause de leur âge ou Français insoumis à la loi militaire.

D'ailleurs, le fait de constituer avoué devait être considéré par le Comité de l'Alliance Française d'Iquique comme un acte d'administration ordinaire de la Société et cet acte d'administration était de ceux que le Président ou le gérant pouvaient accomplir sans l'autorisation préalable du Comité et même en cas de mobilisation d'un ou plusieurs membres!

Le prétexte de la mobilisation des membres du Comité n'a donc été qu'une manœuvre dilatoire. L'Alliance Française et son Comité voulaient encore gagner du temps pour me décourager et tâter du terrain en vue d'une transaction draconienne.

Depuis le mois d'octobre 1914, la situation n'a pas changé : l'Alliance Française gagne toujours du temps.

Cependant deux membres du Comité m'ont écrit pour que je constitue avoué en leur nom !

Je n'ai pu accepter de servir d'intermédiaire pour cette constitution d'avoué, malgré ma sympathie pour les deux Français qui avaient été les premiers à protester contre les vexations consulaires. Je n'ai pas pu accepter de servir d'intermédiaire pour la constitution d'avoué parce qu'il ne convient pas que je constitue avoué pour un adversaire. Il convient seulement qu'après jugement je tienne compte à chacun de l'attitude qu'il aura prise par ses actes ou intentions. Je serai libre de faire remise à tel ou tel membre du Comité d'une part de sa dette. Ce sera juste et nécessaire, car parmi les membres du Comité, il en est quelques-uns qui m'ont défendu contre le Vice-Consul et son parti. Mais dans la procédure en cours c'est assez que j'aie constitué avoué pour moi ! L'Alliance Française, qui a obtenu à la faveur d'un stratagème que j'assigne en son lieu et place et à mes frais tous les membres du Comité, serait vraiment trop gâtée si par surcroît je prenais à ma charge le soin et le coût de la constitution d'avoué de quelques-uns de ceux qui en entrant dans son Comité ont travaillé pour elle !

C'est auprès de l'Alliance Française et non auprès de moi que dans la logique des choses devait être faite la démarche des deux membres du Comité qui m'ont écrit pour que je constitue avoué en leur nom. Il est naturel que l'Alliance Française vienne en aide à ses Comités pour les difficultés de leur procédure en justice et c'est bien ainsi que l'Alliance Française interprète la situation puisqu'elle a pris l'engagement que son Comité d'Iquique constituerait avoué. L'Alliance Française ne peut d'ailleurs pas interpréter la situation autrement, car il serait inadmissible qu'après avoir couvert les fautes de ses Comités, l'Alliance Française ne les aidât point à venir en répondre devant les Tribunaux. Ce serait inadmissible parce que tout ce qui porte le nom d'Alliance Française engage le Drapeau et parce que conséquemment l'Alliance Française doit veiller à ce que les Comités qu'elle décore de son nom se décorent en se présentant devant les Tribunaux du respect qu'ils doivent à la Justice.

Voilà pourquoi il y a lieu de regretter que l'Alliance Française n'ait pas fait toute diligence utile pour tenir l'engagement qu'elle avait pris d'assurer la constitution d'avoué du Comité d'Iquique dès que l'assignation serait parvenue. Si tous les membres du Comité avaient imité l'exemple des deux membres qui m'ont écrit, s'ils avaient écrit à l'Alliance Française, on aurait pu, malgré l'interruption des instances pendant la guerre, présenter tous ensemble et d'un commun accord, une requête au Président du Tribunal pour obtenir la continuation de l'instance en cours, en faisant valoir l'urgence qu'il y avait à solutionner un débat qui, vu la simplicité de la question de droit pour le litige du fond et vu les difficultés qui m'avaient été créées par les services de protection française, ne devait pas être aggravé de temporisations nouvelles. L'Alliance Française en s'associant à la requête que j'aurais formée pour obtenir la continuation de l'instance n'aurait fait que son devoir. La mobilisation des membres du Comité n'a été, encore une fois, qu'un prétexte, puisque un ou deux membres seulement ont été mobilisés et puisque le Président pouvait prendre des responsabilités pour constituer avoué au nom du Comité, comme il avait pris des responsabilités au nom du Comité pour me faire venir au Chili.

Je termine ici mon exposé. Je ne sais si j'aurai réussi à le rendre intéressant, mais j'espère que le lecteur ne m'en voudra pas de m'être efforcé de retenir son attention sur des faits qui m'ont paru contenir une part assez grande d'intérêt général pour être relatés dans ce modeste essai.

Depuis que j'ai quitté le Chili, de nouveaux incidents se sont produits à Iquique entre le Vice-Consul de France et la Colonie française.

La Bienfaisance Française ayant vainement demandé le remboursement des sommes que le Vice-Consul lui avait fait avancer à l'Alliance Française, des troubles ont eu lieu.

Le Vice-Consul a fait fonctionner le Privilège de l'Alliance Française contre la Bienfaisance.

Le Vice-Consul a encore fait fonctionner le Privilège de l'Alliance Française contre le nouveau Directeur du Collège, celui-là même qu'il avait choisi pour me remplacer et avec qui il n'a pu s'entendre.

Des articles très violents ont paru dans divers journaux et notamment dans *El Despertar de las Trabajadores* et dans *La Provincia* en novembre 1914, c'est-à-dire plus d'un an après ma rentrée en France, sous le titre : « Otras victimas del Vice-Consul de Francia ».

Le Vice-Consul a continué à polémiquer avec divers membres de la Colonie française qui ont reçu les épîtres les plus extraordinaires.

Des plaintes nombreuses me sont parvenues. D'autres plaintes ont été adressées au Ministère des Affaires Etrangères où on les a mises sous le boisseau pour servir l'Alliance Française et l'Etat Français.

Pendant ce temps, le Ministère de l'Instruction Publique servait lui aussi à sa manière, l'Alliance Française et l'Etat Français en préparant sur mon compte un nouveau dossier dont les notes pourraient aider mes adversaires à se tirer d'embarras.

J'avais été professeur de Collège en 1906 et 1907 ; depuis 1907 j'étais en congé illimité ; en 1910, j'avais vainement essayé de me faire réintégrer dans le professorat ; en 1913, à mon retour du Chili, on avait besoin de moi rue de Grenelle ; les amis de l'Alliance Française, qui sont nombreux au Ministère de l'Instruction Publique, voulaient arranger l'affaire d'Iquique ; j'étais forcé de gagner ma vie et je ne pouvais plus reprendre à Paris la situation que l'Alliance Française m'avait fait abandonner ; je vins en confiance au Ministère de l'Instruction Publique ; on s'empressa de me réintégrer dans le professorat où les amis de l'Alliance Française m'ont créé, en 1914 et 1915, des difficultés nouvelles que je relaterai dans une publication ultérieure.

NOTES

ET

DOCUMENTS

Notes et Documents

Le lecteur m'excusera d'avoir reproduit aux Annexes quelques petits essais en langue espagnole dont je n'ai pas donné la traduction parce que je suis sûr que le lecteur les comprendra sans qu'ils soient traduits.

J'ai écrit un espagnol dont la syntaxe est peut-être plus française qu'espagnole et dont les tournures sont parfois des gallicismes. Cela tient à ce que je ne pouvais pas encore, après un court séjour au Chili, « penser en espagnol »; je « pensais en français » et j'écrivais d'abord en français, puis je transposais le français en mot à mot traduisible en latin, je me servais ensuite de la grammaire et du dictionnaire et je m'efforçais, chaque fois que je me trouvais en présence de plusieurs expressions acceptables, de choisir celle dont la lecture à haute voix me révélait le maximum d'harmonie; j'avais, en effet, remarqué, en écoutant parler l'espagnol, que cette langue était si harmonieuse, si riche de sonorités, que c'était comme une musique.

J'étais chaque jour plus convaincu que l'espagnol est facile à apprendre parce qu'il est agréable à entendre. Point n'est besoin, pensais-je, de se bourrer la tête de règles de grammaire espagnole. La grammaire espagnole est l'esclave de l'harmonie.

Le solécisme espagnol n'existe pas, du moins n'existe-t-il qu'en tant que solécisme musical, en tant que faute d'harmonie et non en tant que faute de grammaire. Le solécisme espagnol provient d'une défaillance de l'intuition auditive.

A mesure que l'oreille s'exerce sur les sonorités castillanes, elle apprend à dénoncer le solécisme. Ainsi, par exemple, quand on veut avoir le pluriel de « el ciudadano », on n'a qu'à écouter : « los ciudadanos » l's est dictée par l'oreille; il n'est pas dicté par le raisonnement, par la comparaison du français avec l'espagnol; on écrit « ciudadanos » non point parce que l's est la marque du pluriel mais parce que « los ciudadanos » sans s choquerait le tympan. En français, au

contraire, quand on veut avoir le pluriel de « citoyen « on
est obligé de savoir la règle du pluriel : l'oreille ne dicte pas
l's, puisque citoyens se prononce comme si l's n'y était pas.

On peut faire l'expérience avec d'autres mots :

L'homme	—	Les hommes
El hombre	—	Los hombres
Le père	—	Les pères
El padre	—	Los padres
La mère	—	Les mères
La madre	—	Las madres
L'enfant	—	Les enfants.
El niño	—	Los niños

Donc, en espagnol, les sons commandent les mots. En
espagnol, la morphologie n'est qu'une acoustique.

En français, la morphologie est autre chose ; la langue
française a son harmonie, mais l'harmonie française ne
révèle pas la forme des mots français.

Pour ce qui est de la syntaxe, c'est-à-dire de la vie solidaire des mots dans la phrase, l'acoustique conserve dans la
langue espagnole un très vaste domaine, mais des formes
syntaxiques se sont imposées que l'harmonie n'exigeait pas,
ou qu'en tout cas n'exigeait pas l'harmonie castillane. La
raison latine les exigeait. L'harmonie castillane s'est inclinée.
La raison latine les exigeait, ou, si l'on veut, l'harmonie
latine les exigeait, car la syntaxe latine obéit elle aussi à
l'harmonie plutôt qu'à la raison ; elle obéit à une harmonie
qu'on appelle raison parce qu'on ne peut plus écouter le latin
et parce qu'on ne le prononce pas comme il se prononçait.

Quels que soient d'ailleurs ces arrangements de syntaxes
qui se sont produits entre la langue latine et la langue espagnole, comme ils se sont produits entre la langue latine et
la langue française, il reste que pour apprendre aujourd'hui
à écrire l'espagnol, il faut savoir que tout ce qui est espagnol
est harmonieux et que tout ce qui en espagnol ne paraît pas
espagnol est latin.

Si on sait cela, on n'a pas besoin de savoir la grammaire,
a condition qu'on ait le sens de l'harmonie et qu'on n'ignore
pas tout à fait le latin.

On remarquera enfin que la phrase française est d'autant
plus facilement traduisible en espagnol qu'elle est elle-même

plus harmonieuse. Dans l'harmonie, comme dans le latin, la langue française et la langue espagnole sont sœurs, et si on écrit une phrase française assez harmonieuse il suffira très souvent de mettre des mots espagnols sur des mots français pour avoir de l'espagnol.

Ce que je dis peut sembler invraisemblable, et pourtant n'observe-t-on pas que, même en français où la grammaire est très capricieuse et où les mots ne s'écrivent presque jamais comme ils se prononcent, il y a des personnes qui écrivent assez bien sans jamais avoir pu apprendre la grammaire? Ces personnes font en général beaucoup de fautes dans la forme des mots parce que le son ne leur révèle pas le mot, mais elles devinent la syntaxe parce que la syntaxe française est moins capricieuse que la morphologie et tient compte, dans une large mesure, des nécessités de l'acoustique.

La même observation peut être faite chez les enfants qui commencent à mettre sur pied quelques bouts de phrase ou chez les jeunes gens exercés à se servir de la plume. Il arrive que ceux-là qui ne savent pas la grammaire la respectent et que ceux-là qui la savent ne la respectent pas: les uns ont l'intuition auditive, les autres n'ont pas cette intuition.

Après avoir dit comment on apprend à écrire l'espagnol, je dois dire comment on apprend à le parler.

Pour apprendre à parler l'espagnol, il faut avoir la mémoire verbale, et cela, rien que cela, est suffisant.

La mémoire verbale est une faculté très enviable à cause de l'importance de plus en plus grande que prend la parole dans les relations sociales. Il y a même des hommes qui, s'ils avaient la mémoire verbale, seraient des orateurs, car ils ont de l'orateur tout ce qu'il faut avoir, sauf cela ; ils savent assez de choses pour se servir utilement de leur parole ; ils ont le geste éloquent, la voix chaude, le ton nuancé, le verbe juste. Ils pourraient avec un discours, préalablement écrit, *s'ils pouvaient le retenir*, aborder l'auditoire le plus difficile, le plus enclin à la critique, le plus dangereux ; *s'ils pouvaient retenir leur discours*, s'ils avaient la mémoire verbale, ils seraient absolument sûrs d'obtenir l'attention de tous les auditeurs, mais faute de mémoire verbale, ces orateurs virtuels ne deviennent pas orateurs, car la plupart des auditoires sont des auditoires qui ne compren-

tient pas qu'un orateur lise son discours, et, même dans les
auditoires d'élite, la lecture du discours est toujours pour
l'orateur une cause de faiblesse qui l'empêche, à cause de la
diminution de puissance qui en résulte pour la parole, de
s'égaler à lui-même et d'être aussi oratoire qu'il pourrait
l'être.

Les hommes qui n'ont pas de mémoire verbale ou qui ont
la mémoire verbale extrêmement pénible, lente et peu sûre,
éprouvent une grande difficulté à apprendre à parler l'espagnol, à apprendre à parler n'importe quelle langue étrangère.

Pour apprendre à parler l'espagnol, il importe donc de
cultiver, si on le peut, la mémoire verbale en favorisant le
fonctionnement de l'association des sensations auditives.
Voilà le principe.

Mais dans l'application, on se heurte, si on a la mémoire
verbale médiocre, à de grosses difficultés.

Il reste la ressource du dictionnaire, mais c'est une ressource qui n'en est pas une pour la conversation.

Si on connaît le patois languedocien, on a une autre
ressource : on peut fabriquer une sorte de volapük en mariant
le patois avec la langue espagnole, et on réussit ainsi à se
faire comprendre. C'est ce volapük que j'ai parlé pendant
les trois premiers mois de mon séjour au Chili. Le quatrième mois, je commençais à bâtir « sans dictionnaire »
quelques bouts de phrase ; avec le dictionnaire j'écrivais
des pages entières qu'on disait assez correctes. Le cinquième mois, j'ai quitté le pays, et, depuis deux ans, j'ai
de nouveau oublié l'espagnol, ayant autre chose à faire
qu'à étudier cette langue et n'ayant pas eu l'occasion de
l'entendre parler.

———

I

Article du Vice-Consul d'Iquique publié dans les journaux
de Tarapaca pour m'attirer dans ces terres lointaines, avec la
rubrique de l'Alliance Française et des renseignements faux
sur le succès de l'œuvre que le Consulat de France avait
créée.

Cet article n'est reproduit qu'à titre de specimen. Il y a eu
d'autres articles de ce genre avant et après celui-ci.

. Le Vice Consul s'est servi de mon nom sans autorisation
Il avait besoin de mon nom pour lancer l'entreprise.

. Le Vice-Consul a exagéré mes titres sur les indications de
M. V... qui m'a plus tard expliqué, quand je lui signalais
cette erreur, que la licence en droit obtenue en France valait
le doctorat chilien.

Ni le Vice-Consul ni les autres membres de l'Alliance
Française ne se souciaient guère d'ailleurs de ces précisions.
Le Sous-Directeur du Collège qui devint ensuite Directeur
était désigné comme « ancien professeur du Collège de Saint-
Chamand-France ». Or, à Saint-Chamand il n'y a pas de
Collège !

La Alianza Franceza

Si nos enviá lo que sigue.

Vice Consulat de France à Iquique, le 18 décembre 1912

He leido en su estimable diario les interessantes articulos
que a tenido usted a bien publicar sobre la Alianza Francesa.

Toda la prensa de Iquique nos ha prestado, con espontа-
neidad que compromete nuestra gratitud, su continjente tan
apreciable que me es particularmente grato espresarlo en
esta occasion y manifestar á Us personalmente asi como á
las senores redactores de la Patria mis mas vivos sentimen-
tos de agradecimiento por el in'eres que han querido tomar
en este asunto.

La Alianza Franceza ha producido y a sus frutos en el
mundo intero y el proposito intelectual y social que ella
persigue desperta toda clase de sympatias.

Hay ciudades en los que nó existe ningun frances, pero en
las que hay una asociacion de la Alianza Francesa ningun
resultado puede ser mas elocuento.

L'amando esta institucion a su seno no solamente a los
Franceses sino a todos aquellos que simpatian con nuestro
espiritu y nuestro idioma sin distinction de nacionalidad, de
religion o de raza, ha dado en su obra una amplitud tan
grande que las resultadas han sobrepasado todas las esperanzas Asi se explica la bueno acojida que la ciudad de
Iquique a hecho a la Alianza Franceza. Pero es necesario

que un professor particularmente escojido sea designado como maestro de cursos y de conferencias para los adultos, encargado al mismo tiempo de la direccion de un Colegio para niños hombres.

M. Boucabeille, doctor en derecho y licenciado en lettras accepta ese cargo. Hara cursos y dará conferencias tres veces por semana para los caballeros, tres veces para las señoras y señoritas y dirijara el Colejio en el cual nada se descuidara para que encuentren les alumnos una enseñanza superior.

El local para el Colejio esta y a decidido y el director M. Boucabeille llegara próximamente. La accion del Comité de Iquique que ha recorrido rapidamente las estapas de la organisacion preparatoria intra pues en una fase de realisacion positive que cada cual sabra apreciar.

❀ ❀ ❀

Cet article prouve que l'Alliance Française d'Iquique est née au Consulat de France sous l'inspiration du Vice-Consul.

Le gouvernement français qui conseille à ses consuls de fonder des groupements de l'Alliance Française et l'Alliance Française qui leur donne son nom sont responsables des dommages causés aux tiers.

Je ne puis reproduire ici, à cause de sa longueur et de son peu d'intérêt, la profession de foi du Comité de l'Alliance Française d'Iquique. Qu'il me suffise d'indiquer que l'Alliance Française a laissé paraître cette profession de foi sous la simple rubrique : ALLIANCE FRANÇAISE et que le chapifre des avantages réservés aux futurs membres de l'Alliance Française d'Iquique était une simple traduction d'une page des statuts de l'Alliance Française : cela laissait supposer que l'Alliance Française d'Iquique agissait au nom de l'Alliance França se.

Je ne puis reproduire non plus les extraits des Bulletins de l'Alliance Française relatifs aux succès du Comité d'Iquique sur l'heureuse initiative du Vice-Consul de France qui a tout de suite acquis le concours de soixante capitaines de voiliers français en rade d'Iquique !

II

Lettre de M. V..., membre du Comité de l'Alliance Française d'Iquique

Alliance Française

COMITÉ RÉGIONAL

IQUIQUE

Iquique, le 12/11/12.

Mon cher Boucabeille,

Voici le câblogramme que le Président de l'Alliance Française à Iquique avait l'intention de t'envoyer [1].

« Situation Directeur Collège français, compatible avec profession avocat, avec appui de la colonie française, perspective de 15 à 20.000 fr. par an, vous sont offerts. Voyage payé. Urgent. Acceptez-vous ? »

Lorsque tu m'as fait tes adieux, avant mon départ de Paris, tu m'as demandé de t'écrire dans le cas où je trouverais au Chili une situation intéressante qui pourrait être à ta convenance. — Je me suis rappelé que tu étais ex-professeur de l'Université, et, comme à Iquique on désire en ce moment un très bon professeur de français j'ai pensé à toi et je t'ai immédiatement proposé pour la direction d'un Collège français qui va être ouvert très incessamment à Iquique. Ce Collège de garçons sera patronné par l'Alliance Française qui a pour Président d'honneur le Consul de France à Iquique et pour Président, Vice-Président et membres du Comité les plus hautes personnalités d'ici [2]. Tu peux compter sur l'appui matériel et moral de tous les membres de l'Alliance Française.

Dès le début, ton rôle consisterait à créer le Collège et à le diriger. Par la suite, tu pourrais t'adjoindre des collaborateurs [3].

---

(1) Pourquoi le Président n'avait-il pas envoyé ce câblogramme ? Pourquoi m'en faisait-il tenir copie par un tiers ?

(2) C'est trop dire : Je me suis bien aperçu, en arrivant à Iquique, que M. V... avait exagéré.

(3) Les collaborateurs étaient donc éventuels et on ne devait pas me les imposer dès les premiers jours de mon arrivée comme l'a fait le Vice-Consul de France qui a voulu de suite un nombreux personnel et qui ne se souciait pas beaucoup des difficultés financières qui seraient la conséquence de cette pléthore de professeurs et de la pénurie d'élèves.

Il te serait permis de donner des leçons particulières de français et tu pourrais également donner des consultations comme avocat (⁴). Il n'y a pas ici de bonnes écoles et tu arriverais sans difficulté à avoir la majorité des élèves.

Un instituteur français qui avait fondé ici un Collège de garçons se faisait annuellement une vingtaine de mille francs (⁵). Cependant, il était loin d'avoir les capacités et n'avait pas l'appui des hautes personnalités d'ici, appui très puissant qui ne te fera pas défaut.

Notre Président a accepté de te faire rembourser les frais de voyage en 2ᵉ classe. Trajet le plus rapide et le plus économique : La Rochelle ou Bordeaux à Buenos-Ayres-Valparaiso par chemin de fer et Iquique. Durée du parcours : 28 à 30 jours maximum. Mon ami J. D... te donnera à ce sujet toutes les indications nécessaires et indispensables.

Iquique est une ville de 45.000 habitants, grandes industries minières et surtout port d'exportation du salpêtre. Très grosses fortunes dans ce pays.

Climat excellent. D. te communiquera les diverses lettres que je lui ai adressées sur la vie à Iquique.

Notre Président est en pourparlers avec plusieurs Français qui ont sollicité la direction de ce Collège (⁶). La préférence t'est donnée en raison des excellents renseignements que j'ai fournis sur ton compte. Nous attendons la réponse par câblogramme avant de prendre une décision vis à vis des autres. Télégraphie simplement dès réception de cette lettre :

Gilgallé, Iquique,

Oui, Boucabeille.

Non, Boucabeille.

C'est une situation excessivement intéressante que je te propose. Réfléchis bien et réponds-moi par l'affirmative.

(⁴) Ma situation de Directeur de Collège serait compatible avec l'exercice de la profession d'avocat.

(⁵) Ceci est une légende.

(⁶) C'est pour que je ne laisse pas échapper l'occasion que M. V... me raconte ceci. La vérité est qu'on était embarrassé pour trouver un Directeur et qu'on n'avait engagé de pourparlers avec personne. Plus tard on s'adressa à un instituteur que la Légation de France au Chili recommandait au Consulat.

Si cette situation n'était pas sérieuse je ne te la proposerais pas; mais d'avance je suis convaincu qu'elle sera à ta convenance et que, d'autre part, le Comité de l'Alliance Française ne regrettera pas de t'avoir choisi.

Tu sais avec quelles difficultés on se crée une situation en France. Tu es jeune, capable, énergique, n'hésite pas à t'expatrier. Ton avenir en dépend. Tu réussiras bien mieux ici que dans le grand Paris. Allons, un bon mouvement et envoie immédiatement ce câblogramme nous annonçant ton acceptation.

Meilleures amitiés.

. F. V. Signé.

F. V. — Consulat de France à Iquique (Chili).

L'insistance de M. V... ne m'étonna pas quand je lus cette lettre.

Sans doute cette insistance était-elle excessive, surtout de la part de M. V... que je connaissais peu et qui ne se permettait de me tutoyer que parce que nous nous étions rencontrés à la caserne où on se tutoie très vite.

Mais cette insistance excessive ne me parut pas anormale. Si M. V... insistait tant, pensais-je, c'est parce qu'il s'agissait d'une affaire sérieuse. Les termes de la lettre étaient catégoriques. Le ton était net. L'accent était celui d'un homme convaincu.

Je n'eus pas un seul instant la pensée que M. V... avait pu être influencé par quelqu'un. L'adresse que M. V... me donnait « Consulat de France à Iquique » n'était pas son adresse personnelle puisque M. V... n'était pas Vice-Consul. Mais cette adresse même me donnait confiance. Je ne soupçonnais pas que M. V... eût pu écrire sa lettre sous l'inspiration du Vice-Consul et je ne savais d'ailleurs pas que le Vice-Consul eût intérêt à faire de la surenchère en faveur de l'Alliance Française.

III

Nouvelle lettre de M. V...

Mon cher Boucabeille,

Je suppose que ma lettre te parviendra au moment de tes

préparatifs de départ. Le plus économique comme voyage est de prendre la Pacific Steam Comp. On part de La Pälice et on va jusqu'à Iquique sans bouger en passant par le détroit de Magellan. C'est le plus pratique également à cause des bagages. Evidemment la nourriture anglaise n'est pas parfaite, mais que veux-tu, ce n'est que 40 jours à passer (y compris les cinq jours d'arrêt obligatoire à Valparaiso).

. . . . ,

Pour ton emploi, je crois que tu ne seras pas fâché d'accepter — huit mille francs fixe — 25 0/0 sur bénéfices nets — en plus, des leçons particulières — des consultations de droit — logement et nourriture.

Le Collège que nous allons fonder va être le plus important établissement d'ici — et le moment est excellent : (un Collège anglais protestant est en lutte avec un Lycée chilien catholique). C'est une véritable guerre de religion et tous deux sont coulés ! Le Collège de l'Alliance Française sera le plus beau — car Galté veut avoir pour les élèves tout le confort moderne (lui a déjà quatre enfants). En principe voilà son fonctionnement : 3 classes ; de 6 à 9 ans ; de 9 à 12 ; de 12 à 15. Tu aurais simplement la direction, tu ne ferais pas de cours aux gamins. On t'adjoindra un professeur d'anglais qui fera en même temps le français, deux adjoints chiliens qui se partageront les autres matières. Les enfants paieraient une somme mensuelle de ________ suivant leur âge. Il y aurait également des internes et des demi-internes.

Pour le fonctionnement des cuisines, on engagera le personnel nécessaire, de même que pour les nettoyages, etc..... C'est un vrai Collège français, avec internes, demi-internes, externes. Les adjoints seraient également logés.

Pour toi, il te sera réservé naturellement bureau à part, salle à manger à part : et si on arrête la maison que j'ai visitée, tu aurais, en plus de trois ou quatre pièces personnelles, une très belle salle de bains magnifiquement installée.

Pour les gosses tu n'aurais rien à faire — à diriger c'est tout. — Les bénéfices qui résulteront de ce Collège resteront entre les mains de l'Alliance Française qui te reversera 25 0/0. Tu es en somme le Directeur de l'Alliance Française. Tu n'as personnellement aucune dépense à faire pour les frais de Collège. Tout est à la charge de l'Alliance.

Tu seras chargé, par contre, des cours et conférences aux adultes, tu auras la fine fleur aristocratique d'Iquique, les colonies étrangères, etc., les officiers, etc... Comme cours et conférences que feras-tu ? Je l'ignore ! Tu choisiras ! Et emporte des livres à cet effet ! Ici, ils ont la prétention de savoir causer littérature, musique, poésie, arts, etc... Tu vois les conférences qui peuvent intéresser ces gens-là. . . .

. . . .

IV

Aux propositions qui m'étaient faites je répondis, le 15 décembre 1912, par le câblogramme suivant :

« Gilgalté Iquique. Oui Boucabeille. Précisez conditions ».

❀ ❀ ❀

Le 20 décembre, je reçus le télégramme suivant pour lequel j'eus à payer un supplément de taxe de 17 fr. 25.

« Fix huit mil logé, nourri, vingt-cinq pour cent ceneus nets plus leçons et consults particulières. Télégraphiez date départ.

« *Gilgalté* ».

PARIS
20-12
12
R. de Château-Landon

Timbre à date

❀ ❀ ❀

Le 23 décembre, je câblai :

« Départ 12 janvier, avancez dépenses pour voyage ».

❀ ❀ ❀

Le 5 janvier 1913, je reçus le câblogramme suivant, pour lequel j'ai eu à payer un supplément de taxe de 20 fr. :

BOURSE
5 Janvier
PARIS

« Urgent partez douze, réclamez mille francs Comptoircom.

« *Gilgalté* ».

Timbre à date

❋ ❋ ❋

On m'envoyait mille francs par le Comptoir d'Escompte, mais on fixait mon départ une à date trop rapprochée. Je cablai :

« Gilgalté Iquique. Entente tardive départ douze. Sollicite vingt-trois février. Argent resté Comptoir ».

❋ ❋ ❋

Il me fut répondu par le câble suivant pour lequel j'eus à payer un supplément de taxe de 20 fr. :

« Limite extrême départ fin janvier.

« *Gilgalté* ».

A ce dernier câble je répondis :
« Gilgalté, Iquique. Départ 26 janvier ».

Avant mon départ, je reçus encore un nouveau câblogramme :
« Voyez siège Alliance Française. Sollicitez livres et réponse subvention. Gilgalté ».

A l'Alliance Française on allait soumettre cette demande au Conseil d'Administration.

La somme de mille francs qu'on m'avait envoyée fut dépensée au payement du billet de passage La Rochelle-Iquique par Magellan. Ce billet me coûta 950 francs et j'eus beaucoup de petits frais que je dus payer de mon argent.

A Rio-de-Janeiro je reçus un câblogramme par lequel M. Gilgalté me priait de prendre mes dispositions pour quitter le paquebot à Buenos-Ayres et prendre le chemin de fer transandin. Ce même câblogramme m'annonçait que je recevrais à bord, en arrivant à Montevideo, une lettre explicative.

Je reçus en effet à Montevideo la lettre suivante de M. V. :

« Mon cher Boucabeille, je t'envoie à la hâte ces quelques mots pour te confirmer le câble qui t'est parvenu à Rio-de-Janeiro. Oui, le Comité de l'Alliance Française tient absolument à ce que tu passes par la Cordillère. Prends l'indispensable avec toi et débarque à Montevideo pour te rendre à Buenos-Ayres.

Les cours du Collège ouvriront le 1er mars ; en prenant le transandin tu peux être ici le 27 février, environ quelques jours avant l'ouverture fixée, qui d'ailleurs ne peut avoir lieu sans ta présence.

Les frais supplémentaires que t'occasionnera ce changement d'itinéraire te seront remboursés par le Comité.

Ne te retarde pas à Buenos-Ayres et file immédiatement sur Valparaiso où tu prendras le premier bateau pour le nord.

Les bagages suivront par même bateau anglais et tu les recevras 15 jours après à Iquique.

Je t'attendrai ici, mais si pour une raison sérieuse j'étais forcé de partir avant ton arrivée à Antofagasta je te verrais lors de ton passage dans cette ville. J'irais à bord.

De toute façon je tiens à te voir avant de te présenter à ces Messieurs, te faire la leçon quoi ! J'ai dit et ne me fais pas mentir que tu étais docteur en droit ».

Le reste de la lettre est sans intérêt. Du reste, ce document comme tous les autres sera soumis à la Justice.

On me promettait le remboursement de mes frais de voyage par la Cordillère. Je pouvais bien faire une avance à un Comité de l'Alliance Française !

Quant à l'indication fausse donnée par M. V... au sujet de mes titres juridiques, cela me gênait d'apprendre que M. V... avait dit que j'étais docteur en droit ; mais au fait ce n'est pas à cause du doctorat en droit qu'on m'avait choisi pour diriger un Collège, et puis je n'avais pas commandé à M. V.., de donner cette indication-là.

V

Dès mon arrivée à Iquique je constatai que l'Alliance Française se dérobait à ses engagements.

Au lieu de mettre à ma disposition le local indépendant qu'elle m'avait promis, elle me logeait au Consulat et m'exposait aux tentatives de domination du Vice-Consul.

Le Vice-Consul s'occupait de tout au Collège.

On a vu comment des conflits se produisirent et avec quelle indiscrétion le Vice-Consul prétendit intervenir en sa double qualité de Représentant de la France et de Président d'honneur de l'Alliance Française pour empêcher le Directeur de diriger.

Je dus invoquer les engagements qui faisaient la loi des parties.

Le Président de l'Alliance Française me fit offrir de changer ma situation de Directeur contre une situation de Professeur.

Le 9 mars, je répondis par écrit à cette offre en disant que sous réserve d'examen des conditions nouvelles à débattre, j'accepterais peut-être le professorat. Ainsi que je l'ai expliqué dans mon livre, j'eusse accepté le professorat si on m'avait donné des garanties contre le Vice-Consul.

Je n'ai pas conservé copie du mot que j'ai écrit le 9 mars, mais j'espère que l'Alliance Française aura gardé ce mot et le soumettra à la Justice.

Le même jour, 9 mars, le Vice-Consul convoqua le Comité en adressant à chacun des membres de ce Comité la lettre suivante :

VICE-CONSULAT DE FRANCE
———
IQUIQUE (Chili)

Iquique, le 9 mars 1913.

« Monsieur et cher Collègue,

« J'ai l'honneur de vous prier de vouloir bien assister demain dimanche, à 11 heures du matin, à une réunion importante du Comité de l'Alliance Française qui aura lieu au Vice-Consulat de France, calle Baquedano, 93.

Croyez, Monsieur et cher Collègue, à mes sentiments cordiaux.

Le Vice-Consul de France, Président d'Honneur,
Signé : LELORRAIN (1) ».

———

(1) Cette lettre prouve que le Vice-Consul est intervenu dans une conversation qui s'était engagée entre le Président de l'Alliance Française et moi.

En intervenant le Vice-Consul a engagé la responsabilité de l'État. On ne peut pas dire, en effet, que cette lettre constitue une simple faute personnelle puisque le Vice-Consul est intervenu avec sa fonction pour assurer le fonctionnement du Privilège de protection particulière de l'Alliance Française, Privilège qu'il n'a pas créé, que l'État a créé et auquel le Vice-Consul n'a fait que se soumettre.

Le 10 mars eut lieu au Consulat, sous la présidence du Vice-Consul, la réunion du Comité au cours de laquelle l'Alliance Française brisa, sur l'intervention du Vice-Consul, les engagements que le Vice-Consul lui avait fait prendre et qu'elle trouvait trop lourds à cause de ses difficultés financières et du caractère patriotique de son œuvre, choses auxquelles on songeait un peu tard !

A la suite de cette réunion, le Président de l'Alliance Française m'écrivit la lettre suivante sur papier sans en-tête de l'Alliance Française cette fois, comme si cette précaution devait servir à quelque chose !

VI

Iquique, le 10 mars 1915.

« *Monsieur Boncabeille,*
Professeur (1) *au Collège de l'Alliance Française à Iquique.*

« En réponse à votre lettre du 9 mars 1913, j'ai l'honneur de vous faire savoir que par décision prise à l'unanimité, conformément à votre demande faite officieusement à M. Berthin et officiellement à M. le docteur Neuraus, délégué, vous avez été nommé professeur au Collège de l'Alliance Française à Iquique.

Il s'agit bien là d'un acte de fonction qui engage la responsabilité de l'État. Qu'est-ce, en effet qu'un acte de fonction ? C'est celui qui « reste conforme à un certain type habituel d'acte administratif qui est donné par le fonctionnement normal des services publics».Ainsi le définit M. Hauriou (Précis de Droit Administratif, 6e édition, page 374) En convoquant le Comité de l'Alliance Française, le Vice-Consul. qui a toujours affirmé le droit pour le Représentant de la France de contrôler et surveiller les Sociétés Françaises a cru remplir son devoir de Consul et remplir, conformément aux circulaires ministérielles, sa mission de protection de l'Alliance Française. La convocation du 9 mars n'est pas un « acte détachable », suivant l'expression dont se servent les jurisconsultes du droit administratif. L'acte fait partie intégrante du fonctionnement normal du mandat consulaire. Il y a faute de service, faute acceptée, faute couverte par le Ministère des Affaires Etrangères qui en reconnaissant plus tard que le Vice-Consul avait manqué de calme n'a pas reconnu qu'il avait manqué de calme le 9 mars puisque le manque de calme qui a valu au Vice-Consul des observations est le manque de calme qui a suivi ma campagne de presse. Le manque de calme du Vice-Consul antérieurement à ma campagne n'a pas été réprimandé, ainsi qu'on le constatera par la lecture de la lettre de M. Stephen Pichon reproduite ci-après a l'annexe n° 43. Donc le Ministre a pensé que la convocation du 9 mars n'était pas en dehors des traditions de l'Administration et par suite c'est sur l'État que retombe la responsabilité de cette faute de service.

(1) On m'appelle maintenant « Professeur » ! Or j'étais toujours « Directeur » et je n'avais accepté d'entrer en pourparlers pour l'acceptation du professorat qu'à la condition qu'on s'entendrait au préalable sur les conditions de la renonciation à la Direction.

Désireux de vous marquer notre bienveillance, par une faveur toute spéciale, nous décidons, à la suite de votre lettre précitée, de vous accorder au lieu de quatre cent cinquante piastres (450 p.) par mois, logé et nourri avec 15 0/0 sur les bénéfices nets, nous décidons, dis je, de vous attribuer un traitement mensuel de sept cents piastres (700 p.).

Etant donné que nous débutons avec une situation financière difficile, vous apprécierez, Monsieur, que nous faisons l'effort maximum pour vous être agréable.

Nous poursuivons tous un but patriotique auquel vous vous associerez bien certainement avec nous.

Il va sans dire, Monsieur, que si notre situation financière s'améliore. nous nous ferons un devoir d'améliorer votre traitement.

Recevez, Monsieur, l'assurance de ma parfaite considération.

Le Président, GILGALTÉ.

C'est un but patriotique que le Vice-Consul de France poursuivait ! Et pour atteindre ce but patriotique il faisait rompre les engagements pris par une Société patriotique ! Le Vice-Consul s'abritait, pour ce faire, derrière le Drapeau et derrière l'Alliance Française qui acceptait de signer la lettre !

VII

En réponse à la lettre du 10 mars, j'écrivis au Président de l'Alliance Française la lettre suivante :

« Iquique, le 11 mars 1913.

Monsieur le Président,

En réponse à votre lettre du 10 mars courant, j'ai l'honneur de vous faire connaître que je suis tout au regret de ne pouvoir accepter la proposition qui m'est faite par vous au nom du Comité.

J'aime mieux conserver le bénéfice des conventions primitives intervenues entre vous et moi et rester Directeur.

En même temps qu'un traitement annuel de 8.000 piastres j'avais, d'après nos conventions primitives (qui conservent toute leur force juridique tant que des conventions nouvelles ne les ont pas remplacées) le logement, trois pièces, la nourriture, le service, l'éclairage, l'eau, la salle de bains, le mobilier en usufruit, etc...

Une situation de professeur, à raison de 700 fr. par mois, n'est pas une suffisante compensation au sacrifice que j'ai fait en venant de si loin enseigner le français à Iquique. Quitter son pays et sa famille et abandonner une situation à Paris pour gagner 700 fr. par mois à Iquique, après avoir parcouru des milliers de kilomètres et s'être exposé à toutes sortes de risques, cela est en vérité inacceptable.

Cependant je suis tout disposé à tenir compte des difficultés financières que vous me signalez et du caractère patriotique de votre œuvre.

Mais la vie est si chère à Iquique que je ne puis accepter la situation que vous m'offrez si je n'ai pas un traitement annuel d'au moins dix mille piastres avec 10 0/0 sur les bénéfices annuels.

Le nombre d'heures de classe au Collège étant de 66 par semaine (3 cours à raison de 4 heures par jour) je prendrai pour ma part 10 heures de français aux élèves du Collège et je me chargerai du français aux adultes à raison de 4 heures par semaine.

Mon traitement sera payable par mensualités échues à partir du 1er mars 1913.

La participation de 10 0/0 aux bénéfices pourra être remplacée par une élévation de traitement de 1000 piastres par an (11 000 au lieu de 10.000).

Veuillez agréer, Monsieur le Président, l'expression de mes sentiments respectueux (1).

---

(1) La question de la transformation de la situation contractuelle avait été placée par le Vice-Consul sur le terrain patriotique. Aussi acceptais-je de faire des concessions, mais les conditions d'un engagement nouveau étaient à débattre. Sous prétexte de patriotisme on ne peut obliger personne à subir le professorat quand on a promis la direction.

PUBLICATIONS DIVERSES

On pourra lire ci-après les publications que j'ai faites à Iquique pour me défendre contre le Vice-Consul et son parti.

Cette campagne, que le Ministère des Affaires Etrangères m'a reprochée, a été *l'effet* et non *la cause* de ce que le Ministre a appelé par euphémisme le « manque de calme » du Vice-Consul.

Les Administrateurs de l'Alliance Française eûx aussi m'ont gardé rancune de cette campagne qui pourtant défendait le nom et le prestige de l'Alliance Française ; il est vrai que les Administrateurs de l'Alliance Française avaient intérêt à me garder rancunede cette campagne pour s'en servir comme d'un prétexte à se soustraire à l'accomplissement de leurs obligations.

VIII

Les Lauriers de l'Alliance [1]

L'Alliance Française nous annonce par la voie de la Presse que le 30 mars dernier une Assemblée Générale qui comprenait une douzaine de votants environ a renouvelé son Comité par l'élection de 16 membres.

Nous ignorons encore si les 16 triomphateurs de ce scrutin superbe ont donné une adhésion cordiale ou même une simple adhésion au vote qui les a élus.

En tout cas, personne ne songera à les féliciter de ce triomphe qu'eux-mêmes ne désiraient sans doute pas.

Nous nous demandons même s'ils accepteront, sans en avoir au préalable fait l'inventaire, la succession qui leur est offerte.

On dit que Néron étouffa un jour 30 convives sous une pluie de roses. Je ne pense pas qu'on ait voulu, à l'Alliance Française, écraser 16 têtes sous une avalanche de lauriers ; mais les têtes couronnées s'apercevront tout de même que les lauriers sont assez lourds.

---

(1) Cette publication, que je reproduis sans date parce qu'elle a paru sans date, a été faite dans la première quinzaine d'avril 1913, environ un mois *après* la rupture de mes engagements. Donc ma campagne a suivi et non précédé le « manque de calme » du Vice-Consul.

Il est vrai que le poids ne sera pas de longue durée, car le Comité nouveau durera l'espace de quelques matins ; c'est une tradition, depuis que l'Alliance Française a un Comité, que chacun démissionne à tour de rôle ; à mesure que les démissions se produisent on remplace les démissionnaires, mais les remplaçants démissionnent à leur tour et chaque semaine il faut boucher un trou. Il y a peut-être bien au sein du Comité quelqu'un qui a une araignée dans le plafond, c'est sans doute pour cela qu'on s'empresse de sortir de la maison aussitôt qu'on y est entré.

Car l'Alliance Française en elle-même n'a rien qui puisse effrayer le monde ; au contraire, on se la représente volontiers sous les traits d'une jeune femme au profil doux qui fait des rêves purs et ouvre son âme à l'idéal.

Cette pauvre jeune femme au profil doux et au cœur étoilé chantait depuis trois mois de si belles chansons et il y avait dans sa voix tant de fraîcheur et de musique enchanteresse qu'elle traînait après elle tous les enthousiasmes sacrés et les divins espoirs. Elle était de la Beauté qui passe. Elle eût inspiré les passions profondes et les chastes amours...

Pauvre Alliance Française ! Nous t'avions fait dans nos cœurs un piédestal. Tu devais grouper autour de toi toutes les énergies francophiles pour faire apprendre et faire aimer le beau parler de France. Toutes ces énergies étaient pour toi, étaient à toi ; elles s'étaient données à la Pensée, à ton Idéal. Pourquoi les avoir prosternées aux pieds d'un homme?

Il nous plaisait d'avoir un culte : le culte de la Beauté ; mais il ne nous plaît pas d'adorer ton Prêtre parce que ton Prêtre est un fat qui n'est monté à l'autel que pour se pavaner dans sa chasuble et distribuer ou plutôt promettre de petits avantages particuliers aux plus soumis de ses fidèles après s'être taillé pour lui-même la part du lion.

Il ne nous plaît pas de faire le jeu des intérêts personnels, des ambitions et des rancunes.

Il ne nous plaît pas de nous associer aux actes de brutalité qui se commettent pour la honte du nom français dans une Maison de France.

On arrache un jeune Français à ses affections et à ses travaux ; on se sert de son nom sans son autorisation pour faire du battage autour du Collège français, on lui promet

un revenu annuel de quinze à vingt mille francs par an afin
de lui faire abandonner la situation qu'il avait à Paris ; on lui
envoie toute une série de câblogrammes pour qu'il parte au
plus vite ; on lui paie son voyage par Magellan, puis, afin de
jeter son propre argent par les fenêtres, on l'oblige à renoncer à son billet de passage par Magellan pour prendre la voie
des Andes à ses frais et on lui imposé cette obligation en
cours de route afin qu'il ne puisse pas s'y soustraire : une
fois qu'il est sur place on s'aperçoit qu'on lui a promis plus
de beurre que de pain, on lui dit que les 25 % des bénéfices
du Collège (sur lesquels il comptait d'après son engagement)
seront les 25 % de zéro, on lui met un Directeur de conscience sur les bras, on le flatte et on le cajole pour le tromper, et, comme il ne veut pas se laisser tromper, on lui
reproche les honneurs qu'on lui a faits sans qu'il les eût
sollicités ! Enfin on l'attire dans un guet-apens où, à brûle-
pourpoint, on lui demande s'il accepte de renoncer à la
Direction : il répond qu'en principe et sous réserve d'examen
dee conditions de cette acceptation il accepte moyennant
compensation suffisante ; on saisit la balle au bond et, en
interprétant jésuitiquement les choses, on lui fait dire qu'il a
accepté une renonciation définitive. C'est le premier acte de
la comédie. Par pudeur ou par prudence, le registre des
procès-verbaux de l'Alliance Française ne relate pas le lieu
où le premier acte s'est joué.

Au second acte, on écrit au Directeur de l'Alliance Française deux lettres qui sont deux chefs-d'œuvre et qui enrichissent toute une collection d'épîtres émanant du même
rédacteur : dans ces lettres on lui raconte qu'il a été nommé
Professeur d'abord à 450 piastres *par mois* + logé-nourri,
ensuite à 700 piastres *par mois* (au lieu de 8.000 piastres *par
an* + logé-nourri + 25 % sur les bénéfices + leçons et consultations). La combinaison était excellente : au bout d'un
mois on pouvait congédier le Directeur et le tour était joué !
La proposition était pommadée pour être plus engageante :
on invoquait les difficultés financières et on faisait appel à
l'amour du Drapeau tricolore.

Le Directeur répondit qu'il fallait aimer le Drapeau tricolore d'un amour immodéré pour venir le défendre à Iquique
où personne ne l'attaquait et précisa qu'il restait Directeur tant
qu'on ne lui aurait pas donné une compensation suffisante,

Au troisième acte, cela devient odieux : c'est la violation brutale du domicile privé. Papiers de famille, correspondance personnelle, documents professionnels, rien n'arrête le déchaînement de la barbarie ancestrale.

Le domicile de tout citoyen est pourtant inviolable au Chili comme en France, en théorie du moins, et comme je suis avocat à la Cour d'appel de Paris, ma qualité d'avocat rendait mon domicile doublement inviolable. A Paris le Procureur de la République lui-même ne peut pas, même avec un mandat d'arrêt, s'introduire par la force dans le domicile d'un avocat sans l'assistance d'un membre du Conseil de l'ordre, qui en l'espèce est toujours le bâtonnier en personne. A Iquique les Droits de l'Homme et le respect dû au secret professionnel de l'avocat sont beaucoup moins sacrés ! Aussi suis-je bien sûr que si de pareilles mœurs peuvent trouver quelque part d'étranges complaisances ce ne sera point auprès du barreau d'Iquique qui se rappelle sans doute l'accueil si cordial que le barreau étranger trouva auprès du barreau parisien il y a deux ans à l'occasion de son centenaire et qui se rappelle aussi en quelles paroles éloquentes on célébra alors l'indépendance de notre profession et la confraternité qui unit tous les avocats du monde.

Au quatrième acte, c'est le jeu des transactions. Or il faut bien qu'on se dise que je n'ai accepté le principe d'une transaction que sur le terrain des réparations civiles et que sur ce terrain-là j'ai toujours été très accommodant, car la question de gros sous ne m'a jamais beaucoup intéressé. Mais je n'accepte pas le principe d'une transaction sur le terrain des réparations morales parce qu'on ne transige pas sur les questions d'honnêteté, et parce qu'il n'est pas en mon pouvoir d'ailleurs de solutionner par une transaction qui ne regarderait que moi une question d'intérêt général et d'ordre public.

Il est nécessaire que je précise cette distinction : mon droit a été violé, une réparation m'est due ; c'est affaire entre les contractants ou délinquants et moi. Mais à l'occasion de cette violation de droit individuel un droit public, « La Liberté sacrée du Domicile. » a été atteint. — Sur la violation de ce droit public la transaction m'est interdite parce qu'une semblable violation est un triste exemple tombé de haut sur les masses populaires pour les encourager au mépris de la loi que les puissances ne respectent pas.

Il faudra donc que sur cet attentat au Droit des Gens le débat s'ouvre largement devant l'opinion publique, puisqu'aussi bien il ne nous a pas été possible de nous faire comprendre par la Police et la Justice locales. Car le caractère territorial des lois pénales ne nous permet malheureusement pas de saisir la Justice criminelle française — du moins dans l'état actuel des choses — et comme nous sommes mal placés pour lutter avec la seule force de notre droit il est bon que la Justice du Peuple soit d'ores et déjà avisée en attendant que nous puissions saisir au besoin la Justice criminelle de France.

Le Peuple verra ainsi comment quelques Français d'Iquique apprennent aux étrangers l'amour de la France et comment ils pratiquent les vertus traditionnelles de la terre où naquirent en 89 les Libertés Publiques. Le Peuple verra comment ces Français qui ne sont que des hôtes respectent les lois de la bonne ville d'Iquique qui leur accorde une hospitalité dont ils se montrent bien peu dignes par le trouble qu'ils apportent dans l'ordre social.

Sans compter que toute cette sauvagerie-là se décore de grands mots et de belles phrases : culte du Drapeau, amour sacré de la Patrie, guerre aux influences anglaise et allemande, etc.

Comme si l'Alliance Française devait servir de champ de bataille entre la culture anglo-saxonne ou la culture germanique et la culture française ! N'est-ce pas bien assez triste qu'elle serve de champ de bataille entre Français ? N'est-ce pas assez scandaleux qu'il s'y produise une véritable coalition d'anciens membres de la colonie que l'erreur ou l'intérêt rassemblent aujourd'hui en attendant la séparation de demain, une coalition d'anciens contre un jeune nouvellement arrivé de France ?

L'amour sacré de la patrie n'implique ni ce chauvinisme stupide et suranné, ni cette anglo-germano-phobie, ni cette insulte à la jeunesse.

Au cinquième acte, c'est le recours à tous les expédients quels qu'ils soient pour essayer de réparer, en faisant plus de mal encore, le mal qui a été fait : c'est l'intrigue sourde, la basse calomuie, la pression morale, les efforts désespérés d'un adversaire aux abois qui essaie de faire dériver le débat par une pantomime afin de se soustraire à la répression pénale ; c'est une agression sur la voie publique ; ce sont enfin les tentatives de corruption pour étouffer la vérité et la justice ; ce sont bien d'autres faits aussi graves que nous exposerons tout en détail au moment où sera saisie, si bon nous semble, la Justice criminelle de France.

Pauvre Alliance Française ! Redresse-toi donc tres fièrement pour dire que tu ne veux plus être la dupe de Tartuffe et de Turcaret.

Dis à tes faux amis que la Beauté n'est pas pour eux — prrce que tu veux rester la jeune femme de France capable de tous les dévoûments pour le bon droit mais assez forte pour résister à la débauche de l'injustice.

Dis à tes faux amis que tu ne veux plus être l'Alliance pour le mal et pour la guerre, mais l'Alliance pour le bien par le travail et dans la paix, non plus l'Alliance des appétits pour le succès des personnes mais l'Alliance des idées pour la plus grande France.

Dis à tes faux amis qu'on ne crée rien d'utile, rien de durable, avec l'orgueil, par la haine, par l'hypocrisie, par la sottise et par la violence. Dis-leur que la force ne prime le droit que pour un temps. Dis-leur qu'il y a une force des choses qui se joue de la force de quelques hommes et que cette force des choses fera nécessairement échouer tous les petits calculs et toutes les lâches combinaisons. Dis-leur même qu'il ne sert de rien d'avoir su gagner à une cause injuste quelques puissances mal informées et habilement circonvenues et qu'au-dessus de ces puissances-là il y a la puissance de l'opinion publique et de la justice populaire.

On a beau nous empêcher de trouver une salle de conférences, on a beau faire l'impossible pour que nous ne parlions pas, nous parlerons quand même. On a beau vouloir nous empêcher de travailler en envoyant des émissaires à droite et à gauche pour nous dénigrer, nous travaillerons quand même.

Pauvre Alliance Française ! Puisque te voilà pourvue de 16 cavaliers nouveaux, espérons que ceux-là, parmi lesquels il y a quelques bonnes unités, ne te feront pas commettre de folies nouvelles.

Mais que de cavaliers pour une seule Dame ! Seize cavaliers servants ! Pitié, mon Dieu !

Que dis-je ? Seize cavaliers servants ? Il y en a bien davantage. Car veuillez bien considérer qu'il y a maintenant, en droit, deux Comités, Le Comité ancien existe toujours légalement, puisqu'il a démissionné à l'aide d'un tour de passe-passe qui a consisté à faire voter la démission collective par une majorité particulière qui a révoqué les membres absents dont le mandat ne devait être renouvelé qu'en septembre 1914 aux termes mêmes des statuts.

C'est bien la peine de chanter sur tous les tons que les statuts de l'Alliance Française d'Iquique s'inspirent des statuts de l'Alliance Française de Paris ! Il vaudrait mieux faire moins de tam tam autour de ces belles lois et les res-pecter davantage.

Voilà donc, en définitive, une affaire qui a deux Comités de direction — et personne qui veuille se laisser diriger ; deux secrétaires — et pas de secrétariat ; deux bibliothécaires — et pas de bibliothèque ; deux trésoriers — et pas de trésor ; un corps de professeurs compétents — et pas d'élèves. (En ce qui concerne la compétence du corps professoral, ce n'est pas moi qui parle : je répète ce qu'on dit de l'autre côté de la barre, mais je ne garantis rien parce que je n'ai pas vu les maçons au pied du mur).

Il est vrai que, pour sauver les apparences, le tout est placé par un des derniers articles sous les hautes auspices de Monsieur Poincaré. L'idée est superbe : du moment que M. Poincaré patronne cette affaire-là, c'est Monsieur Poincaré qui la recevra sur ses épaules pour qu'elle ne se casse pas le nez quand elle fera la culbute.....

Mais pourquoi diable met-on M. Poincaré dans cette galère ?

Si Monsieur Poincaré qui préside aux destinées d'un peuple toujours épris de liberté et de justice, si Monsieur Poincaré qui fut pendant trente ans au barreau de Paris le défenseur incorruptible du droit contre la force, si M. Poincaré dont je m'honore un peu d'avoir été l'humble confrère dans un barreau indépendant et fier, s'il savait, lui qui aime l'Alliance Française pour sa vertu pacificatrice et pour son noble idéal, s'il savait que les Français s'allient à Iquique

pour l'injustice par la violence pendant que la France prêche
le droit, le travail et la paix, Monsieur Poincaré serait en
vérité peu flatté qu'on se serve de son nom comme d'un
étendard dans un mauvais combat. Ou bien Monsieur Poincaré conseillerait aux combattants de cesser de combattre
tant que le fou qui les commande n'aura pas été exterminé.

Marius BOUCABEILLE
Ancien Professeur de l'Université,
Ancien avocat à la Cour d'Appel de Paris.

IX

Après que l'Alliance Française se fut séparée de moi, sans
me payer même le mois courant et mes frais de voyage par
la Cordillère, je dus m'efforcer de gagner ma vie malgré le
Vice-Consul de France, afin de résister aux tentatives du
parti consulaire en vue d'une transaction draconienne. Je
fondai un Cours de Français que le Vice-Consul fit échouer
en me dénigrant.

Je reproduis ci-après le programme de mon cours. Le lecteur verra que j'ai aussi essayé de fonder une Revue Franco-
Chilienne: ce projet échoua encore par la faute du Vice-
Consul qui s'employa à me calomnier partout où je cherchais
les collaborations nécessaires; le Ministre de France laissa
faire le Vice Consul. L'Etat Français est responsable des
dommages qui m'ont été causés par ces deux fonctionnaires

COURS DE FRANÇAIS

MARIUS BOUCABEILLE

658 Calle Latorre, Casilla 297

Cours pour Messieurs Initiation	Lundi et vendredi, de 8 h.30 à 9 h. 30 du soir.
Cours pour Messieurs Perfectionnement	Mardi et samedi de 8 h. 30 à 9 h. 30 du soir.
Leçons particulières pour da- mes et demoiselles (Prix à forfait selon le nombre de leçons. M. Boucabeille se rend à domicile.	Tous les jours de 9 heures à midi et de 2 h. à 7 heures.

Cours gratuit pour Messieurs { Jeudi de 8 h. 30 à 9 h. 30. du soir.

Cours gratuit pour dames et demoiselles { Ce cours ne sera ouvert qu'ultérieurement.

Lectures françaises, commentaires d'auteurs français et causeries sur la littérature française.
Assistance gratuite { Tous les dimanches de 2 h. à 3 heures.

Enseignement rapide du français par l'image, par l'exemple, par la conversation et par la lecture. Emploi constant de la langue française ; l'élève comprendra quand même parce qu'en raison des affinités qu'il y a entre l'espagnol et le français l'oreille s'habitue vite aux sons français et parce que le vocabulaire espagnol contient beaucoup de mots dérivés du latin qui sont les mêmes, à la terminaison près, que les mots français correspondants.

Pour faciliter et développer l'étude du français à Iquique, pour faire connaître la véritable civilisation française et pour la faire aimer (car ceux qui n'aiment pas la France sont ceux qui ne la connaissent point) M. Boucabeille étudie un projet de publication d'une « Revue Franco-Chilienne » qui comprendra, à côté d'une Chronique de France, d'une Chronique du Chili et d'une Tribune Libre, une Partie Pédagogique destinée à l'enseignement du français par les conseils pratiques sur la manière d'étudier, sur les lectures à faire et sur l'art de lire. Cette Partie Pédagogique pourra servir aussi à la correction des devoirs par correspondance ouverte, de façon à ce que cette correction prenne un caractère d'utilité générale (sans que l'amour-propre de l'élève en souffre parce que son nom restera caché sous le secret professionnel.)

Cette Partie Pédagogique pourra être enfin un lieu de comparaison entre la Pédagogie française et la Pédagogie chilienne.

La Revue sera écrite en espagnol et en français.

M. Boucabeille demande des collaborateurs et des collaboratrices.

X

El Despertar, 19 avril 1913.

MORALIDAD ?

Al Director de *El Despertar* :

Me habeis solicitado que yo diga lo que pienso de las persecusiones contra *El Bonete* por immoralidad.

Yo me siento un poco cohibido para responder porque el mal espíritu no falta nunca para hacer decir á las gentes lo contrario de lo que han dicho y porque sobre este asunto tan delicado yo quisiera evitar una interpretación jesuítica de mis palabras.

Declaro, entonces, que de una manera absoluta las publicaciones inmorales son sin interés : sería menester ser un ocioso para pasar su tiempo mirando imájenes obsenas cuando hay en la Naturaleza y en el Arte tantas cosas bellas que contemplar !

Por otra parte, pienso que todo lo que concierne á la mujer y al amor pierde su delicado perfume cuando entra en la deprevación.

Sin profundizar la cuestión de las relaciones del Arte y la Moral, se puede establecer esta regla sobre la cual todas las personas inteligentes están de acuerdo : la libertad de pensar en materia de prensa tiene un límite en el dominio del pudor.

Pero hay pudor y gazmoñeria.

El pudor se ofende de todo lo que es inmoral.

La gazmoñería ve la inmoralidad precisamente donde no existe.

Conozco poco la legislación sobre la prensa de Chile y además caresco de libros de consulta sobre esta punto por no haber una biblioteca en este puerto.

Pero puedo deciros que me parece imposible que se os inculpe de inmoralidad, porque la cuestión de derecho puesto á parte el delito no está basado en hecho.

El grabado de *El Bonete* sospechado de inmoralidad representa un fraile que besa una mujer.

Evidentemente eso no está bien, puesto que los frailes son celibatarios y desde que un fraile besa á una mujer le roba las caricias á otro.

Eso no está bien, pero hay tantos diarios ilustres que representan cosas más abominables!

Porque no se persigue aquellos entonces ?

No sereis vosotros victimas de alguna celada ?

Sea lo que fuere, estad tranquilos : la justicia de Chile que es la primera del mundo os absolvera.   M. B.

XI

« Yo quiero saber si usted tiéηe uη revolver o uηa boηba en su cɧaleco !!... » [1]

La police d'Iquique est inoffensive : jugez-en plutôt par le récit suivant :

Depuis une semaine, j'avais remarqué les allures étranges de deux messieurs qui du matin au soir, mais surtout le soir après dîner, se cramponnaient à mes pas comme s'ils avaient été spécialement préposés à ma garde. Un jour ils ont fait le pied de grue pendant trois heures devant une porte ! En vérité (et on me permettra de le dire sans fausse modestie) les Diamants de la Couronne au Musée du Louvre ne sont pas mieux gardés !

Or, le 21 avril, à 11 heures et demie du matin, je montais — paisible, calme, serein, philosophique et doux — par la Calle Bolivar, lorsqu'après avoir dépassé la Calle Luis Uribe et avant d'arriver à la Calle Patricio Luich je vis surgir tout à coup au devant de moi un homme que je n'avais pas aperçu de loin : c'était un homme long et sec qui paraissait fraîchement tombé de la lune et qui avait un chapeau de feutre noir sur l'oreille droite. Un autre homme était planté derrière lui : c'était un homme court et gros qui portait un gilet rouge et qui ressemblait à ces diables échevelés qu'on fait sortir d'une boîte pour faire peur aux enfants.

La rue était déserte. C'était l'heure tranquille où les gens vont manger.

Sous les reflets du soleil, le chapeau noir et le gilet rouge mariaient leurs couleurs fortes en un mélange à la fois moyennageux et anarchiste.

Pensif et inquiet, je me disais en moi-même « Est-ce qu'on serait par hasard à Venise, au temps des Papes ? »

---

(1) Cette publication, que j'ai oublié de dater comme la précédente, a été faite vers fin avril 1913, *après* la mesure de police du 21 avril. Donc c'est le « manque de calme » du Vice-Consul qui a provoqué encore ma campagne et si le Ministre a dit le contraire c'est pour sauver le Vice-Consul qui avait sauvé l'Alliance Française.

Quelqu'un qui a des tuyaux dans toutes les coulisses m'avait avisé de ce qui se machinait dans l'ombre depuis quelques jours : après de longues délibérations on avait décidé de tenter un coup de force qui devait bouleverser l'opinion publique ; il s'agissait de m'attaquer dans une rue déserte pour me mettre en état de légitime défense et m'accuser ensuite de provocation ; on s'était procuré des faux témoins et d'innomables connivences.

D'après une autre version il s'agissait simplement de simuler l'attaque afin de me poursuivre ensuite pour port d'arme prohibée. La contravention de port d'arme prohibée est punie d'une simple amende, mais on avait préparé des pièces qui devaient permettre de greffer là-dessus des accusations plus graves afin de tromper le public et afin d'obtenir ce que l'on s'est vanté bêtement d'obtenir contre moi : un décret d'expulsion.

Il faut avoir complètement perdu la notion des droits de l'homme ou bien il faut avoir le cerveau tout à fait obturé, ou bien encore il faut poursuivre stupidement un but de vengeance personnelle et de féroces représailles, pour en arriver à d'aussi louches combinaisons contre un homme qui ne fait aucun mal, à qui on doit de l'argent, dont on a violé le domicile, dont on a rompu le contrat, contre un homme qu'on a attaqué dans la rue, qu'on a diffamé partout, qu'on a fait insulter verbalement et par lettre, contre un homme qui n'a péché que par excès de confiance et qui n'a qu'un tort en tout cela : le tort d'être trop éloigné d'un pays où les choses se règleraient autrement.

Reprenons le coup de la Calle Bolivar. Comme je n'étais pas sûr que l'homme au gilet rouge et l'homme au chapeau noir fussent des personnages officiels détenant une parcelle de l'Autorité Publique et présentant sans doute à ce titre quelques garanties de moralité, j'avais hâte d'être délivré de ces compagnons suspects. La minute était solennelle.

L'homme long et sec fit deux pas en avant et se mit au garde à vous.

« Halto ! Señor Boucabeille !!! dit-il d'une voix grave.

« Que hay ? répondis-je.

« Yo soy agente de la pesquisas.

« Que quiere Usted ?

« Yo quiero saber si Usted tiene un revolver o una bomba en su chaleco.

« Bueno. Prouvez-moi d'abord que vous êtes de las pesquisas, exhibez vos papiers.

— « Con mucho gusto. A qui tienes Usted mi carta de policia con mi retrato.

« Gracias... Entonces suivez-moi.

— Como no ?

L'homme long et sec tremblait. L'homme court et gros suait. Tous deux me suivirent, la main droite dans la poche du veston dans l'attitude défensive qui était celle des agents de la Sûreté parisienne chargés d'arrêter Bonnot, Garnier et Cie. Mon ancien client Monier-Simentof me racontait que les deux agents qui vinrent l'arrêter tenaient aussi la main droite dans la poche du veston ! Voilà à quoi ça sert d'avoir été le défenseur d'un anarchiste à Paris il : suffit de venir à Iquique pour faire peur à la police.

Mais revenons à nos moutons. L'homme au chapeau noir l'homme au gilet rouge me suivirent jusqu'à une maison voisine où, en présence de trois personnes honorables, je fis dresser procès-verbal de l'incident. Puis, sur l'invitation de l'homme long et sec, je dégaînai mes armes, ma montre et mon stylographe. Tout le monde était consterné !

Ma montre me sert, depuis que je suis à Iquique, à compter le temps que les fous me font perdre.

Mon stylographe me sert à noter mes impressions sur les survivances du passé dans le monde moderne. On dit que le passé n'est plus et que le césarisme d'antan, qui avait besoin d'obscurité, ne peut pas vivre dans notre lumière ; cela n'est pas absolument vrai : le césarisme de nos ancêtres s'acclimate assez bien parfois dans la société contemporaine, il change de peau pour s'adapter et voilà tout. On dit que notre temps n'est pas le temps des guerillas et des cabales, mais quelle différence faites-vous entre les basses intrigues d'aujourd'hui et les cabales d'autrefois ? Regardez bien et vous découvrirez toujours dans une intrigue tous les personnages anciens: l'hypocrite, le courtisan, le fanfaron, le hableur, l'homme qu'on trompe et l'homme qui met quelque complaisance à se laisser tromper, les profiteurs et les sots, etc..... bref tous les attardés, tous les arriérés, tous ces êtres informes que la civilisation a à peine dégrossis et qui ont des dehors brillants parfois, mais qui portent au fond de leur âme les stigmates de la barbarie primitive.

Tout ceci soit dit en passant bien entendu. J'ai à peine besoin d'ajouter que les attardés dont je parle ne sont pas les deux policiers que j'ai rencontrés Calle Bolivar. Je ne connais pas ces deux hommes, pourquoi les accuserais je ? Ils avaient un mandat, ils exécutaient un ordre, ils marchaient parce qu'on les faisait marcher. Les agents sont de braves gens, comme dit la chanson.

Pourquoi même accuserais-je ceux qui ont donné l'ordre aux agents ?

Le vrai coupable est celui qui provoque des mesures semblables ?

Quelle ignoble comédie ! Le public n'en aura-t-il pas bientôt assez ?

Mais il faut qu'on sache pourquoi la police secrète d'Iquique s'est tant occupée de moi. Voici quelles sont les charges sous lesquelles on m'accable.

1° J'ai été mêlé à l'Affaire des Bandits Anarchistes parce que j'ai défendu à l'Instruction Monier dit Simentof, en collaboration avec un de mes confrères du barreau de Paris qui, à cause de mon départ en Amérique, a ensuite assumé seul la défense en Cour d'assises et la défense devant le chef de l'Etat pour la demande de commutation de peine. Cela m'a valu la réputation d'anarchiste qu'un fou, plus anarchiste que moi assurément, a essayé de me faire à Iquique.

2° Je suis accusé d'avoir écrit dans le Despertar du 19 avril un article intitulé « Moralidad » dans lequel je dis qu'un curé qui embrasse une femme commet un acte répréhensible parce qu'il boit à la coupe d'autrui. Je dois ajouter que si l'article n'est signé que de mes initiales M. B., c'est sur l'initiative du Directeur du Despertar : j'ai été le premier surpris de ne voir que mes initiales sous cet article, mais il suffit que j'en accepte la paternité.

3° Je suis accusé d'avoir écrit des lettres anonymes et apposé des placards devant l'imprimerie du National.

Ceci est grave.

Je m'étonne qu'on s'arrête à ces immondices.

Pourquoi n'ouvre-t-on pas une information régulière?
Pourquoi ne fait-on pas une enquête légale dans les formes
légales?

Je ne peux pas empêcher un mufle d'écrire une lettre anonyme en imitant mon écriture (car on prétend qu'on a imité
mon écriture surtout dans les apostrophes).

Si je déposais une plainte en faux en écriture et diffamation contre inconnu, ma plainte subirait sans doute le
même sort que ma plainte en violation de domicile privé et
ma plainte en agression ; ces deux plaintes étaient dirigées
contre des personnes nommément désignées, et pourtant je
n'ai pas eu de chance !

Cette histoire de lettres anonymes qu'on ne montre pas et
cette histoire de placards ne prouvent-elles pas que je l'ai
échappé belle Calle Bolivar le 21 avril ?

Si j'avais été porteur d'une arme prohibée, il y avait déjà
tout un attirail de pièces étranges qui auraient pu servir á
faire d'une petite affaire une grosse.

Toutes les combinaisons ne réussissent pas !

Mais pourquoi diable la police met-elle le nez dans ces
choses-là ? Est ce que la police est faite pour s'occuper des
honnêtes gens et pourquoi diable le fou est-il écouté ?

<hr>

XII

Copie du Certificat du 21 Avril relatif
à la mesure arbitraire de police de la Calle Polivar

Nous, soussignés, certifions qu'aujourd'hui, à 11 heures et
demie du matin, deux agents de la Police secrète disant
exécuter un ordre de police se sont présentés, en compagnie
de M. Marius Boucabeille, chez M. Bernard Castex, rue Bolivar, 52, et ont demandé à le fouiller pour savoir s'il était armé.

M. Boucabeille a consenti.

Un des deux agents a fouillé M. Boucabeille et a constaté
lui-même qu'il n'était pas armé.

Les agents de la police ont refusé de donner leurs noms.

En foi de quoi nous avons signé la présente attestation.

Iquique, le 21 Avril 1913.

Signé : CASTEX.

VOS,   FORTIN.

XIII

Hommage à Acevedo

Un aviateur chilien du nom d'Acevedo s'étant tué en exécutant un raid à Valparaiso, je fis passer dans « El Nacional » et dans « El Tarapaca » deux lettres que j'ai ici réunies en une seule pour éviter les répétitions.

Monsieur le Directeur,

Voulez-vous permettre à un Français qui aime beaucoup l'aviation et que la mort d'Acevedo afflige beaucoup de s'associer, par la voie de votre journal, au deuil qui frappe vos compatriotes ?

Il y a, dans le jardin secret du cœur humain, une fleur qui fleurit toujours ; c'est la fleur de l'émotion divine qui nous saisit devant les morts glorieuses.

Que si les vivants se découvrent toujours quand la mort passe, il est des morts devant lesquels les vivants se découvrent avec plus de noble fierté ; la mort est en effet beaucoup plus une défaite de la pensée qu'une défaite de la matiere, et si cette défaite de la pensée créatrice est un sujet de méditation décevante sur la fragilité de notre effort créateur, combien plus douloureuse, mais combien plus admirable, la grande défaite des héros dont la pensée osa plus que la nôtre et dont l'effort succomba quand même !

Il en fut quelques-uns de ces héros dont l'audace généreuse émerveilla le monde : avec deux ou quatre bouts de toile, ils se firent des ailes pour monter vers le ciel ! C'était un vieux rêve qui hantait les hommes. Le rêve d'hier est devenu la réalité d'aujourd'hui, mais au prix de quelles luttes ! Combien de ces héros qui voulaient planer au-dessus des hommes, combien de ces assoiffés d'azur sont retombés le souffle éteint !

Comme ma plume ne peut célébrer en termes assez grands, les grandes gloires, qu'on me permette de reproduire ici, à la gloire d'Acevedo et de tous les aviateurs martyrs, cette prophétie de Victor Hugo :

« L'homme est d'abord monté sur la bête de somme
« Puis sur le chariot que portent les essieux

« Puis sur la frêle barque au mât ambitieux ;
« Puis quand il a fallu vaincre l'écueil, la lame,
« L'onde et l'ouragan, l'homme est monté sur la flamme ;
« A présent l'immortel aspire à l'éternel ;
« Il montait sur la terre, il monte sur le ciel ;
« Il part et risque aux cieux qu'éclaire son flambeau
« Un pas semblable à ceux qu'on fait dans le tombeau ».

Acevedo a fait ce pas glorieux dans le ciel et dans la tombe. Sa mort est une apothéose.

Et puisque c'est un Français qui vous écrit, permettez-lui d'associer dans le même souvenir de piété et d'admiration la gloire d'Acevedo à la gloire de tous les martyrs de l'aviation dont beaucoup sont tombés sur la terre de France.

Les martyrs de l'aviation sont les nobles victimes expiatoires de la marche à l'étoile. Ils subissent le sort de Prométhée pour avoir voulu continuer son geste. Mais tandis que le vautour lui dévore le foie, Prométhée reste vivant et brise ses chaînes. L'humanité se délivrera du vautour et prendra de nouveau le feu du ciel.

Qu'on lise dans les « Contemplations » cette menace admirable du Penseur à la Nature :

> « Donc les lois de notre problème
>   Je les aurai,
> « J'irai vers elles, penseur blême
>   Mage effaré !
> « Pourquoi ces lois profondes ?
>   Rien n'est muré ;
> « Dans vos flammes et dans vos ondes
>   Je passerai.
> « J'irai lire la grande Bible ;
>   J'entrerai nu
> « Jusqu'au Tabernacle terrible
>   De l'inconnu,
> « Jusqu'au seuil de l'ombre et du vide,
>   Gouffres ouverts
> « Que garde la meute livide
>   Des noirs éclairs,
> Jusqu'aux portes V
>   Du ciel sacré ;

Et si vous aboyez tonnerres
Je rugirai. »

Qu'on lise aussi dans ce beau livre d'images qui s'appelle
« La Légende des Siècles », après l'épopée du ver de terre qui
se vante de tout manger et d'être le roi de la matière, l'apos-
trophe du poète au ver de terre le défiant de toucher à la
Pensée ; puis, qu'on lise l'épopée du « Navire-Progrès ».

« Où va-t-il ce glorieux navire ?
« Il va de jour vêtu
« A l'avenir divin et pur, à la Vertu.
. . . .
« Vous voyez bien qu'en effet il monte aux étoiles. »

Ce navire-là c'est l'avion. L'avion est intéressant par ce
qu'il a fait. Mais il est surtout intéressant par ce qu'il peut
faire. L'avion est une conquête. Mais il est une espérance.
Il est la Maternité qui porte l'Avenir. Il est demain dans
aujourd'hui.

Traversée des astres... utopie dit-on. Mais toutes les réalités n'ont elles pas été des utopies ?

Qu'on regarde seulement le chemin parcouru depuis un
siècle et qu'on songe un peu au chemin que l'humanité
pourra parcourir encore jusqu'à la consommation des siècles!

Sans doute, elle devra payer à la nature la rançon de ses
conquêtes ; sans doute, elle devra écouter, après la musique
du moteur qui ronronne la joie de la victoire sur les forces
naturelles, le bruit déchirant des sanglots des mères, des
épouses et des enfants devant la mort brutale qui vient fau-
cher leurs espérances.

Mais l'Harmonie universelle est au prix de ces sanglots.
Gloire à ceux qui tombent et sympathie à ceux qui pleurent.

Je ne connaissais pas Acevedo. Je ne dirai rien de
l'homme, de sa vie, de ses débuts dans l'aviation, de ses
succès, des sympathies qui l'entouraient parmi ses compatriotes. Mais je sais qu'on fondait sur lui de grands espoirs ;
je sais qu'il était jeune et courageux ; et puisqu'il était aviateur, il était plus qu'une gloire nationale, il était citoyen du
monde,

Acevedo honore le Chili. Mais tous les martyrs de l'aviation honorent aussi l'humanité entière et c'est la cause du progrès qui revendique leurs gloires.

Que la famille d'Acevedo trouve dans la grandeur de la mort du héros quelque consolation au malheur qui l'accable.

Votre journal a dit avec toute la presse quelle tristesse la mort d'Acevedo a répandue dans la ville d'Iquique.

Je vous demande, Monsieur le Directeur, de vouloir bien m'associer à ce deuil et vous prie d'agréer l'expression de mes meilleures civilités.

XIV

Iquique, 14 juin 1913.

APPEL AUX FRANÇAIS ET AUX AMIS
de la FRANCE

Les soldats se battent entre eux. Le général est désespéré.

Mais le général a le désespoir commode et la consolation facile ; il se tire d'affaires avec de la rhétorique — et quelle rhétorique, mon Dieu !

Les plus récentes informations nous annoncent que le général a fait passer à ses troupes un ordre du jour lamentable : « Le triumvirat a triomphé !!! »

Comprenez vous ce langage ? Pour ma part je ne le comprends pas.

Le Vice-Consul de France a des phrases superbes ! Alignées sur le papier el'es sont vides de sens ; elles sont incohérentes comme sa pensée, elles sont nébuleuses, elles sont discordantes, elles sont anarchiques : mais pendant qu'il parle le Vice-Consul est un homme excessivement dangereux, surtout quand il dit des bêtises, c'est-à-dire presque toujours, parce qu'il les enveloppe de telle manière qu'il trouve toujours des amateurs pour en prendre..... L'enveloppe elle-même ne vaut rien : ça n'est que du papier d'étain : mais enfin c'est l'enveloppe qui fait qu'on avale la bêtise — sauf à se confesser ensuite à soi-même qu'en effet c'est une bêtise qu'on a avalée, et quelle bêtise !

Seulement voilà ! le lendemain le Vice-Consul emploie une enveloppe de couleur différente et il fait avaler une bêtise plus bête encore ! Quoi qu'il en soit, ça chauffe plus que jamais dans Landerneau.

Personne ne sait exactement ce qui s'y passe.

Tout ce qu'on sait, c'est que le général, qui est cependant le plus optimiste des généraux et qui a intérêt à faire un tableau aimable de la situation, est forcé de dire en propres termes :

« C'est la ruine ! C'est la débâcle ! Les triumvirs sont plus forts que nous. Je m'en lave les mains ».

Mon Dieu ! qu'est-ce qui se passe donc ? Du moment que le général parle ainsi, que doivent faire les soldats ?

Le général avait pourtant dit que son organisation était excellente et que tout y était si bien emmanché que la victoire était sûre.

Et le voilà qui parle de débâcle et qui s'en lave les mains ! (1)

Permettez. Ce n'est pas à l'heure des responsabilités qu'on se lave les mains.

Nous devons tous rendre des comptes à l'opinion française.

En tout cas, je tiens absolument à préciser mon attitude.

Quand je rentrerai en France, il faut que je dise à mes compatriotes ce que j'ai fait à Iquique, non pas que ce que j'ai fait soit plus intéressant que ce que font les autres, mais ce que je fais devait être fait, et, dès l'instant qu'il s'agit de l'Alliance Française, c'est-à-dire d'une œuvre d'utilité publique à la fois française et internationale, mon devoir de citoyen français et d'homme d'apaisement me commande l'action d'abord et le compte-rendu ensuite. Je ne me déroberai pas à ce double devoir et je serai obligé de faire connaître, non point par désir d'être agréable aux am s mais par désir d'être juste envers tous, les précieux concours que j'ai rencontrés. C'est grâce à ces concours que j'ai pu faire quelque chose et si je n'ai pas mieux fait, du moins me sera-t-il permis de dire et de prouver que des hostilités hypocrites et formidables m'en ont empêché.

---

(1) Quand le Ministre de France apprit le découragement du Vice-Consul, il se mit à l'appuyer de plus belle à mes dépens et « dans l'intérêt de l'Alliance Française », au lieu de le débarquer — ce qui était le véritable intérêt de l'Alliance Française.

Je ne demanderai pas à mes compatriotes qu'ils me sachent gré du sacrifice moral et matériel que j'ai dû accepter pour ne pas jeter le manche après la cognée en présence d'une coalition où rien n'a manqué, pas même le coup de pied de l'âne.

Mais il ne faut pas que mes compatriotes puissent me reprocher de n'avoir rien fait ou d'avoir trop peu fait; mes compatriotes ne comprendront pas quelles ont été les difficultés de la situation devant les brutalités odieuses, les calomnies abominables, les mesures arbitraires de police, l'indifférence d'un public que beaucoup d'autres affaires préoccupent et qui ne parle pas la langue française; mes compatriotes ne comprendront pas quelles ont été les difficultés de ma situation dans un pays inconnu où j'avais toutes les infériorités possibles y compris celle qui me venait d'un Vice-Consul qui au lieu de me protéger me combattait et Dieu sait avec quelles armes, par quels moyens, avec quelles complicités; mes compatriotes ne comprendront pas que j'aie pu subir un dommage inappréciable qui m'a pour ainsi dire immobilisé dans un guet-apens où il m'a été impossible jusqu'à ce jour de prendre une attitude ferme à cause même du désarroi provoqué par mille circonstances et notamment par le fait que mes adversaires ont refusé de me rendre l'argent de poche que j'avais dépensé pour eux sur leur demande télégraphique imprévue au milieu des mers : il y a beaucoup d'autres choses que mes compatriotes ne comprendront pas, parce qu'il y a des choses qu'il faut avoir vues pour les comprendre.

Mais pendant qu'on continue à faire l'impossible pour me discréditer, je dois faire l'impossible pour sauver l'Alliance Française.

Je demande à tous les Français et amis de la France de reconnaître loyalement que l'œuvre vice-consulaire ne tient plus et qu'elle n'est renversée par personne mais qu'elle se renverse d'elle-même — car je ne suis pour rien dans les conflits très graves qui se sont produits ces jours derniers.

N'avais-je pas dit, dans ma première protestation qu'il y avait une force des choses qui se jouait des caprices des hommes et que tout le système artificiel et injuste du Vice-Consul croulerait comme un château de cartes au moindre souffle ?

Pendant que ce système croule, sauvons du moins l'Alliance Française. Les systèmes importent peu, les hommes importent moins encore. Mais les principes et les idées importent beaucoup.

Les intérêts personnels du Vice-Consul ne sont qu'un fétu de paille dans l'immensité des intérêts généraux. Toute l'humaine majesté est dans cette immensité-là.

Elle n'est pas dans les idoles éphémères. La majesté a besoin d'éternité. Et si elle est dans l'éphémère c'est parce que l'éphémère parfois a un parfum de beauté éternelle. Elle est dans une femme parce qu'il y a dans la beauté de la femme quelque chose qui, étant passager, révèle quand même l'éternel et le divin. A ce titre la femme peut être une idole, au sens profond du mot et elle peut avoir, sous certaines conditions qui ne sont pas celles qu'un lecteur malicieux pourrait supposer, tous les caprices et toutes les prétentions.

Mais qu'un Vice-Consul prétende se faire idolâtrer par tous ceux qui l'approchent parce qu'il est Vice-Consul, ah! non merci!

Ces idoles-là font les inoclastes.

Peu importe! Sur l'idole tombée la foi demeure, parce que la foi n'est pas autre chose, sous une forme ou sous une autre, que l'holocauste du cœur à la beauté.

C'est parce qu'elle est une belle femme que nous devons aimer l'Alliance Française — pour elle-même, comme une fin en soi.

Nous ne savons pas s'il est exact qu'elle ait pour père le Vice-Consul. Les beautés spirituelles ont généralement une paternité multiple. La Vénus de Milo elle-même est la fille d'un peuple, mieux que cela, d'un Idéal.

Les beautés spirituelles sont les filles de la Pensée divine. Et quand la Chimère immaculée les donne au monde sur le lit auguste de l'Humanité dolente, le ciseau de l'artiste n'est pas autre chose que le scapel du médecin.

Vierges impossibles et réelles, les beautés spirituelles, qui se gardent en se donnant, sont les femmes sacrées de tout le monde et de personne.

L'exclusivisme du Vice-Consul, qui n'est d'ailleurs pas un artiste, qui n'a de l'artiste que la pose et les manières, est un exclusivisme qui nous choque parce qu'il se manifeste avec une indiscrétion véritablement intolérable.

Au lieu de toujours nous râcler le vieil air connu d'orgue de barbarie : « L'Alliance est ma fille ! C'est moi qui suis son père ! », le Vice-Consul aurait mieux fait de ne pas tant accaparer cette fille et de nous la laisser caresser et dorloter à tour de rôle.

Pour qui donc ce Monsieur-là nous prend-il? Est-ce que nous ne sommes pas capables, nous « mauvais Français » (style consulaire), de respecter une fille de la Pensée Française.

Ah ! pauvre fille de la Pensée Française! que de choses tu vois à Iquique depuis trois mois !

Les membres du nouveau Comité qui ont cru devoir accepter l'honneur de surveiller cette grande enfant ne peuvent plus se croiser les bras. L'heure de l'action a sonné pour eux.

Les membres du nouveau Comité voudront bien me permettre de leur dire ici (puisque je n'ai pas trouvé de salle de conférence) quelles sont les ambitions de la maman. La France a le devoir de soutenir à l'étranger, disait M. Gasquet à l'un des derniers banquets de l'Alliance Française de Paris, sa « renommée de nation chevaleresque, aimable, noble et généreuse ».

Mais l'esprit chevaleresque n'est pas la raison du spadassin, l'amabilité n'est pas la galanterie de café-concert, la noblesse n'est pas dans les noms coupés en deux, la générosité doit être ailleurs que dans les mots et l'Alliance Française n'est pas dans les coups de poing.

Quelques patriotes rabougris m'accusent d'avoir attaqué l'inviolabilité consulaire. Le Vice Consul lui-même agite l'étendard de l'inviolabilité.

Pour démontrer que le Vice-Consul profane le mot « inviolabilité » et qu'il profane beaucoup d'autres mots, j'attendrai qu'il me soit possible de présenter mon acte d'accusation à la Justice française Pour l'instant j'indique seulement que je n'ai pas attaqué le Vice-Consul en tant que personne privée. Je l'ai attaqué en tant que mandataire public responsable devant le mandant et comptable vis à vis de l'opinion publique. Et je l'ai attaqué en tant que Président indiscret de l'Alliance Française.

Je l'ai attaqué en réponse à ses attaques, après qu'il avait violé et fait violer les Droits de l'Homme et le Droit des gens, beaucoup plus inviolables qu'un Vice-Consul, et après qu'il avait mis l'Etat Français d'abord, l'Etat Chilien ensuite dans une situation pénible vis à vis de moi.

Un Vice-Consul n'est qu'un Vice-Consul et, même s'il y y avait dans la personne vice-consulaire française d'Iquique une « représentation », ainsi que Son Excellence le Vice-Consul de France l'affirme avec une prétention que mon devoir de Français me force à combattre, encore faut-il préciser qu'en l'occurrence la représentation est celle d'un miroir brisé et que la France morale internationale est une femme trop jolie pour ne pas mériter un miroir impeccable.

La France morale internationale est une femme si jolie qu'elle provoque et qu'elle supporte toutes les critiques de détail. On la critique, mais on l'aime.

Nous la critiquons nous-mêmes parce que la critique est dans le sang de notre race et dans le lait de nos nourrices, mais cela ne tire pas à conséquence parce que la France est si admirable que tout le monde l'admirera quand même.

Elle a dans l'histoire un visage si pur !

C'est ce visage-là qu'il faut montrer aux étrangers.

Les membres du nouveau Comité de l'Alliance Française ont donc le devoir de veiller à ce que la fille de la Pensée Française qu'ils ont sous leur tutelle ne se farde pas trop, à ce qu'elle ait moins de rouge sur les lèvres et moins de kohl sous les yeux, et surtout à ce qu'elle fasse moins de mystère et à ce qu'elle découvre son visage.

C'est une enfant si jeune ! Elle n'a pas besoin de se faire une figure en porcelaine ni de se mettre un masque de velours, qu'elle se montre donc dans toute la fraîcheur et toute l'innocence de sa jeunesse !

Le Nouveau Comité comprend quelques membres que le Vice-Consul a fait nommer en remplacement de membres anciens brutalement révoqués, afin de sauver son amour-propre personnel aux yeux du Ministre de France à Santiago. Puisque ces membres ont accepté la fonction. c'est tant mieux ! Mais qu'ils regardent un peu l'Alliance Française !

Encore une fois c'est l'idéal français et la Beauté française qu'il faut sauver.

Qu'on extermine d'abord le Vice-Consul. C'est la première chose à faire. On avisera ensuite.

Et si on pense que ce que j'en dis c'est pour mon intérêt, je prouverai le contraire en m'en allant moi aussi. Qu'on sauve l'Alliance Française sans moi, mais qu'on la sauve...(¹)

Marius Boucabeille.

XV

Extrait du « Nacional » du 19 Juin 1913.

Monsieur Boucabeille,

Les ennemis de votre Patrie, en se frottant les mains, s'écrieront pour la troisième fois :

Ah ! que c'est joli !

Qu'il est intéressant, magnifique, amusant et surprenant!... ce qui se passe sous nos yeux!... ici... à Iquique !

Voilà !

Un jeune monsieur, très comme il faut.

Un professeur très distingué.

Un célèbre avocat du barreau de la Seine, acharné à dénigrer une noble et patriotique institution Française !

Acharné à déchirer le nom sacré de la France !

Acharné à briser l'écusson qui en est l'emblème !

Ah ! mon cher Monsieur Boucabeille !

Quel affreux spectacle que vous présentez au public d'Iquique !

Revenez sur vos pas ! Je vous en prie !

Rappelez-vous les grands hommes qui ont honoré et honorent votre Patrie en nous donnant l'exemple du sacrifice et de l'abnégation !

Tâchez d'arranger vos affaires avec prudence et avec dignité, tant qu'il vous soit possible ; et que la paix revienne dans votre cœur et dans votre esprit !

C'est un admirateur de vos grands talents, c'est un grand ami de la France qui vous en prie et qui vous en supplie ! (²)

E. Scala.

---

(1) Le Ministre de France préféra sauver le Vice-Consul. J'ai expliqué dans mon livre pourquoi le Ministre se sauvait lui-même en sauvant son subordonné et pourquoi l'un et l'autre, à l'ombre du Drapeau, étaient censés sauver l'ordre public et l'intérêt de la France.

(2) La lettre de M. Scala qu'on vient de lire maintenait la question sur le terrain de l'amour de la Patrie.

M. Scala me conseillait de me souvenir des grands hommes qui ont

XVI

Extrait du « Nacional » du 20 Juin 1913.

Réponse à Monsieur Scala

Cher Monsieur,

J'ai l'honneur de vous adresser par ce même courrier mes trois dernières protestations. Je vous serais très obligé de vouloir bien les relire, puisque la question que je traite vous intéresse.

Je suis absolument convaincu que vous êtes d'une parfaite bonne foi et je respecte toujours les opinions sincères, même quand elles sont fausses du tout au tout.

Du reste vous êtes un ami de la France. C'est un titre suffi_ sant à la libre critique. De la discussion jaillit la lumière, n'est-ce pas? Donc je veux bien discuter. Je vous remercie même très cordialement, de l'occasion que vous m'offrez de m'expliquer au grand jour de l'opinion publique. Je ne demande que cela, car ce sera pour mes adversaires un désastre tel qu'à Iquique il ne pourra pas y avoir plus de six personnes, sur une population de trente ou quarante mille habitants, pour me donner tort.

honoré et honorent ma Patrie en nous donnant l'exemple du sacrifice et de l'abnégation.

M. Scala eût fait plus sagement d'adresser ce conseil au Vice-Consul de France d'Iquique et au Ministre de France au Chili. Le souvenir de ces grands hommes dont parle M. Scala aurait peut-être donné au Vice-Consul et au Ministre la force nécessaire pour consentir au sacrifice véritable qui était le sacrifice de leurs propres intérêts et des intérêts mal compris de l'Alliance Française.

Mais me conseiller l'abnégation à moi qui défendais le droit contre la Force, c'était me conseiller l'abdication.

Je défendais le Droit contre la Force, contre la force de l'Administration, contre la force du Drapeau qu'on plantait sur l'injustice ! Et sans doute je défendais mes droits en défendant le Droit, mais est-ce défendn de défendre ses droits et pouvais-je, devant un Vice-Consul dont l'hostilité se manifestait de tant de manières et devant un Ministre qui ne rétablissait pas l'équilibre des forces pour me permettre la libre défense en justice, défendre mes droits autrement que je ne l'ai fait ?

Me conseiller l'abnégation c'était me demander des services patriotiques gratuits, inutiles et non obligatoires, car la Patrie qui, elle, ne spécule pas, n'a pas besoin qu'on renonce à ses droits, aux droits essentiels, aux libertés publiques, pour faire le jeu d'un Vice-Consul ou d'un ministre plénipotentiaire.

Quant aux critiques de M. Scala elles sont aussi excessives que ses éloges. Il suffit de lire mon livre pour voir que je n'ai ni dénigré l'Alliance Française, ni déchiré le nom de la France, ni brisé l'écusson qui en est l'emblème.

Mais, je vous en prie, plaçons d'abord le débat sur son vrai terrain, qui n'est pas l'amour de la patrie. J'aime ma patrie aussi bien que quiconque et je vous dirai pourquoi dans des confidences ultérieures.

Plaçons le débat sur son vrai terrain qui est celui des principes et des usages du droit international public et privé, et du respect dû en tous lieux au nom français et à la personne humaine.

À cette condition, je me déclare prêt à tous les sacrifices. J'ai du reste assez pratiqué l'abnégation pour qu'il soit inutile de me la conseiller.

Quant à mes dispositions conciliatrices, personne n'en doute, je pense. Si on en doutait, mes actes, depuis le début du conflit, prouveraient péremptoirement le contraire.

Je vous remercie enfin des éloges que vous m'adressez. Mais je vous assure que j'en suis confus et que je ne mérite pas plus vos éloges que vos critiques.

Veuillez agréer, cher Monsieur, mes cordiales civilités.

Marius BOUCABEILLE.

Iquique, 20 de Junio de 1913.

XVII

Simple Invitacion

Iquique, 6 de Julio de 1913.

Delante el Derecho que domina de su majestad los ciudadanos y los Estados, invito el Estado Francés y el Estado Chileno que me hagan el favor de restituirme, después de tres meses y medio de privación, las Libertades públicas fundamentales de la persona humana segun los principios y las costumbres del derecho común internacional.

A los que pensaren que mi invitación á dos Estados es un poco presuntuosa y audaz, les contesto que daré las razones de mi actitud en una publicación ulterior que no podrá aparecer sino después de que las Libertades me hayan sido restituidas.

Quiero particularmente que el Estado Francés lo mas ántes me haga el favor de restituirme el derecho de igualdad

delante la ley (con todos los corolarios que contiene) resta-
bleciendo la comunicación oficial entre los poderos públicos
y yo por intermedio de un Vice-Cónsul que observe los
deberes de su función.

Esta comunicación oficial ha sido rota por el Vice-Cónsul
de Francia actual en Iquique, y estoy en la triste obligación
de hacer reservas por el daño considerable que después de
tres meses y medio me ha sido ocasionado por esta ruptura.

Estoy inmovilizado en la imposibilidad absoluta de defender, con toda la libertad indispensable, mis derechos los
mas esenciales y tambien de defender, defendiendo estos
derechos, los fundamentos seculares del derecho común
internacional.

Hasta que haya en Iquique un Vice-Cónsul de Francia que
entienda lo que es un mandato pública nacional é internacional, yo no tengo que hacer nada para el honrado cumplimiento del mandato del hombre libre que siempre debe decir,
empeñando su responsabilidad, todo lo que debe ser dicho.

La enseñanza del francés a hombres caballerosos y señoras
y señoritas graciosisimas no es mas que un mandato de cons-
ciencia provisorio.

Yo respeto todas las soberanias — la de Chile, y la de
Francia, y la del hombre y del ciudadano.

Ahora el hombre y el ciudadano tratan con los Estados.
No es mi persona que trata. Mi persona no es nada. Los
Estados son muy poco. Pero el Derecho es el todo.

Pues bien, provisionalmente, quiero que el Señor Ministro
de Francia en Santiago tome todas las medidas necesarias
para asegurar con rápida y amistosa intervención cerca del
Gobierno de Chile, una información administrativa, judicial
y tambien popular sobre los actos arbitrarios que he sufride
— y particularmente sobre la medida de policia del 21 de
Abril, la detención del 28 de Mayo y la citación irregular á la
audiencia del 29 de Mayo, donde el Vice-Cónsul de Francia
no se atrevió venir á sostener su demanda.

Quiero también, provisionalmente, que el señor Ministro
de Francia en Santiago solicite una información sobre las
imputaciones contenidas en las cartas cerradas y en los
telegramas con cifras que han sido dirijidos por el Vice-
Cónsul de Francia á los poderes públicos de Francia y

Chile, y particularmente sobre la bella carta de difamación oficial, que el Vice-Cónsul de Francia ha dirijido al Señor Intendente de la Provincia de Tarapacá, luego después de mi *Appel aux Français et Amis de la France à Iquique*, y que el Señor Intendente há transmitido al Señor Ministro de Francia, por el intermedio del Señor Ministro del Interior en Chile.

Quiero, provisionalmente, que el Señor Ministro de Francia, solicite una información sobre el falso en escritura, del cual el autor no es conocido, que ha provocado, con la demanda del Vice-Cónsul de Francia, el golpe de Policía de la calle Bolívar del 21 de Abril.

Quiero, provisionalmente, que el Ministro de Francia haga lo posible para obtener la comunicación del *Registre des Procès-Verbaux de l'Alliance Française d'Iquique*, que es un documento muy importante por el manifiesto de la Verdad y la Justicia.

Quiero provisionalmente, que el Estado Francés, ponga á mi disposición y á la disposición de mi familia, todos los papeles oficiales y otros relativos á los Golpes de Policía de la calle Bolívar y de la calle Baquedano.

Y también quiero dar acá algunas explicaciones que serán completadas cuando las libertades me hayan sido restituídas.

Estoy acusado, entre otras cosas, de no amar la Alianza Francesa y la Francia.

Estas acusasiones son invenciones del Vice-Cónsul de Francia para desviar la opinión pública y crear contra mí el movimiento de los patriotas. Los patriotas deben guardar su patriotisma para una mejor ocasión.

No quiero defenderme contra estas estupideces. Pero quiero tomar la ocasión de hacer amar la Alianza Francesa y la Francia, diciendo porque merecen el amor de todos.

Amo la Alianza Francesa porque es una hija de la Francia. Amala tu por la misma razón.

Amo Francia porque es Francia, ámala tú porque es Francia.

Acá en Iquique las simpatías francesas estaban enfriadas desde que el Vice-Cónsul de Francia actual hablaba siempre de su representación y de su inviolabilidad y de incidentes diplomáticos por todo y por nada.

Algunos amigos me dicen que no conviene decirlo todo públicamente..

Pero que temen ?

Un incidente, por mi acción, es imposible. Los incidentes no se logran que de la umbra diplomática unicamente. La luz del sol es inflexible.

Sin embargo ama Francia, que no es en un Vice-Cónsul.

Amala en una cosa cualquiera.

Amala por sus simbolos, su corazón, su espíritu, por el Gallo de la Galia, por la brecha en la roca de la Durandal à Ronceveaux, por los justos paladines, por los Thelemistos liberales, por la blancura inmarcessible del penacho de Henri IV, por la risa que desconcerta de Rabelais y de Molière, por la pluma y por la gracia de Mme de Sévigné, por la sonrisa de Voltaire, por la llama de Rouseau, por el desgarramiento revolucionario que alumbró la libertad, por la grandeza de la Madre. por la cabeza de Danton que el verdugo muestra al pueblo, por la frente lamentab'e de Napoléon, por la frente admirable de Hugo, por el brazo levantado de Gambetta.

Amala por su enerjia, su industria, su pasión, sus obras y sus esperanzas.

Amala por el valor de sus soldados y de sus ciudadanos. por la pólvora defensiva de sus cañones y por la paz del mundo que su nueva revolución pariera.

Amala por el sudor de sus trabajadores.

Amala por su pensamiento.

Amala por su poesía, su ciencia y sus artes.

Amala por su mandato de justicia.

Amala por una cosa cualquiera, por la frescura de sus fuentes en las cavernas, por el deleite que pasa en sus brisas, por su dulzura inesprimable y su encanto misterioso que envuelve, que penetra, que posee y que guarda.

Amala por una cosa cualquiera, por la joyas de sus viñas, por azul ó esmeralda de sus mares, por los eriales de Bretaña y sus despañaderos, por las nieves de Auverñia, por las praderas de Gascoña y sus pastores fleauleandos y el cascabel de sus rebaños, por los trigos de Provenza y música de cigarras, y tierras floridas y cielos tan claros,

Amala por su calor, por su alma, por su juventud siempre viva. Amala por su belleza.

Marius BOUCABEILLE,
Ancien Professeur de l'Université
Ancien Avocat à la Cour d'appel de Paris.

Note. — Cette invitation à deux Etats est un peu osée. Mais il faut tenir compte des circonstances qui l'ont provoquée après quatre mois de protestations vaines contre l'attitude du Vice-Consul. Il faut tenir compte aussi de la rapidité avec laquelle furent écrites toutes ces publications.

XVIII

D'*El Despertar* du 8 juillet 1913:

Los Derechos del Hombre[1]

Es un hecho de experiencia que las libertadas conquistadas por la Revolución del ochenta y nueve (que no es Revolución Francesa, como se dice en las Historias de Francia, que es Revolución del mundo moderno); es un hecho de experiencia que estas libertades conquistadas sobre el Hombre-del-Pasado, son constantemente amenazadas de regresos ofensivos; que las autoridades publicas, por negligencia, por debilidad, por impotencia, ó por esta manera de solidaridad extraña que algunas veces une la fuerza legal y la fuerza brutal, engañan el mandato de justicia que tienen de la voluntad del pueblo por no protejer, además por atacar las libertades amenazadas; que una vez la autoridad inferior comprometida, la autoridad superior, por flojedad ó pereza, ó también por efecto de esta creencia secular en el dogma indesarraigable de la infallibilidad administrativa, abstenese de intervenir ó interviene con gracia y molicie feminina para componer de manera dulce, es decir para ahogar con besos el Derecho y estrangularlo con abrazos — y sobre todo para salvar la *sa-cro-santa Ad-mi-nis-tra-ción*, pisoteando los carbones ardientes con lluvia de sumarias preparatorias y de papelarias interlócutorias.

Es un hecho de experiencia que los regresos ofensivos del Hombre-del-Pasado no encuentran obstáculo suficiente en la resistencia inorgánica de las fuerzas individuales si son esparcidas por innumerables que sean.

---

(1) Cet entrefilet du « Despertar » reproduit le discours que j'avais prononcé au Banquet offert à Victor Domingo Sylva.

Es un hecho de experiencia que es posible, sin embargo, pero es raro que una fuerza individual sea bastante independiente para, en presencia de una violación brutal del Derecho, hacer todo lo que debe, según su conciencia si esa fuerza es aislada y obran aisladamente las fuerzas que la cercan; que la injusticia servida por hipocresía tiene poder de expensibilidad extraordinario é inimaginable, sobre todo en las pequeñas ciudades; que en estas ciudades una multitud de contingencias alteran y deforman la idea del Derecho y son impedimientes para una razonable interpretación del contrato social; que, por ejemplo, la juidicción unipersonal de primera Instancia, con errores y compromisos que permite, con sistema de competencia casi illimitada del Juez tanto en asuntos penales como en asuntos civiles, con pequeñas garantías que ofrece, es un peligro nacional permanente para las Libertades públicas; que, por ejemplo, la institución del Ministerio Público que se llama en Chile Promotor Fiscal, por arcaísmo sin duda, no tiene independencia necesaria para funcionar razonablemente.

Y es un hecho de experiencia que no hay nada que hacer contra todo eso si las fuerzas diseminadas de justicia popular no se aproximan en una Confederación Nacional de vigilancia.

Es un hecho de experiencia que esta Confederacion Nacional dé las fuerzas de Justicia popular es principalmente indispensable en un país joven que, no obstante su juventud, es un país de caballería republicana y de bella civilización y también de vergas anchas, sino que es joven, que tiene historia admirable con nombres gloriosos de ciudadanos ilustres: Manuel, A. Matta, Francisco Bilbao, Pedro Léon Gallo y otros; sino que tiene historia corta y no puede, por esta razón (que no es cargo, que es cumplimiento), no puede dar á la balanza social esta firmeza de hechura y esta libertad de movimientos, esta precisión rigorosa y esta delicadeza soberana que hacen pasar Justicia del *estado metafísico* al *estado científico*, haciéndola participar al método y al espíritu de las ciencias matemáticas, cuanto este espíritu y este método pueden sar utilizados por las Ciencias Políticas y Sociales;

Y todo* la humana perfección posible de la Justicia oficial está sometida, en una democracia joven, pero grande como Chile, en una democracia que no es una

crisálida, que es una mariposa y que vuele muy bien con sus
alas si atiende muy cuidadosamente á ellas, toda la humana
perfección posible de la justicia oficial, es sometida à la vigilancia à la vez severa y liberal de la justicia oficial por la
Confederacion de las fuerzas de justicia popular.

Esta Confederación es un órgano indispensable para asegurar el ciudadano contra los atentados anarquistas del
Estado y el Estado contra las justas represalias del ciudadano.

Es un órgano indispensable para que la justicia cole en
todas partes y arrastre en sus remolinos todos los abusos de
la autoridad y todos sus caprichos, para que la justicia cole en
todas partes y dea á las flores del alma popular que amarillean
al umbra de las viejas murallas la vida fecundante del Derecho que hace las flores más bellas bajo la luz del sol, después de las murallas derribadas;

Es un órgano indispensable para canalizar todas las fuerzas
que atormentanse en el corazón de los hombres y para disipar
los humos de malestar que turban los sueños del Pueblo
delante de una Justicia oficial que no comprende el Pueblo;

Es un órgano de defensa del orden público por medio de
defensa de la libertades individuales porque el orden público
no es nada más que el descogimiento de todas las libertades.

Basta que las libertades se respetan entre ellos. Por eso es
necesario que la Justicia y la Policía, primero, la respetan.

Y por eso es necesario que la Confederación Nacional de
las fuerzas de Justicia popular vigilen.

Esta Confederación se llamará, como en Francia, la Liga de
los Derechos del Hombre.

No tengo pretensión de fundar esta Liga. Un ciudadano
no puede, sólo, tanto ambicionar.

Además soy extranjero. Mi calidad de extranjero me
impone reservas, porque la soberanía del ciudadano chileno
debe ser respetada por un ciudadano francés.

Con soberanía del ciudadano chileno, respeto también la soberanía de la sociedad chilena y del nombre chileno. Es porque
no quiero atacar Policía y Justicia con armas de polemista.

Acá no soy polemista. Soy observador únicamente, y
pidiendo que se funde en Chile y particularmente en Iquique
una Liga de los Derechos del Hombre, siembro una idea à
todos vientos, nó más... .

Marius BOUCABEILLE.

XVIV

D'*El Tarapaca* du 14 juillet 1913 :

Lo que significa la Fiesta del 14 de Julio

El 14 de Julio de 1789, el pueblo de París tomó la Bastilla, antigua cárcel real en donde la justicia sumaria del viejo réjimen, siguiendo un procedimiento mui espedito que se resumía casi siempre en la « Lettre de cachet », encerraba à los hombres demasiado liberales que por uno ú otro motivo por una razón política ó privada, tenían la deshracia de no ágradar al poder real.

La « Lettre de cachet », en oposición á las « Letras patentes », era una carta cerrada, revestida del sello real i firmada por un secretario del Estado. Contenía casi siempre la orden de hacer encerrar á cualquiera, sin más procedimiento.

La « Lettre de cachet » no era más que una de las formas de opresión en el antiguo réjimen réal.

No es el objeto hacer en este artículo una esposición de las miserias i de las injusticias de los tiempos pasados

Digamos solamente que la toma de la Bastilla por el pueblo fué un acto de revuelta admirable para libertar á los hombres de Francia de la tiranía real i de la opresión de la nobléza i del clero

Esta revuelta provocó no sólo en Francia sino en toda Europa el despertar de la conciencia del pueblo.

Es á partir de esta momento que el pueblo quiso gobernarse por si mismo, i no es solamente en Francia, sino en todas partes, que el pueblo ha casi comprendido lo que la « Declaración de los Derechos del Hombre » proclamó después de la noche del 4 de Agosto de 1789 : igualdad ante la lei, libertad, orijen popular de la soberanía nacional, garantía legal contra todo arresto arbitrario, carácter de utilidad jeneral de la fuerza pública, etc.

El 14 de Julio es la Fiesta de los Hombres Libres. Es, pues el triunfo de la Libertad lo que esta fiesta commemora. Debería ser una fiesta internacional, porque la Revolución Francesa no sólo ha dado libertad á los franceses sino á la Humanidad.

Ah! que hermosa es la Libertad !

Para admirlarla en toda su belleza hai que verla en París la noche de la fiesta nacional.

Existe allí un balcón maravilloso para poder contemplarla. En ese balcón uno está á la vez en el París que se respira i fuera del París que se domina.

Para llegar á ese balcón se escala la « Butte », siguiendo la « Rue des Saules », por ejemplo, ó también, como un buen burgués, se toma el funicular que lo déja en la misma plataforma de la « Basilique de Montmartre ».

Es de allí desde donde se oirá mejor, en la noche del 14 de Julio, ese himne hermoso é imponente que sale de esta inmensa epopeya de piedra que se llama París. Himno de de belleza, dónde la voz de los siglos se ilumina, donde cada poema del pasado parece dar su color i su nota para formar como un canto de órgano bajo una cúpula de claridad!

Las saetas de fuego que suben de la ciudad hienden la noche de barras resplandecientes. Suben hasta el cielo, violentemente, i botan antes de morir chispas que forman estrellas.

Las estrellas se desprenden de la cúpula i caen como una lluvia fantástica en medio de la cual parece verse la Libertad sobre el altar de la Luz.

¡ Que hermoso resplandece la libértad en este marco !

I cuando, comparativamente, se ha evocado la noche oscura del 14 de Julio de 1789, durante la cual la ciudad triunfante alumbró la libertad que había concebido con el pueblo de Francia a las barbas del Rei, esta libertad de la qual las revoluciones inglesas habían estimado el anhelo, de la cual Locke, Diderot, Voltaire, Rousseau, los Enciclopedistas, los filósofos i el nuevo espíritu de los últimos Parlamentos i de las Ciudades habían preparado la venturosa venida, cuando se ha evocado todos los sollozos i también todas las esperanzas de este alumbramiento, cuando se ha evocado todos los riegos a los cuales fueron expuestas la madre i la hija, cuando se ha evocado todos los incidentes gloriosos de esta libertad desde el escapelo revolucionario hasta el cañon del 70, cuando se le ve pasar, sin embargo, entre los dedos graciosos i conspiradores de María-Antonieta, cerca de Europa armada, por el medio de la guerra civil, entre las cabezas que caen como flores sangrientas e inmortales;

cuando se le ve sobrevivir despuez la voz extinguida de Danton i de los ojos cerrados de Maria-Antonieta, i además cuando se le ve pasar todavia bajo la espaga del Dix-Huit Brumaire, por medio del golpe del Estado del Deux-Décembre i sobre el puente de « l'Année Terrible » a donde brinca en los brazos de la Troisième République, i cuando ahora en la noche del 14 de Julio, se desciende de la Butte Sacrée hasta la ciudad baja parar ir o asistir a las fiestas populares que preside el sueño de gloria i de bronce que reemplaza la Bastilla demolida, i cuando se ha despejado, con la justicia que el pueblo merece, el símbolo de esta fiesta de la libertad, entonces se sabe lo que vale la libertad i se le ama bastante para amarla en todas partes.

Marius BOUCABEILLE.

XX

CABLOGRAMMES

au Ministre de France et au Ministre de la Justice

1. — *Ministre de France à Santiago :*

Victime attentat aux Droits de l'Homme, violation domicile privé de la part employé ou ancien employé Consulat France Iquique, disant exécuter ordre consulaire, me trouvant d'autre part, pour raisons nombreuses, impossibilité obtenir protection Consul France, vous serais obligé vouloir bien assurer protection et inviolabilité domicile.

2. — *Ministre de France à Santiago :*

Consul de France cesse faire partie Comité Alliance Française et commettre ouvertement illégalités, mais entreprend campagne calomnies que vous serais obligé faire cesser extrême urgence.

3. *Ministre Justice Chili :*

Obligé toujours lutter avec seule force de mon droit et appui quelques amis qu'influences occultes n'ont pas corrompus contre Gil Galté, Président Alliance Française d'Iquique, sou-

---

(1) J'ai reproduit ces câblogrammes sans les dater, parce que j'ai gardé les textes sans dates. Ces câblogrammes ont été envoyés en mars, avril, mai et juin 1913.

tenu par Consul France, vous serais obligé signaler à Justice
locale gravité des attentats qui ont été commis.

---

4. — *Ministre de France à Santiago :*
Mal impressionnée par dénonciation calomnieuse, de nouveau police me surveille. Prière intervenir Ministère Justice
pour faire respecter ma personne et més droits.

---

5. — *Ministre de France à Santiago :*
Reçu convocation anonyme Consulat de France. Impossible répondre parce que griefs exceptionnellement graves
m'empêchent aller voir Consul. Plainte déposée. Atteinte au
Droit des gens est telle qu'adversaires jugeant situation déses-
pérée ne cessent intervenir pour exercer pression.

---

6 — *Ministre de France à Santiago :*
Vous prie vouloir bien faire prendre contre Consul France
Iquique mesures immédiates qui assurent respect ordre
public et Droit des gens.

---

7. — *Ministre de France à Santiago :*
Vous confirme toutes mes lettres et tous mes télégrammes
et n'ayant reçu aucune réponse vous prie inviter Gouvernement français à prendre responsabilités.

XXI

Lima, le 2 Août 1913.

Après en avoir délibéré en ma conscience de citoyen français et d'honnête homme,
Et quelque critique qu'on puisse formuler contre l'accusation publique,
Toutes autres raisons d'agir comme j'agis étant réservées
pour une explication devant l'opinion publique française,
J'accuse le Vice-Consul de France à Iquique de forfaiture
et je demande sa dégradation civique.

Marius BOUCABEILLE
Ancien Professeur au Collége de Mauriac (France).
Ancien Avocat à la Cour d'Appel de Paris.

XXII

De *La France Coloniale*, août et septembre 1913 :

Une Violation du Droit des Gens

1. — Je m'excuse auprès de l'opinion publique de Fort-de-France de l'entretenir d'emblée d'une affaire un peu complexe qui n'a pas ses origines dans ce pays et dont il ne m'est guère possible d'exposer tous les détails en ces quelques lignes. Les détails seront exposés ultérieurement, si *La France Coloniale* veut bien m'offrir, pour quelques articles encore, l'hospitalité si généreuse de ses colonnes.

Voici d'abord un schéma de l'affaire.

Appelé à Iquique (Chili), il y a six mois, pour fonder et diriger un Collège français sous les auspices d'un Comité dit de l'Alliance Française, dont le Vice-Consul de France d'Iquique était le Président d'Honneur, j'ai eu dès le début des difficultés d'ordre contentieux strictement civil avec le Comité et plus particulièrement avec le Président actif du Comité qui a des liens contractuels avec moi. Ces difficultés en elles-mêmes ne peuvent pas intéresser l'opinion publique; elles relèvent de la juridiction civile ordinaire, chilienne ou française, et ne regardent que moi.

Mais ce qui peut intéresser l'opinion publique, c'est que d'abord ces difficultés ont leur source dans des conflits personnels entre le Vice-Consul de France et moi.

Ce qui peut intéresser l'opinion publique, c'est que mon contrat a été rompu par la force, sans aucune demande de résiliation à justice, sur l'intervention du Vice-Consul de France d'Iquique; cela constitue déjà une faute impardonnable à la charge du Vice-Consul, investi d'un mandat public de protection française et de neutralité.

Ce qui peut intéresser l'opinion publique, c'est que mon contrat a été rompu au Vice-Consulat de France où je croyais être dans la Maison de France et où, pendant que j'étais enfermé dans une pièce, mon droit était brisé sous la direction du Vice-Consul dans la pièce d'à côté.

Mon droit était un droit important : il s'agissait d'une situation de Directeur de Collège de 8.000 francs par an, plus logé, nourri, plus 25 0/0 sur les bénéfices, plus leçons particulières, plus consultations de droit, ma situation de

Directeur du Collège devant être compatible avec la profession d'avocat (ce qui est légalement possible au Chili) et cette situation devant me laisser les loisirs suffisants pour l'exercice de la dite profession.

Jusque-là on pourrait dire : « La responsabilité du Vice-Consul est engagée ; la responsabilité morale de l'Etat Français aussi et peut-être sa responsabilité civile s'il y a eu faute de service du Vice-Consul ; mais où est la violation du Droit des gens ? »

Voici à partir de quel moment nous entrons dans le Domaine du Droit des gens.

Le Vice-Consul de France d'Iquique, désespéré d'avoir commis une première gaffe, a rêvé chaque nuit depuis cinq mois au moyen d'effacer la gaffe commise.

Et chaque rêve de chaque nuit, depuis cinq mois, a porté son fruit. Chaque matin le Vice-Consul de France a été prêt pour une gaffe nouvelle.

Quand je dis chaque matin on pensera que j'exagère. Quand on saura tout, on dira que j'ai été peut être au-dessous de la vérité, car à de certains jours il y a eu pluralité de gaffes. En fin de compte le Vice-Consul n'a pas reculé devant la forfaiture.

Il a comploté contre ma sûreté individuelle et a déchaîné contre moi les forces de police.

Depuis cinq mois, le téléphone du Vice-Consulat de France, dont le Trésor Public paie l'abonnement, a servi à abîmer mon nom auprès des autorités de la Ville, auprès du Corps consulaire, auprès de l'Intendant de Tarapaca, auprés du Préfet de Police, auprès des magistrats, auprès des avocats, etc... Le téléphone a été le principal instrument de combat du Vice-Consul, parce que cet instrument de combat ne laisse pas de traces et décourage même la preuve testimoniale. Le Vice-Consul a dû cependant, malgré toutes les précautions dont il désirait s'entourer, recourir parfois aux démarches personnelles. Mais comme j'ai défendu ma liberté par des protestations publiques et comme j'ai fini par trouver un parti pour lutter contre son parti, le Vice-Consul a dû, en désespoir de cause, après avoir vainement employé tous les moyens pour obtenir contre moi un décret d'expulsion, se compromettre un peu pour venir à bout de ma résistance. Il s'est compromis le moins possible et s'est très bien débrouillé pour faire compromettre les autres. Mais il s'est compromis et je le tiens. Je ne pourrai pas tout prouver parce que les habitudes du pays sont pour moi des obstacles et parce que, encore une fois, le Vice-Consul a pris le maximum de précautions pour ne pas laisser de traces. Au surplus il est en train de faire sur lui-même l'enquête que le Ministre des Affaires Etrangères a ordonnée le 10 Mai dernier. Donc, des traces qui restaient bien peu subsisteront. Peu importe ! Il y a des traces indestructibles et nous allons voir comment, grâce à la force souveraine du Droit, un seul homme qui a dû pendant cinq mois se dresser, avec une poignée d'hommes dévoués mais faibles, dans un pays où il avait toutes les infériorités possibles, contre toutes les forces coalisées (force de l'argent, force de la fonction publique, force du mandat consulaire, prestige du Drapeau et de l'écusson de France que le Vice-Consul utilisait pour se sauver en disant que mes attaques contre sa personne étaient des attaques contre la patrie, appui des autorités, appui des relations, connaissance approfondie du milieu, de la langue du pays, etc., etc) nous allons voir, dis-je, comment un seul homme démolit avec deux ou trois documents tout un échafaudage de diffamations administratives et comment avec deux ou trois chaînons il reconstruit toute la chaîne des preuves du Droit.

Il y a eu violation du Droit des gens parce que j'avais à Iquique les droits spéciaux reconnus à l'étranger par la coutume internationale des pays civilisés et parce que la police chilienne est intervenue contrairement aux lois constitutionnelles du pays et contrairement aux principes du Droit international public relatif à l'inviolabilité de la personne humaine.

Dans un prochain article je donnerai communication de pièces officielles qui serviront de point de départ à une campagne que je continuerai par le journal, par la conférence ou par le livre. Dès l'instant que nous sommes dans le domaine du Droit des gens et dès l'instant qu'un agent de protection française internationale est compromis, la campagne mérite d'être entreprise.

Les Consuls sont à l'étranger les mandataires du pays. Le pays doit veiller à ce que le mandat de protection française internationale soit fidèlement rempli. Car, indépendamment des droits individuels que ce mandat sauvegarde et des garanties qu'il doit donner aux c toyens français, il y a en l'espèce une question d'amour-propre national en jeu : la France en effet n'est pas un pays quelconque ! Elle a une bonne réputation à l'étranger même parmi ses ennemis, et dans « l'Amérique latine », si profondément anglo-saxonne et germaine, où les derniers des latins sont dévorés, dans cette Amérique que nos fonctionnaires nous laissent séduire en brisant toutes les initiatives individuelles qu'ils trouvent sur leur route et en « fonctionnarisant » tout ce qui est « fonctionnarisable » pendant que les fonctionnaires des nations étrangères laissent faire leurs nationaux selon leur inspiration, dans cette Amérique où il y aurait tant à faire pour notre race, il y a des sympathies françaises à l'état latent, des sympathies que nous ne cultivons pas et que les Chinois eux-mêmes viennent maintenant nous voler. Mais on parle de la France là-bas comme d'une belle chose ! On parle de l'art français, de la pensée française, de la liberté française, de la justice française, du nom français, de l'immortelle douceur du parfum frais de l'âme de France. Il ne faut pas arracher aux Américains cette croyance qui leur reste en la Beauté française. C'est le seul lien qui subsiste d'eux à nous. C'est encore quelque chose. C'est beaucoup plus qu'on ne croit même. Quand nous aurons dans l'Amérique latine des fonctionnaires moins représentatifs et plus psychologues, comme les fonctionnaires anglais (car les Américains n'aiment pas la pose), quand nous aurons là-bas des fonctionnaires qui sachent s'accrocher au lien dont je parle plus haut, les Français pourront encore faire de la bonne besogne là-bas.

En attendant conservons le lien. Préservons la croyance américaine, si parfaitement fondée, en la Beauté française. Ne compromettons pas le bon renom de la France.

C'est dans notre bon renom international qu'est notre dernière planche de salut.

---

2. — Nous ne devons pas, disais-je, compromettre à l'étranger le prestige toujours puissant et plein d'espoir de la France morale internationale.

Et ce qui soutient à l'étranger le prestige français, c'est notre réputation de justice, c'est notre passion pour le droit, c'est notre révolte irréductible contre les abus de la force, c'est notre amour immortel pour les Libertés publiques. Nous avons de bonnes raisons pour les aimer, ces Libertés : nous les avons faites. Elles sont à la fois nos filles spirituelles et des fruits de notre chair : c'est dans le sang de la Révolution que la Pensée française les a données au monde. Elles sont les musagètes de la grandeur nationale. L'âme de notre Maison est faite d'elles. Elles fleurissent et elles charment. Elles mettent de la flamme au cœur des citoyens. Elles font la chaleur du pays. Et que serait sans elles le Drapeau ? Il ne manquerait pas d'âme essentielle, il garderait encore au fond de son symbole le souvenir des morts, il garderait encore l'image du clocher, le prix des affections, la saveur des baisers et la douceur des femmes et le parfum des terres, mais combien ne perdrait-il pas de sa valeur sociale et, plus encore de son éclat international? Plus encore qu'aux yeux du citoyen, aux yeux de l'étranger notre Drapeau c'est le Drapeau des Libertés. A ce titre c'est le Drapeau de toutes les patries. Depuis que le vent de 89 a soufflé sur le monde, nos Libertés sont devenues les Libertés du Droit des gens et notre Drapeau le Drapeau des Droits de l'Homme de toutes les nations. Et voilà pourquoi à Iquique, ville cosmopolite, où l'opinion publique internationale était représentée, le Vice-Consul de France a vexé les étrangers en même temps qu'il compromettait le prestige français en se servant du Drapeau des Libertés pour violer les Libertés à l'abri du Drapeau. Et voilà pourquoi s'étant servi de ce Drapeau pour accomplir cette besogne il n'a pu trouver ensuite, quand il a fomenté contre moi la haine des patriotes, que quelques amis pour m'adresser, sous sa dictée, des lettres d'injures et répandre sur mon compte de stupides diffamations.

Son mouvement des patriotes a fait un krach, comme plus tard son mouvement balmacédiste. Le Consul de Belgique lui-même, ami de la France, a refusé sa signature à une pétition consulaire de protestation contre mon attitude. C'est que tout le monde sentait bien que le Drapeau spécial du Vice-Consul de France n'était plus qu'un fétiche qui ne représentait pas autre chose que le désir d'un homme d'étouffer le scandale d'une violation du Droit des gens commise, loin de la mère-patrie, sous le pavillon du mandat public de protection française en l'occurrence utilisé pour l'exercice de représailles personnelles.

Voici des documents qui pourront servir de point de départ pour établir la forfaiture du Vice-Consul de France d'Iquique et donner une idée du complot contre la sûreté individuelle qui s'est tramé sous sa direction. Mais il sera bon de recourir, ainsi que je l'ai demandé, à une enquête sérieuse qui recueille sur place les preuves testimoniales et tire d'un grand nombre de faits, sur lesquels je ne puis insister ici faute de place et faute de temps, toutes les charges qui pèsent sur le Vice-Consul.

Le 5 juillet 1913 j'écris ceci à M. l'Intendant de Tarapaca : (je transcris l'espagnol sans le traduire parce que tout le monde comprendra).

« Senor Intendente,

« Suplico a US que tenga la amabilidad de comunicarme las razones por lascuales la Policia me arresto el dia 21 da abril y el dia 28 de mayo 1913.

« Tengo el honor de saludar a US. muy atentamente ».

Réponse de l'Intendant

« Iquique, 7 de julio 1913.

« N° 855 Dese por secretaria del informe pasado por la Prefectura de policia referente a este asunto.

« Firmado-Fuentès »

Copie du rapport de la Préfecture de police

« Na hay constancia de que el senor Boucabeille haya sido detenido en esta policia en ninguna epoca. Solo hay quel el 21 de abril del presente año fue interrogado en la via publica por dos ajentes de esta seccion acerta de si cargaba armas prohibidas; y el 28 del mismo mes fué notificado de orden del 1er juzgado de letras en lo criminal para comparecer a la audiencia del siguiente dia, por querella interpuesta en su contra por el Vice-Consul de Francia. Es cuanto puedo decir a esa Prefectura sobre el particular. Dios guarde a Us.

« Firmado-Ranion-Havia ».

Le 15 juillet je réécris à M. l'Intendant de Tarapaca :

« Senor Intendente,

« Suplico a US. que tenga la amabilidad de comunicarme las razones por lascuales la policia me arresto el dia 21 de abril y el dia 28 de mayo 1913.

« La contestacion del 7 de julio 1913 a mi carta del 5 de julio no explica les razones de los hechos.

« Quiero saber porque la policia tomo la libertad de arrestarme en la calle Bolivar el 21 de abril 1913 y escudriñar en mi chaleco. Quiero saber porque sospechome la policia.

« Quiero saber porque la policia tomo la libertad de arrestarme en la calle Baquedano el 28 de mayo 1913 para conducirme por fuerza al puesto de policia a donde me guardo una media hora. Si habia la policia comunicaciones para mi, quiero saber porque no uso de procedimientos regulares de comunicacion.

« Tengo el honor de saludar a US muy atentamente.

Réponse de l'Intendant

« Iquique, 16 de julio 1913.

« No 524. Estése a lo resuelto por providencia no 856 de fecha 7 del actual.

« Fiemado-Fuentés ».

« ESTÈSE », voilà la réponse...

Et puis extasiez-vous sur la beauté transcendantale du privilège administratif d'exécution préalable ! Les métaphysiciens du Droit Administratif vous disent : « Inclinez-vous d'abord quand vous vous trouvez en présence de l'Ad-mi-nistra-tion. Puis réclamez ».

Puis réclamez. On vous répond : « Estèse ».

Et encore pour obtenir cet estèse, Dieu sait la peine que j'ai eue ! Dans tout ce qui précède, il n'y a qu'un aperçu schématique des faits parce que je ne veux abuser ni des instants du lecteur ni de l'hospitalité généreuse de *La France Coloniale* pour tout raconter. Mais s'il fallait raconter tout ce que j'ai fait pour décrocher cet estèse je devrais écrire trente pages rien que sur ce chapitre. J'avais d'abord adressé ma demande sur papier ordinaire, on me l'a renvoyée avec la mention « venga con papel competente », et puis il a fallu que je cherche le « papel competente », et puis il y avait encore un conflit de compétence pour la réponse entre l'Intendant et le Préfet de Police et il a fallu que je voie le Sous-Préfet et puis le Préfet a statué, et puis j'ai dû parler avec l'Intendant, etc... etc...etc... Pour en arriver à quoi ? A un « estèse » .

J'ai demandé des explications à M. le Ministre de France à

Santiago. Je l'ai prié d'intervenir amicalement auprès du Gouvernement chilien pour qu'une réponse convenable me soit faite. Dans des circonstances analogues, M. le Ministre d'Espagne à Santiago a demandé des garanties pour des sujets espagnols d'Iquique.

Au besoin je ferai demander des explications à M. le Ministre du Chili à Paris ou bien je les lui demanderai moi-même.

Du reste c'est sur le Vice-Consul de France d'Iquique que retombe la plus large part de responsabilité. Si des autorités chiliennes sont responsables elles peuvent du moins invoquer des excuses. Elles ne sont intervenues que sur la demande du Vice-Consul de France qui m'avait calomnieusement dénoncé à la Police et avait vainement tenté à plusieurs reprises, en se servant de pièces étranges sur lesquelles j'ai demandé sans succès qu'on fasse la lumière, de me faire emprisonner et expulser d'Iquique. J'offre de prouver ce que j'avance par divers témoignages et notamment par le témoignage de l'Intendant de Tarapaca qui m'a dit de vive voix ce qu'il n'a pas cru devoir m'écrire et qui m'a montré une lettre du Vice-Consul par laquelle il demandait de nouvelles mesures arbitraires de police quelque temps après les attentats policiers de la calle Bolivar et de la calle Baquedano. Cette lettre est à conserver dans un musée d'épîtres rares. C'est le chef-d'œuvre, c'est le nec plus ultra de la diffamation.

3. — « Su casa senôr », disent les Chiliens aux étrangers quand ils les reçoivent. Cela veut dire : « Vous êtes chez vous ».

Le Vice-Consul d'Iquique avait tenu à me recevoir au Consulat non point pour que la Maison de France fût la mienne (ce que je n'eusse point exigé) mais pour que le Directeur du Collège français fût le vassal de Celui qui s'appelait pompeusement, avec toutes sortes d'invocations inutiles au Drapeau à propos de n'importe quoi et avec toutes sortes d'imprécations tapageuses contre les Anglo-Saxons et les Germains, le Représentant inviolable de l'Etat Français. Je n'aime pas trop tout ce bruit-là. J'aime qu'on aime la France avec moins de tintamarre. J'ai quelques raisons de l'aimer que le Vice-Consul d'Iquique n'a jamais eues ; mais je pense que les haines chauvines sont un charlatanisme sans utilité sociale et que les forces vives que nous dépensons à détester les autres nous ferions plus sagement de les dépenser à nous

corriger nous mêmes. Nous en avons tant besoin depuis que
le parlementarisme et le fonctionnarisme sont tombés si bas!
Le Vice-Consul avait tenu à me recevoir au Consulat (et Dieu
sait ce qu'il n'a pas fait pour avoir ma première visite, qu'il
n'a pas eue du reste) afin de pratiquer sur le Directeur du
Collége français cette main-mise morale qui lui permettrait de
rester le maître de la situation et de se servir de l'Alliance
Française comme d'un tremplin pour sauter dans un Consulat, dans la Légion d'Honneur ou dans autre chose. Les
Français sont rares là-bas (il n'y en a jamais eu assez pour
remplir un Comité de seize membres et il a fallu faire appel
à l'élément étranger pour les 2/3 ou les 3/4); le Vice-Consul
promettait à l'un les palmes académiques, à l'autre le Mérite
Agricole, il nommait deux Présidents de l'Alliance Française, deux Vice-Présidents, deux Trésoriers sans trésor,
deux Bibliothécaires sans bibliothèque, etc. Afin qu'il y eût
des honneurs pour tout le monde, le Vice-Consul inventait
au besoin une distinction nouvelle, par exemple celle de
Directeur de Turno dont je n'ai jamais su quel était au juste
le mandat. Quoi qu'il en soit, c'est avec tout çà que le Vice-
Consul faisait marcher son monde contre moi, sournoisement
d'abord, à lutte ouverte ensuite. Un beau jour, en un tour de
passe-passe qui est une merveille du genre, le Vice-Consul
fit briser mes engagements et empêcha qu'on me payât même
le mois courant ou qu'on me restituât un centime sur une
certaine somme qu'on me devait pour frais de voyage.

Je n'entretiendrais pas l'opinion publique de tout ceci s'il
ne s'agissait que d'une quelconque rupture de contrat civil.
Il y aurait conflit et voilà tout; les Tribunaux apprécieraient.

Mais je dis que le Vice-Consul d'Iquique, en se compromettant de la façon la plus grave dès le début et en passant de
la rupture brutale d'un contrat civil à la diffamation officielle
et au complot contre la sûreté individuelle, a commis non pas
seulement des fautes envers moi, ce qui serait encore uni-
quement l'affaire des tribunaux, mais des fautes contre la
société qui peuvent intéresser l'opinion publique. Et les
fautes s'aggravent de ce fait que nous n'étions pas en France,
qu'il n'y avait pas d'opinion publique pour surveiller le
Vice-Consul parce que l'élément étranger était indigné mais
ne pouvait guère intervenir à cause de la croyance locale,
que j'ai vainement combattue, en l'inviolabilité des consuls,

Nous étions loin de la mere-patrie et il était si facile de tromper le gouvernement français en jetant d'abord beaucoup de sable dans les yeux du Ministre de France à Santiago (ce qui n'était pas difficile non plus), cela était si facile, dis-je, que le Vice-Consul a commis gaffes sur gaffes et y est allé carrément, sans mesure et sans gêne.

Pendant cinq mois il s'est procuré un de ces plaisirs d'autrefois qu'on ne se procure plus en France : il a été, grâce à de tristes complicités, une sorte de hobereau tyrannique de notre ancien régime féodal faisant de sa fonction son fief, faisant de sa loi la loi, se servant de tout, spéculant sur tout, laissant le moins de traces possible, faisant disparaître les traces qui restaient, affichant le mépris du peuple, le mépris du droit, le mépris des libertés publiques et demandant toutes ses satisfactions au culte de la force.

Il a du reste d'excellentes façons d'expliquer les choses. « Que voulez-vous ? confesse t-il. Je suis un autoritaire ».

C'est parce qu'il est un autoritaire qu'il disait encore : « *Je veux*, coûte que coûte, *Je veux* que M. Boucabeille s'en aille. »

On lui objectait : « Adressez-vous à la Justice. Vous êtes en si bons termes avec elle !!! »

La Justice ! Pensez-vous ! Comme si la Justice était faite pour lui ! Deux fois, et même en comptant bien trois fois il m'a cité abusivement devant la Justice. Pourquoi me citait-il? Pour comparaître, alliez-vous croire. Eh bien non, pour m'embêter tout simplement, comme il me faisait arrêter par la police, pour me démoraliser, pour m'empêcher de travailler, pour faire croire au Ministre de Santiago que j'avais quelques torts, etc... Jamais il n'a osé comparaître ! Et quand j'ai voulu déposer devant le Juge Poblete des conclusions écrites pour obtenir la comparution du plaignant, le Juge, qui était d'accord avec le Vice-Consul, a refusé mes conclusions !

« Devant la Justice comme devant l'Administration inclinez-vous ; puis réclamez », disent les naïfs ou les malins.

Eh bien ! je vous demande de me dire en toute loyauté quel est le moyen d'obtenir justice contre l'injustice d'un juge de première instance qui sachant qu'il commettait une injustice n'a pas laissé, bien entendu, de traces dans le plumitif. Je vous le demande.

« Il fallait demander acte à l'audience », disent encore les
naïfs ou les malins.

Il y a mille façons de donner acte : avec une virgule vous
pouvez changer l'acte du tout au tout! Les juges chiliens
connaissent le moyen de donner acte des choses de telle
façon que la tête qui leur déplaît soit toujours en fin de
compte la victime.

Je conclus, ne pouvant pas abuser des instants du lecteur
et ne voulant d'ailleurs qu'éveiller l'attention publique sur
un point. Peu importe le dommage que j'ai subi et les dettes
qui ont été contractées envers moi tant par le Vice-Consul
de France d'Iquique que par tous ceux qui, par une complicité agissante ou par les complaisances de l'inaction, ont
permis que le Vice-Consul d'un État civilisé donne devant
les étrangers le triste spectacle qui a été vu à Iquique. Mais
ce qui importe, c'est de savoir si les Français qui pourront
partir demain pour l'étranger seront ou non exposés au
même dommage. Le cas du Vice-Consul d'Iquique est un
cas révélateur. Il ne révèle pas seulement les défauts d'un
homme. Il révèle des maux plus graves. Je n'ai pas pu tout
dire, trois cents pages ne se résument pas en trois articles.
Mais je supplie qu'on réfléchisse aux dangers que fait courir,
ailleurs qu'à Iquique peut-être, le dogme si profondément
idiot de l'inviolabilité consulaire.

Je n'ai pas besoin d'insister sur les conséquences désas-
treuses de ce dogme au double point de vue moral et social.
Les désastres qui pourraient résulter de l'inviolabilité consulaire sont innombrables et je ne puis les envisager tous. Mais,
pour rester sur le chapitre des conflits individuels sans penser à d'autres complications, imaginez un peu le désarroi
que peut causer, dans les petites colonies françaises à l'étranger quand elles sont très loin de la mère-patrie parmi les
idées nouvelles, les mœurs nouvelles, les haines de races, les
dissensions sourdes et les malentendus des peuples, imaginez
le désarroi que peut causer l'application systématique du
principe de l'inviolabilité consulaire. Un conflit éclate entre
un regnicole et son consul. Vous connaissez d'avance l'issue
du conflit ! D'autre part, un conflit éclate entre un étranger et
tel ou tel consul. Le consul répond : « Je suis inviolable ; je
n'ai pas besoin de me défendre contre le propriétaire de la
maison! » Vous croyez que la réponse est impossible?

Èh bien, mais l'année dernière le conflit s'est présenté sous
cette forme à Iquique entre le Vice-Consul de France et le
propriétaire de sa maison. Que les passions nationales s'en
mêlent et alors on ne sait jamais jusqu'où vont les choses ;
Le Vice-Consul de France, lui, ne parle de rien moins, pour
ces petites affaires-là, que de soulever des incidents diplomatiques ! Si j'en avais le temps, je raconterais le coup de
l'incident diplomatique du Vice-Consul de France d'Iquique
à propos d'une cheminée dont la fumée salissait les tapis
consulaires ! C'était avant mon arrivée à Iquique: Le Vice-
Consul fit appel à la police dans cette affaire-là aussi, au
nom de l'inviolabilité consulaire. C'est encore au nom de
l'inviolabilité que le Vice-Consul parlait d'insulte au Drapeau
à propos d'un timbre-poste qu'on lui faisait attendre plusieurs minutes au guichet de la poste et aussi à propos d'une
malle qu'une compagnie de transports avait surtaxée de
25 francs !

Les tiers peuvent rire de ces choses. Ceux qui en pâtissent
n'en rient pas : des dettes considérables peuvent être contractées envers eux pour la simple satisfaction des caprices
d'un homme et l'Etat ne peut pas échapper tout au moins à
une responsabilité morale. C'est cela qui est grave. Je supplie
qu'on y réfléchisse et je voudrais que des mesures fussent
prises pour empêcher, loin de la mère-patrie. les scandales
que l'inviolabilité consulaire, avec tout son cortège de vexations et d'injustices, peut provoquer. Je voudrais que des
instructions fussent données aux Consuls, pour leur faire
comprendre que leur mandat est un mandat de protection et
qu'il a en lui-même assez de noblesse pour qu'il soit inutile
que ces fonctionnaires demandent une distinction artificielle
et injustifiée à une inviolabilité qui n'est pas pour eux, je
voudrais en tout cas que ces fonctionnaires puisassent dans
une haute conception du mandat public le désir de se faire
respecter non point en parlant d'inviolabilité mais en ne
violant pas les droits des autres sous le couvert de leur
mandat.

Dans des publications ultérieures j'aurai l'occasion de
développer tout ceci et de développer aussi d'autres points.

---

4. — Bien que l'exposé que je fais dans *La France Coloniale* doive, pour des raisons diverses, rester incomplet, je

profite de la généreuse hospitalité du journal pour donner
quelques explications complémentaires et soumettre encore
deux ou trois points à l'attention de M. Qui-de-droit. Si le
personnage presque toujours confus de M. Qui-de-droit était
cette fois contenu tout entier dans le fauteuil de M. le Ministre des affaires étrangères, je ne me permettrais point de le
tarabuster par des interpellations publiques sur la faillite
d'un mandat national de protection à l'étranger ; je ne veux
pas empiéter sur le monopole des parlementaires. Mais en
l'espèce M. Qui-de-droit c'est l'homme qui passe...

La République française en effet — elle qui eut, il y a
trente ans, les meilleurs fonctionnaires du monde — en est
arrivée, depuis que tant de citoyens étranges ont envahi
toutes les fonctions, à une période critique du mandat public
qui oblige le pays à réfléchir. Le mal est grave ; le mandat
public fait chaque jour un pas de plus vers la déliquescence ;
l'homme qui passe a le devoir d'empêcher le malade de crever.

Je reste donc dans la logique de mon droit en accusant
devant l'opinion publique française un mandataire du pays à
l'étranger.

Au demeurant j'engage par mes accusations ma responsabilité et je dors quand même sur mes deux oreilles. Je ne
risque rien d'une poursuite correcte, parce que je prouverai
à peu près tout, même si on tripatouille mon affaire.

C'est une œuvre d'utilité publique que j'entreprends, dans
la mesure de mes moyens, en dénonçant les odieux abus de
la force dont j'ai été victime à Iquique, cinq mois durant, et
presque chaque jour ayant été marqué par un abus nouveau
qui était destiné à étouffer le scandale par la pression morale
et la terreur. Je dis et j'offre de prouver qu'il n'est matérielle-
ment pas possible qu'un fonctionnaire d'autorité agissant en
France — ce fonctionnaire fût-il au plus haut degré de
l'échelle administrative — abuse de son mandat comme un
fonctionnaire d'autorité de mon pays en a abusé à Iquique.
Je sais quels peuvent être en France parfois les bas procédés
d'un garde-champêtre, d'un maire, d'un préfet ou même d'un
ministre. Mais je dis et j'offre de prouver qu'aucune de ces
autorités n'oserait attenter aux libertés publiques dans les
conditions et dans les formes révoltantes que le Vice-Consul
de France d'Iquique a osé employer,

C'est parce qne j'aime la liberté pour les autres aussi bien que pour moi-même que je saisis l'opinion publique.

Monsieur l'Intendant de Tarapaca me disait un jour : « Votre Vice-Consul n'a pas de liens contractuels avec vous. Pourquoi n'attaquez-vous pas plutôt votre contractant ? » Je n'attaque pas mon contractant parce qu'il n'y a entre lui et moi qu'un conflit de droit privé qui se réglera devant les tribunaux selon la procédure ordinaire. J'attaque le Vice-Consul parce qu'il y a entre lui et moi un conflit de droit public qui peut être soumis par tous les moyens que me donne la Loi sur la Presse à mes concitoyens qui sont les mandants du Vice-Consul. Il n'avait pas de liens contractuels avec moi? C'est entendu (¹) ; mais c'est justement pour cela qu'il n'eût jamais dû intervenir dans l'accomplissement de mes obligations contractuelles, ni pour contrôler ni même pour examiner ; il est intervenu avec son Drapeau, ses relations d'argent et de justice, son parti, son téléphone, ses câblogrammes au Ministre pour me diffamer alors que l'Etat paie tous ces frais de diffamation et qu'il n'a rien à y gagner au point de vue de l'intérêt public ; il est intervenu avec une multitude d'avantages que je n'avais pas, avec le nom prestigieux de l'Alliance Française dont il s'est servi pour sa défense personnelle ; il est intervenu avec la police, avec les dénonciations calomnieuses et les citations abusives ; il est intervenu de mille façons. C'est pour cela que je l'attaque. Je l'attaque parce que je suis citoyen d'un Etat et non point sujet d'une monarchie, et parce que les libertés du citoyen sont intangibles : le Vice-Consul a voulu faire de moi son sujet ; je ne suis pas du bois dont on fait cet article. Sans doute le citoyen peut accepter, sous de certaines conditions, de s'assujettir ; mais il faut qu'il s'assujettisse *librement* et il faut, autant que possible, que ce soit à quelque chose qui mérite le sacrifice de sa liberté, les grandes pensées et les grandes amours et les objets qui les inspirent, la Science, l'Art, le Peuple, la Femme et l'Humanité ; ou bien il faut qu'il s'assujettisse tout simplement à son devoir : « Fais éner-

---

(1) Il est bien entendu que ce n'est pas le Vice-Consul qui avait pris des engagements envers moi pour la direction du Collège et que c'est le Président du Comité de l'Alliance Française qui s'était engagé au nom du Comité, mais le Vice-Consul faisait partie de ce Comité qu'il avait fondé et dont il était l'âme, et c'est le Vice-Consul qui avait fait engager le Président et qui plus tard le fit compromettre,

giquement ta longue et lourde tache, etc... » ; il faut, s'il est
consul par exemple, qu'il s'assujettise. à la fonction consulaire qui n'est pas faite pour lui qui au contraire est fait pour
elle. C'est ce que j'ai expliqué à M. l'Intendant de Tarapaca.

Je saisis l'opinion publique parce que dans les libertés
intangibles du citoyen il y a la *Liberté* qui est sacrée pour
tous. Les privautés qu'un fonctionnaire se permet vis-à-vis
de l'un il peut se les permettre vis-à-vis de l'autre ; d'autres
fonctionnaires peuvent l'imiter ; l'exemple resterait-il sans
imitateurs, il est mauvais en lui-même, il ne doit pas rester
impuni.

Car il faut que toutes les parcelles de l'âme de France qui
sont dispersées à tous les vents du monde puissent donner
chacune son rayon sans que l'écusson français puisse en
aucun cas servir d'éteignoir. Demain quelques-uns de mes
concitoyens, ouvriers de l'idée ou bien ouvriers manuels,
peuvent partir pour les terres lointaines jeter la semence de
notre idéal. Il faut qu'on les laisse semer en paix.

Le moyen d'avoir une protection plus efficace à l'étranger ?
Le moyen se décompose. Surveillez davantage vos consuls.
Donnez des instructions en ce sens à vos ministres plénipotentiaires. Faites-leur dire qu'il sont investis d'un mandat de
protection et d'information, que là représentation n'est pas
leur affaire, que l'inviolabilité consulaire ne leur est pas
indispensable et qu'ils n'ont droit qu'à l'inviolabilité commune qui est l'inviolabilité des libertés publiques. Pour les
empêcher de représenter donner-leur plus de travail et moins
d'argent. Que voulez-vous que fasse un Vice-Consul de
France à Iquique s'il ne représente pas ? Il y a quinze Français environ à Iquique. Tout est anglais là-bas. Que voulez-
vous que fasse un Vice-Consul avec quinze Français ? Il touchait 17.000 francs. Il a demandé 20.000 francs et d'autres
faveurs Il a tout obtenu. Et il représente ! Il n'a pas autre
chose à faire. Il a voulu me donner un rôle dans la représentation. J'ai refusé. J'ai protesté. Voilà la source de tous les
déboires que j'ai eus là-bas. Est-ce qu'il ne vaudrait pas
mieux supprimer cette sinécure d'Iquique ? L'agent consulaire simple ne coûterait rien et ferait aussi bien les choses(1).

____

(1) Jusqu'à ces dernières années il n'y avait à Iquique qu'un agent consulaire. Il ne touchait pas de traitement et contentait tout le monde sans
coûter rien à personne. Depuis qu'on a créé la sinécure du Consulat de

Quant aux consuls dont l'emploi se justifie par des intérêts importants à défendre, faites-les donc travailler. Demandez-leur des rapports avec des précisions et avec des idées, et avec des chiffres exacts. Vous leur demandez aujourd'hui des compilations quelconques qui sont bâclées Dieu sait comment et que le moindre maire de la plus petite commune de France ferait aussi bien qu'eux, vous leur payez des suppléments pour frais de secrétaire alors qu'ils pourraient tout faire par eux-mêmes, vous leur payez leurs notes de frais de voyage pour eux et leurs amis, vous leur accordez toutes sortes de satisfactions, et alors, bien entendu, ils vivent leur bonne vie de farniente, se reposant sur la magnanimité généreuse de la République de tous les tracas de l'existence et de tous les devoirs de leur fonction.

Je ne puis insister, ne voulant pas abuser des instants du lecteur.

Monsieur le Ministre de France à Santiago, qui sait parfaitement au fond de lui-même que j'ai tout à fait raison, se plaint de ma mitraille de protestations au sujet de mon affaire. Ma réponse est bien simple : La mitraille continue. Je sais bien que les hautes puissances peuvent ne pas redouter ma mitraille. Monsieur l'Intendant de Tarapaca, de qui je conserve d'ailleurs un bon souvenir, me demandait à propos de ma première protestation publique à combien d'exemplaires elle avait paru. Je lui répondis : « Quinientos ». Il eut un sourire qui signifiait : « Vous avez trente-six mille fois raison, mais tant que vous ne publierez vos doléances qu'à 500 exemplaires nous ne risquons rien ! ».

La raison et le droit, c'est donc une affaire de tirage à l'impression.

France, la protection française est devenue très onéreuse et elle attaque les intérêts français au lieu de les protéger ! Ah ! que voilà bien le népotisme dans ses résultats ! Et quand recrutera-t-on le personnel consulaire parmi les compétences ? Quand tiendra-t-on compte aux candidats à la carrière d'autre chose que de leurs titres de noblesse, de leurs relations politiques, de leur valeur décorative, de leur capacité de « représentation » et de leur aptitude à « poser » ?

Quel sera le Ministre des Affaires Etrangères assez hardi pour réorganiser de fond en comble notre Représentation consulaire en y introduisant la valeur technique, le goût de la recherche et de l'information, l'énergie, le caractère, l'indépendance morale et la science des choses du droit international public et privé ? Quel sera le Ministre des Affaires Etrangères assez hardi pour faire protéger par les services de Protection française les intérêts français ?

Enfin, soit. Restons-en là pour le moment. Je supplie que l'on m'excuse du désordre de mon exposé et de ses lacunes. J'ai tenu à m'expliquer un peu et voilà tout. Je reprendrai mon exposé, pour le compléter et le préciser, dès que je serai dans la métropole.

Marius BOUCABEILLE
Ancien Professeur de l'Université
Ancien Avocat à la Cour d'Appel de Paris,

XXIII
Lettres du Secrétaire Général de l'Alliance Française

Le 9 juillet 1913, l'Alliance Française fait une première déclaration de neutralité dans le conflit qui a éclaté entre le Comité de l'Alliance Française d'Iquique et moi.

Pour rester neutre, il faut être indépendant et désintéressé, L'Alliance Française, qui participe aux bénéfices de l'opération, ne peut pas rester neutre ici.

Prétexter d'autonomie des Comités c'est abdiquer les devoirs de surveillance qui incombent à une Association qui se dit nationale et qui engage la Nation par ses subventions comme par ses actes.

Le 28 novembre 1913, l'Alliance Française renouvelle sa déclaration de neutralité.

1. — ALLIANCE FRANÇAISE — Paris, 9 juillet 1913.

Monsieur,

J'ai l'honneur de vous accuser réception de votre lettre du 12 juin.

Le Comité d'Iquique, comme tous nos Comités à l'étranger, est entièrement autonome.

Nous ne pouvons donc intervenir.

Veuillez agréer, Monsieur, l'assurance de mes sentiments distingués.

Le Secrétaire Général de l'Alliance Française,
Emile SALONE.

2. — ALLIANCE FRANÇAISE — Paris, le 28 novembre 1913.

Monsieur,

J'ai l'honneur de vous accuser réception de votre lettre du 27 novembre.

Nous ne pouvons que vous répéter que les Comités de l'Alliance Française à l'étranger sont entièrement autonomes et qu'il ne nous appartient pas d'intervenir dans leur gestion. C'est tant au nom de notre Président que de moi-même que je vous fais cette réponse.

Veuillez agréer, Monsieur, l'assurance de nos sentiments les plus distingués.

Le Secrétaire Général de l'Alliance Française,
Emile SALONE.

XXV

Une Pétition Notariée

Les calomnies du Vice-Consul m'ayant causé un dommage considérable, certaines personnes prirent l'initiative d'une pétition qui se couvrit de signatures de notabilités diverses et qu'on adressa au Ministre de France pour protester contre les calomnies consulaires. Cependant, à cause de la fonction du Vice-Consul et en raison de l'attitude du Ministre de France, on rédigea le texte de cette pétition de manière à ce qu'il ne contînt qu'un blâme tacite contre les procédés du Vice-Consul.

Voici le texte de cette pétition qui fut protocolisée chez un notaire :

« En Iquique, Republica de Chile, a siete de julio de mil novecientos trece, ante mi, Francisco Hurtado, notario publico y de hacienda de este departemento y testigos cuyos nombres se espresaran a la conclusion, comparecio don Miguel Berthin, mayor de edad, de este domicilio, aquien cognosco doy fé, y me presento para su protocolizacion i insercion en el presente registro el documento siguiento : A pedido del señor Miguel Berthin los suscrites tienen el gusto de certificar que el señor Marius Boucabeille, Professor de francés à Iquique, es persona caracterizada y que nada en sus procedimientos puede dar lugar a poner en dudo su honorabilidad.

Iquique, diez de junio 1913.

Signés : Eug. TARSETTI, Ed. AGRELA, Juan CHAMBON, BERTHIN, BEBIN, SORBINI, CATTEY, CASTEX, FUENZA-LIDA, etc... etc. . »

XXVI

Intervention de la Ligue des Droits de l'Homme

Le 6 septembre, M. le Ministre des Affaires Etrangères fit connaître à M. Brousse, député, le résultat de l'enquête du Ministre de France au Chili.

Je n'ai pas sous la main la lettre du Ministre à M. Brousse; je ne puis la reproduire ici, mais je reproduis la lettre du Ministre au Président de la Ligue des Droits de l'Homme, qui est une copie de la lettre précédente avec, en moins, les observations qui avaient été adressées au Vice-Consul de France à Iquique.

Ligue Française pour la Défense des Droits de l'Homme et du Citoyen
Rue Jacob, 1, VIᵉ arrondissement, Paris

Paris, le 15 décembre 1918.

Monsieur,

J'ai l'honneur de vous informer que notre Président, M. Francis de Pressensé, vient de recevoir du Ministre des Affaires Etrangères la lettre suivante :

Paris, le 2 décembre 1918 (¹).

Monsieur le Président,

Par votre lettre du 28 novembre dernier, vous m'avez exprimé le désir d'être mis au courant des résultats de l'enquête que, conformément à ma communication du 28 juillet dernier, je n'avais pas manqué de prescrire à notre Ministre de France au Chili de faire sur les incidents qui s'étaient produits entre notre Vice-Consul d'Iquique et M. Boucabeille, à cette époque Directeur du Collège français de cette ville.

J'ai l'honneur de vous faire connaître que le rapport de notre représentant m'est récemment (²) parvenu.

---

(1) M. le Ministre des Affaires Etrangères était sans doute un peu gêné pour répondre à M. le Président de la Ligue des Droits de l'Homme. Voilà pourquoi il a évité de répondre tant que la Ligue ne lui avait pas rappelé cette affaire. La réponse du Ministre à M. de Pressensé est du 2 décembre. La réponse à M. Brousse, député, est du 6 septembre.

(2) Le Ministre des Affaires Etrangères comprend que le retard qu'il a mis à répondre est une manifestation de la gêne qu'il éprouve à répondre d'une manière satisfaisante; voilà pourquoi il prend la précaution de dire que le rapport du Ministre de France au Chili lui est parvenu récemment

Il ressort de ce document que si M. Lelorrain a manqué un peu de calme (1) en présence de la campagne de diffamation menée contre lui par M. Boucabeille, ce dernier a fait preuve d'une exaltation et d'un acharnement qui sont certainement les principales causes des incidents dont il s'est ensuite tellement plaint (2).

M. Veillet-Dufrêche ajoute que M. Boucabeille a pris le parti le plus sage qui était de quitter Iquique sans esprit de retour. La prolongation de son séjour dans cette ville ne pouvait que lui attirer de nouveaux désagréments, tout en constituant au sein de la colonie française une cause de troubles et de scandales, particulièrement regrettables quand ils se produisent à l'étranger (3).

Dans ces conditions, j'estime qu'il y a lieu de considérer comme clos des incidents dont l'importance a été beaucoup grossie par la nervosité du principal intéressé (4).

Recevez, etc.

S. Pichon.

---

(1) Ce « manque de calme » est un euphémisme diplomatique.

(2) Les expressions dont s'est servi le Ministre de France pour caractériser mon attitude sont des grossissements diplomatiques.

(3) Le Ministre de France ne grossit plus. Il dénature. Toute la presse d'Iquique a regretté mon départ. L'opinion publique d'Iquique m'était favorable. Je n'avais contre moi que le Vice-Consul et ses amis ou plutôt les sept à huit Français qu'il avait pu maintenir sous son joug. La police elle-même, qui m'avait été si hostile au début parce que le Vice-Consul l'avait trompée, essayait de se rapprocher de moi. Quelque temps avant mon départ, je passai voir le Sous-Préfet de police pour savoir ce qui s'était passé ; j'allais donc me jeter dans la gueule du loup pour savoir si vraiment le loup était un loup ; eh bien ! le Sous-Préfet me reçut très aimablement et me déclara que pour tout ce qui s'était passé le Vice-Consul de France était seul responsable. L'Intendant de Tarapaca me déclara la même chose, très aimablement aussi. Ce n'était donc pas moi qui troublais l'ordre ; c'était le Vice-Consul. Et la preuve, c'est que les troubles avaient commencé avant mon arrivée et qu'ils ont continué depuis mon départ.

(4) Le Ministre de France continue à me dénigrer pour pallier ses propres fautes et les fautes du Vice-Consul. Pour des administrateurs qui ont leurs aises comme un Ministre plénipotentiaire et un Vice-Consul, il peut paraître de peu d'importance qu'un Français soit attiré au Chili, bloqué, tracassé, opprimé par tous les moyens ! Pourquoi cela serait-il de quelque importance ? Si cela était de quelque importance, il faudrait rechercher les responsabilités. Or, la recherche des responsabilités était ce que le Ministre désirait le moins : quand on a pleins pouvoirs est-ce qu'on est responsable ? La voilà bien, dans cette lettre, l'irresponsabilité administrative, ministérielle et plénipotentiaire ! L'irresponsabilité, voilà le mot ! C'est dans ce mot-là, dans ce mot profond et vaste, au sens illimité, qu'est contenu tout le poème de l'Administration !

Nous vous serions reconnaissants de vouloir bien, s'il y a lieu, nous faire parvenir les observations que vous auriez à nous présenter au sujet de cette lettre (¹).

Veuillez croire, etc.

Le Secrétaire général,

ILLISIBLE.

XXVII

Plainte contre le Ministre de France au Chili

Le 10 octobre je dus déposer contre le Ministre de France au Chili une plainte dont on pourra lire un extrait ci-après.

Saint-Hippolyte-du-Fort, le 10 octobre 1913.

Monsieur le Ministre,

Le Ministre de France à Santiago apprécie les choses d'une façon bien triste en disant que M. Lelorrain « a manqué un peu de calme en présence de ma campagne de diffamation ».

Je n'ai pas diffamé M. le Vice-Consul de France. J'ai dit la vérité et il fallait dans l'intérêt supérieur de la justice que la vérité fût dite. Les libertés du Droit des Gens avaient été attaquées par le Vice-Consul d'un pays qui a donné la liberté au monde. Je ne tire pas gloire de les avoir défendues. Je n'ai fait que mon devoir.

Puisque M. le Ministre de France couvre le Vice-Consul d'Iquique, la situation prend un caractère de gravité qui ne vous échappera pas. Je ferai encore mon devoir en attaquant devant l'opinion publique M. le Ministre de France.

Nous verrons de quel côté il y a diffamation.

Le Ministre de France prend la cause pour l'effet et l'effet pour la cause.

Ce que M. le Ministre de France à Santiago appelle une campagne de diffamation et qui n'a été qu'une campagne pour la défense des libertés, de la vérité et de la justice a été le résultat des actes odieux du Vice-Consul de France. Avant que mon contrat n'eût été brisé au Consulat de France, avant que mon domicile n'eût été violé sur l'ordre du Vice-Consul ma campagne n'avait pas été entreprise. La rupture

---

(3) Ainsi que cela est dit au bulletin officiel du 1er avril 1914, la Ligue des Droits de l'Homme transmit, à la date du 25 décembre 1913, mes protestations au Ministère des Affaires Étrangères. *La réponse est encore attendue.*

de mon contrat avec la complicité d'un agent de protection qui n'eût jamais dû accepter une complicité semblable, la violation de mon domicile sur l'ordre d'un agent de protection qui n'eût jamais dû donner un pareil ordre, sont la cause et non l'effet.

De là est sortie ma première protestation.

La mesure arbitraire de la calle Bolívar a précédé et provoqué ma seconde protestation.

Ma troisième et ma quatrième protestation sont issues de l'arrestation de la calle Bolivar, de la citation abusive du 29 mai, de la campagne de diffamation du Vice-Consul et d'autres actes arbitraires ou odieux précisés dans mes lettres à M. le Ministre de France qui m'a prouvé sa partialité en ne répondant jamais ni à mes lettres ni à celles de mes amis.

Je ne comprends pas d'autre part l'ironie amère qui se cache sous l'appréciation étrange de M. Veillet-Dufrêche relative aux dangers que m'eût fait courir une prolongation de séjour à Iquique.

Ces dangers, je les connaissais. Tous, mes amis les connaissaient. Des lettres que je reçois d'eux me prouvent qu'en effet j'ai bien fait de quitter Iquique.

Mais cela même constitue une charge accablante pour le Vice-Consul qui a été le chef de l'opposition qu'on m'a faite.

Je vous demande, en conséquence, Monsieur le Ministre, de vouloir bien ne pas vous en tenir aux résultats d'une enquête qui n'a pas été sérieuse, pour les raisons que j'ai dites précédemment, et je sollicite de votre justice des sanctions et des réparations qui soient suffisantes.

Veuillez agréer, etc.

XXVIII
Réponse du Ministre

MINISTÈRE
des
AFFAIRES ÉTRANGÈRES

Paris, le 17 octobre 1913.

Monsieur,

J'ai l'honneur de vous informer que j'ai transmis à M. le Ministre de France à Santiago de Chili la plainte que vous m'avez adressée le 10 de ce mois.

Dès que cet agent m'aura fait parvenir les renseignements que je lui ai demandés, j'aurai soin de vous en aviser (¹).

Recevez, etc.,

Pour le Ministre et par autorisation :

Le Ministre plénipotentiaire directeur,

ILLISIBLE.

XXIX

Santiago, le 4 septembre 1913 (²).

Lettre du Ministre de France au Chili

Monsieur,

A la suite des lettres et télégrammes que vous m'avez adressés pendant votre séjour à Iquique, j'ai fait les démarches en vue d'obtenir un règlement à l'amiable de votre compte avec le Comité de l'Alliance Française (³).

(1) Je n'ai jamais plus rien su.

(2) Le Ministre de France a attendu six mois pour répondre à mes lettres et câblogrammes. Il ne s'est décidé à me répondre que lorsqu'il a appris que je rentrais en France. Il ne s'est occupé de moi que lorsque je ne lui ai plus rien demandé. La lettre est datée du 4 septembre.; or, j'étais passé à la Légation de France à Lima fin juillet et le Ministre de France au Pérou m'avait promis d'écrire au Ministre de France au Chili pour lui dire que je me plaignais de la manière dont le Vice-Consul d'Iquique avait été surveillé. Le Ministre de France au Chili a pu recevoir une lettre de son collègue de Lima et a pu vouloir, en m'écrivant, prévenir et empêcher mes plaintes au quai d'Orsay.

(3) Le Ministre de France insinue que je l'ai chargé de faire des démarches auprès du Comité en vue d'obtenir le règlement à l'amiable de ce qu'il appelle « mon compte » « A la suite des lettres et télégrammes, etc... etc... j'ai fait, etc... etc... » Or, l'intervention du Ministre auprès du Comité en vue d'un règlement à l'amiable était inutile. Le Ministre n'avait qu'à intervenir auprès des autorités pour me faire obtenir l'égalité de droit devant la loi et l'égalité de traitement devant la Justice. Aussi n'avais-je point chargé le Ministre de faire des démarches auprès du Comité. Je l'avais seulement prié de vouloir bien assurer la protection française. En intervenant de son propre gré auprès du Comité, il n'a pas agi comme mandataire, il a géré mon affaire au nom de l'Etat Français et il a contracté au nom de l'Etat Français toutes les obligations du gérant qui sont les mêmes que celles du mandataire avec cette différence que la gestion engage la responsabilité du gérant plus que le mandat n'engage la responsabilité du mandataire quand le gérant a géré pour retirer de la gestion, comme c'est ici le cas, un bénéfice. Le Ministre de France voulait, en intervenant, favoriser l'Alliance Française et il a été navré de ne pas pouvoir obtenir pour elle un règlement à l'amiable qui consistait à me faire abandonner mes droits presque entièrement et à m'imposer, en me décourageant, quelque transaction draconienne. La transaction draconienne n'eût pas été pour le Ministre un bénéfice direct puisque c'était l'Alliance Française qui devait

D'autre part je suis intervenu, ainsi que vous me l'avez demandé, pour que vous soyez assuré de rencontrerde la part des autorités toutes les garanties auxquelles vous aviez droit(1).

Mon intervention auprès du Comité qui ne pouvait avoir qu'un caractère officieux n'a pas abouti (2); il vous appartient de poursuivre votre réclamation devant les tribunaux (3).

Lors des incidents très regrettables qui se sont produits entre vous et certains membres de la colonie française (4), l'appui des autorités ne vous a pas fait défaut et, pour répondre au désir que vous m'avez exprimé, j'ai l'honneur de vous adresser ci-joint copie de la traduction d'un rapport de la police d'Iquique concernant son attitude à votre égard les 21 avril et 28 mai dernier (5).

Recevez, etc.

---

recueillir ce bénéfice, mais l'Alliance Française serait devenue l'obligée du Ministre et quand c'est vis-à-vis d'un ministre que l'Alliance Française contracte des obligations, elle les remplit.

(1) Cette intervention auprès des autorités était la seule qui fût dans les attributions du Ministre de France. Le seul fait que le Ministre a commencé par intervenir auprès du Comité de l'Alliance Française prouve que le privilège de l'Alliance Française comporte pour cette Société la faveur d'être appréciée par le Ministre de France avant d'être jugée par les Tribunaux. Il y a là une sorte d'arbitrage préalable qui procède du fait du prince. On peut contester le fait du prince, il faut l'admettre, mais encore serait-il bon que ce fait du prince, qui est parfois de l'équité transcendantale, ne fût pas le caprice d'un ministre plénipotentiaire, c'est-à-dire quelque chose qui est souvent de l'injustice quintessenciée.

L'Alliance Française m'avait créé des difficultés au Chili. J'avais le droit de recourir à la Justice chilienne. Je n'étais pas forcé d'attendre que le Ministre de France eût « arrangé » l'affaire. J'avais besoin de ce qui m'était dû et le Ministre de France ne faisait pas d'avances. Le Ministre de France aurait bien pu tout au moins m'aviser de son désir d'intervenir auprès du Comité et me faire connaître qu'il interviendrait d'abord auprès des Autorités chiliennes.

(2) Cette intervention n'avait pas un caractère officieux. Elle avait un caractère usurpatoire puisqu'elle se produisait en mon nom et sans que le Ministre de France m'accusât même réception de mes lettres.

(3) Le Ministre me donne là un conseil tardif et inutile. Si c'est pour me rassurer qu'il me conseille, il devait me conseiller plus tôt. C'est quand j'étais isolé en terre lointaine que le conseil était opportun et pouvait, en me rassurant sur les pensées de la Légation de France, m'être utile.

(4) Il n'y avait pas eu d'incidents entre certains membres de la colonie et moi. Il n'y avait eu d'incidents qu'entre le Vice-Consul et son ex-secrétaire et moi. Le Ministre cherche, en écrivant cette phrase, à excuser son Vice-Consul.

(5) Voilà de la logique! L'appui des autorités ne m'a pas fait défaut, dit le Ministre, et il m'envoie copie d'un rapport de police qui prouve que la police m'a tracassé!

Ce rapport est d'ailleurs absurde en ce qu'il n'indique pas, comme j'en avais exprimé le désir, les causes de la mesure policière du 21 avril, et en ce qu'il passe sous silence la mesure policière beauco p plus grave du 28 mai.

XXX

LÉGATION

DE LA

RÉPUBLIQUE FRANÇAISE

AU CHILI

COPIE

Traduction. — Police de Sûreté de Tarapaca.

Iquique, le 2 juillet 1913.

Monsieur le Préfet,

Il n'existe pas de preuves (1) que M. Boucabeille ait été détenu par cette police à aucune époque. Il y a seulement que le 21 Avril 1913, il fut interrogé sur la voie publique par des agents de cette section, pour savoir s'il portait des armes prohibées et, le 28 du même mois, il lui fut assigné l'ordre du 1er juge de lettres du crime à se présenter en audience, le jour suivant, à la demande du Vice-Consul de France. C'est tout ce que peut dire cette Préfecture en cette affaire. Dieu vous garde.

Signé : Ramon HEVIA.

Pour traduction certifiée conforme à l'original :

Santiago de Chili, le cinq septembre mil neuf cent treize.

Le Conseiller substitué,

Emile GISSOT.

Vu pour la légalisation de la signature apposée de M. Emile Gissot, chancelier de cette Légation,

Santiago, le 4 septembre 1913.

Le Ministre de la République Française au Chili.

---

(1) « Il n'existe pas de preuves », cela signifie dans le langage de la police : « Nous ne voulons pas avouer ». La mesure policière du 21 Avril est reconnue par un demi-aveu parce que la police savait que j'avais fait dresser procès-verbal contre les agents en présence de trois témoins, mais l'arrestation du 28 Mai, beaucoup plus grave, plus brutale et suivie d'une courte détention, est niée parce que la police avait pris cette fois-ci ses précautions pour m'empêcher de dresser un nouveau procès-verbal contre ses agents.

XXXI

Nouvelle Lettre au Ministre des Affaires Étrangères

Saint-Hippolyte-du-Fort, le 15 octobre 1913.

Monsieur le Ministre,

J'ai l'honneur de vous faire connaître que je viens de recevoir de Monsieur le Ministre de France au Chili une lettre en date du 4 septembre qui ne répond pas aux lettres que j'ai écrites et qui n'est qu'un échappatoire, d'ailleurs tardif.

M. le Ministre de France au Chili, qui n'a jamais répondu, même par un simple accusé de réception, aux lettres que je lui ai adressées depuis le 15 mars, qui n'a jamais répondu parce qu'il était embarrassé de reconnaître que j'avais tous les droits et le Vice-Consul tous les torts, me répond maintenant « qu'il a fait des démarches en vue d'obtenir un règlement amiable de mon compte avec le Comité de l'Alliance Française, que son intervention n'a pas abouti et qu'il m'appartient de poursuivre ma réclamation devant les tribunaux ».

Le Vice-Consul d'Iquique triomphe. Il a sauvé le Comité de l'Alliance Française en me mettant par tous les moyens dans l'impossibilité morale et matérielle de plaider en justice. Le Ministre de France au Chili sauve le Vice-Consul. Et le tour est joué.

M. le Ministre de France au Chili ajoute qu'il est intervenu « pour que je sois assuré de rencontrer de la part des autorités locales toutes les garanties auxquelles j'avais droit ».

Il est étrange que M. le Ministre de France au Chili ait attendu six mois à me répondre cela ! Quand et comment est-il intervenu ?

Mystère.

Quels résultats a-t-il obtenus ?

Voici. Le Ministre m'envoie une copie (que je possédais bien longtemps avant qu'il me l'envoyât) d'un rapport de police qui avoue ce qui ne peut pas être nié en raison des preuves que je me suis procurées ; le rapport est muet notamment sur les raisons qui ont motivé l'intervention policière et il glisse silencieusement sur l'arrestation et la détention du 28 mai. Heureusement pour moi que j'ai eu soin de procéder personnellement et par mes amis à l'enquête nécessaire. Je prévoyais que le Ministre de France bâclerait ce travail.

J'ai l'honneur d'en appeler aujourd'hui à votre justice de l'injustice de M. le Ministre de France au Chili. Je l'accuse de n'avoir pas assuré ma protection à Iquique et d'avoir, par actions et omissions, essayé de sauver le Vice-Consul (qui peut mettre en mouvement de puissantes influences auprès d'un Ministre plénipotentiaire et qui possède au plus haut degré le talent de tromper tout le monde). Je prouverai tout cela et nous verrons ce qui restera du rapport du Ministre de France quand la Justice aura passé par là.

Je vous serais très reconnaissant de m'accorder le plus tôt possible l'audience que j'ai sollicitée.

Je vous demande pardon, Monsieur le Ministre, de mon insistance, mais je poursuis en même temps qu'une œuvre de justice sociale une campagne de défense des libertés du Droit des gens et du nom français et je suis bien excusable d'insister.

Veuillez agréer, etc.

XXXII

Le 25 octobre, j'écrivis à M. Gavard, Directeur des affaires administratives et techniques au Ministère des Affaires Etrangères, pour lui demander communication de son dossier et confrontation avec le mien.

Cette lettre, comme toutes les autres, resta sans réponse et le fait seul qu'on a refusé de me communiquer mon dossier prouve qu'on avait besoin de cacher quelque chose.

A Monsieur Gavard, Ministre Plénipotentiaire,
Directeur des Affaires administratives et techniques
au Ministère des Affaires Etrangères.

Dossier 1589

Monsieur le Directeur,

J'ai l'honneur de solliciter de votre bienveillance une audience de quelques minutes pour que je puisse vous donner connaissance des pièces de mon dossier qui sont le complément indispensable du dossier 1589.

Je vous serais très obligé de vouloir bien me faire connaître quel jour et à quelle heure vous voudriez bien me recevoir.

La transmission de ma plainte du 10 courant à Monsieur le Ministre de France à Santiago ne me paraît pas un obstacle à cette communication de pièces. En confrontant le dossier 1589 avec mon dossier vous vous rendrez compte, j'espère, Monsieur le Directeur, de ce que la synthèse de Monsieur le Ministre de France à Santiago a d'artificiel et d'injuste. L'examen analytique de la situation vous permettra, d'ores et déjà, de vous faire une opinion sur preuves et présomptions qui en découlent.

Après que vous aurez fait part de votre opinion à Monsieur le Ministre des Affaires Etrangères, je pourrai lui demander une audience pour le prier de vouloir bien prendre, avec l'urgence que les nécessités administratives n'empêchent pas, les mesures provisoires que l'équité conseille et qui seraient déjà prises depuis longtemps si M. le Ministre de France à Santiago n'avait pas jeté le droit dans une impasse.

Je vous prie, Monsieur le Directeur, de vouloir bien m'excuser des dérangements que je vous cause, mais il faut espérer que cette affaire entrera bientôt dans une phase nouvelle qui me permettra d'attendre sans presser personne, tout étant mis à point, après toutes communications faites, les décisions de justice.

Veuillez agréer, etc.

XXXIII

Action en dommages-intérêts contre l'Alliance Française

Si j'avais eu à actionner en dommages-intérêts une personne quelconque, une Société quelconque, j'aurais pu porter mon action devant la justice chilienne dès le mois de mars 1913 et comme l'espèce dont il s'agit ici est de celles que la Justice juge vite j'aurais obtenu en six mois un jugement sur le fond, j'aurais même obtenu dans un mois une provision représentant mes débours de voyage et même une ou deux mensualités de traitement et cela m'eût évité bien des ennuis et notamment l'ennui d'avoir à entreprendre une campagne de presse qu'on m'a reprochée après l'avoir provoquée.

Mais j'avais à actionner une puissance formidable, l'Alliance Française, association patriotique.

On a vu comment l'Alliance Française avec son nom et son privilège m'a empêché d'aborder la Justice chilienne. Si le Vice-Consul de France d'Iquique et le Ministre de France au Chili avaient réussi à me faire retenir assez longtemps à Iquique, l'Alliance Française aurait pu échapper à une action en dommages-intérêts devant la Justice française, comme elle a échappé à une action en dommages-intérêts devant la Justice chilienne.

Je suis rentré en France quand même . . . .
Et bien que l'Alliance Française, qui est riche, ait eu besoin pour me faire arriver à Iquique de l'avance que j'ai faite à son nom en cours de route à l'aller, je me suis passé pour le retour de la somme qui devait m'être remboursée dès les premiers jours de mars 1913 et qui ne m'a jamais été remboursée.

Je suis rentré en France. et d'octobre à janvier 1913, j'ai tenté de vaines démarches auprès de l'Alliance Française pour me faire payer ce qu'elle me doit.

Le 31 janvier 1914, j'ai actionné l'Alliance Française en paiement de mes frais de voyage au Chili, d'une année de traitement et de cent mille francs de dommages-intérêts.

Le 12 mars 1914, l'avoué de l'Alliance Française a demandé à mon avoué communication de mon dossier.

Jusqu'à la fin de l'année judiciaire de 1914, l'Alliance Française a fait durer la procédure dans l'espoir que je finirais par accepter une transaction draconienne. Tant qu'elle a pu retarder le jugement, elle n'a appelé personne à son secours. Mais comme j'insistais de la manière la plus pressante auprès de mon avoué pour faire appeler l'affaire à l'audience, l'Alliance Française m'a promis en juin 1914 que son Comité d'Iquique se constituerait sans délai si je l'assignais.

Le Comité d'Iquique était un répondant commode ; c'était un répondant de pure forme.

Cependant il répondait toujours au nom de l'Alliance Française et l'Alliance Française continuait à le couvrir.

Pouvais-je supposer qu'elle le couvrait pour qu'il la couvrît ?

Pouvais-je le supposer en juin 1914 ?

Aujourd'hui même, après que j'ai vu, depuis juin 1914, l'Alliance Française manquer à l'engagement qu'elle avait pris de faire constituer son Comité sans délai, je ne puis supposer qu'il y ait eu de la part de l'Alliance Française, à vrai dire, un calcul ; il y a eu résultat et ce résultat a été exactement le même que le résultat qu'eût donné le calcul : l'Alliance Française a réussi à gagner du temps.

Gagner du temps était une chose d'importance extrême pour l'Alliance Française ; gagner du temps, c'était gagner plus que de l'argent, c'était gagner le bénéfice moral considérable des aveux retardés ! Quand une Société comme l'Alliance Française peut temporiser pour avouer ses fautes, elle est à peu près sûre qu'elle pourra d'une manière ou d'une autre échapper aux aveux véritables, car les contestations seront, dans une affaire comme celle-ci, d'autant plus faciles que les temporisations seront plus longues.

Et voyez comment l'Alliance Française a obtenu de nouveaux délais.

J'avais écrit à Mᵉ Bureau, avocat à la Cour d'appel de Paris, pour le prier de se charger de la défense de mes intérêts. Comme Mᵉ Bureau, par négligence sans doute, tardait à me répondre, j'écrivis à mon avoué pour le prier de le voir et de lui rappeler ma demande.

Le 17 juin 1914, je reçus de mon avoué un mot par lequel j'étais avisé que Mᵉ Bureau acceptait de plaider pour moi. Voici la copie de la lettre que je reçus :

« Cher Monsieur, j'ai vu Mᵉ Bureau qui accepte de plaider pour vous. Votre dévoué..... »

Huit jours après, le 24 juin, Mᵉ Bureau intervenait pour me faire mettre en cause le Comité d'Iquique et, de sa propre initiative, il avait déjà obtenu de l'Alliance Française que son Comité se constituerait dès que l'assignation serait signifiée.

Voici la copie de la lettre que je reçus de mon avoué :

« Paris, le 24 juin 1914.

« Cher Monsieur,

« J'ai vu Mᵉ Bureau aujourd'hui qui croit qu'il est impos-
« sible que nous ne mettions pas en cause l'Alliance Fran-
« çaise d'Iquique.

« Il a pu obtenir de l'avocat de l'Alliance Française qu'on
« nous éviterait les délais des distances et qu'on se constitue-
« rait dès que l'assignation serait donnée.

« Votre dévoué... »

J'espérais donc que mon affaire serait plaidée au commen-
cement de l'année judiciaire 1914-1915 ; mais à cette époque,
je reçus de mon avoué la lettre suivante :

« Paris, le 19 octobre 1914.

« Monsieur,

« L'assignation contre les différents membres du Comité
« de l'Alliance Française a été signifiée quelque temps avant
« la guerre et il n'est pas possible, quant à présent, à raison
« de la suspension des delais de procédure, de faire rendre
« un jugement.

« Votre bien dévoué ».

La suppression des délais de procédure !..... On avait
pourtant renoncé à ces délais !.... On ne pouvait pas prévoir
la guerre !..... Sans doute, mais pourquoi en profiter ?

La renonciation de l'Alliance Française aux délais de
distance avait été faite sans condition d'aucune sorte. La
guerre ne suspend pas le cours de la Justice. Les tribunaux
fonctionnent pendant la guerre. L'Alliance Française aurait
bien dû se dire que si la guerre interrompait le débat c'était
parce que je n'avais pu, á cause du nom et du privilège de
l'Alliance Française, faire solutionner notre différend avant
la guerre. L'Alliance Française était responsable d'un long
moratorium de justice pendant la paix et elle m'imposait
encore un long moratorium de justice pendant la guerre !

La vérité c'est que la guerre était encore un prétexte destiné
à couvrir le refus du Comié d'Iquique de tenir l'engagement
que l'Alliance Française avait pris en son nom.

Et comme, en s'engageant au nom du Comité d Iquique,
l'Alliance Française l'avouait tacitement pour son mandataire,

il fallait à l'Alliance Française encore du temps pour faire revenir le Comité sur son refus et lui démontrer combien son refus la compromettait.

L'Alliance Française ne pouvait pas faire un calcul semblable. Aujourd'hui même je reste persuadé que ce calcul n'a pas été fait : le résultat a été exactement ce qu'il eut été dans l'hypothèse du calcul. L'Alliance Française a réussi à retarder encore plus le jugement que je voulais prendre contre elle et cette fois c'est moi qui ai fait les frais de la procédure.

J'ai expliqué (pages 184 et 185) pourquoi la mobilisation prétendue des membres du Comité d'Iquique a été encore un prétexte destiné à remplacer les bonnes raisons qui manquaient pour justifier le retard apporté par le Comité à constituer avoué.

Les explications que j'ai fournies se corroborent de ce fait que le 12 novembre 1914, MM. B... et C..., membres du Comité d'Iquique, m'ont adressé la procuration suivante pour constituer avoué en leur nom, procuration que je n'ai pu accepter, j'ai dit pourquoi (pages 186 et 187).

XXXIV
Procuration pour constituer Avoué

VICE-CONSULAT de FRANCE
à IQUIQUE
N° 5

Procuration en brevet et en blanc passée pour M. Berthin Michel résidant à Iquique.

Par devant nous, Georges Lelorrain, vice-consul de France à Iquique, a comparu M. Berthin Michel, négociant importateur, demeurant à Iquique. Lequel a, par ces présentes, constitué M

comme avoué le représentant dans le procès qui lui est intenté par M. Marius Boucabeille, par devant le tribunal civil de la Seine.

L'ajournement transmis par le Ministre des Affaires Etrangères à la date du 4 août mil neuf cent quatorze est arrivé à Iquique le deux novembre mil neuf cent quatorze.

Dont acte est fait et passé en brevet au Vice-Consulat de France après lecture faite.

Signé : M. BERTHIN.

Le Vice-Consul de France
Signé

XXXV

MM. Berthin et Castex m'ont adressé également une déclaration par laquelle ils prétendent ne pouvoir admettre l'action que je leur intente. Je reproduis ci-après la déclaration de M. Berthin. Celle de M. Castex est semblable.

« Michel Berthin, commerçant à Iquique (Chili) déclare par le présent témoignage ne pas admettre l'assignation intentée contre lui, comme membre du Comité de l'Alliance Française d'Iquique, par M. Marius Boucabeille, devant le Tribunal civil de la Seine.

Le procès intenté par le requérant contre le Comité primitif de l'Alliance Française ne m'atteint pas pour les raisons suivantes :

S'il est vrai que je faisais partie du premier Comité organisé sur initiative du vice-consul de France, M. Georges Lelorrain, sous les auspices du même Consulat, à l'époque des démarches faites pour faire venir M. Boucabeille, il est vrai qu'à la suite de désaccords entre M. Boucabeille et M. Lelorrain, le Comité fut révoqué dans une assemblée générale habilement convoquée.

Le but de la dissolution de ce Comité n'a été autre que celui d'éliminer de son sein M. Bernard Castex et moi, qui insistions à ce que M. Boucabeille fut payé ou indemnisé. Le nouveau Comité, organisé sous les mêmes auspices et présidence de l'antérieur, assume donc toute la responsabilité

Les dommages occasionnés à M. Boucabeille ne consistent pas dans le fait de l'avoir fait venir, mais si, dans celui de l'avoir expulsé de vive force, sans le payer ou l'indemniser. De la vérité de ce que je viens d'exposer, je fais appel au témoignage même de M. Boucabeille, qui n'aura pas d'inconvénient, je l'espère, à dire que je lui ai prêté tout l'appui possible afin de le faire payer ou indemniser et de quelle façon j'ai été hostilisé à cause de cela.

Cette déclaration est déposée aujourd'hui, en faisant constater le peu de sécurité qu'il y a dans le transport de la correspondance à cause de la conflagration européenne.

Tout ce que j'affirme ci-dessus est l'expression de la vérité. En foi de quoi je signe.

M. BERTHIN.

Vu pour la légalisation de la signature de M. Bertin, apposée ci-dessus,

Iquique, le 12 novembre 1914.

Le Vice-Consul de France,
Signé. »

Il n'est pas besoin de dire que les prétentions de M. B .. et de M. C... sont inadmissibles. M. B... et M. C...: faisaient partie du Comité qui m'a appelé à Iquique et qui, le 9 mars 1913, a brisé mon contrat. Que MM. B. et C. aient été trompés par le Vice-Consul de France, cela n'est pas douteux, mais en droit, ils sont responsables au même titre que lui, sauf leur faculté de recours contre lui. C'est même ce qu'il y a de plus navrant dans cette affaire où c'est le Vice-Consul qui a fait tout le mal et où la responsabilité juridique n'est portée par lui, pour ce qui concerne la rupture du contrat, qu'au titre de membre du Comité; car de même que l'Alliance Française doit me répondre du Comité, de même le Comité doit me répondre du Vice-Consul.

XXXVI

Mémoire[1] qui m'a été spontanément adressé par MM. Berthin et Castex et qui confirme tout ce qui a été dit dans ce livre

Les soussignés Michel Berthin et Bernard Castex, membres du premier Comité de l'Alliance Française à Iquique, prêtent, sous la foi du serment, les déclarations suivantes, afin de se faire éliminer de toute responsabilité dans le procès intenté par M. Marius Boucabeille à l'Alliance Française et à chacun des membres dudit Comité.

Vers la fin de l'année 1912, le Vice-Consul de France à Iquique, M. Georges Lelorrain, convoqua au bureau du Vice-Consulat les membres de la colonie française et des étrangers à une réunion dans le but d'organiser la formation de l'Alliance Française à Iquique. Français et étrangers répondirent à cet appel. M. Lelorrain, dans la réunion, dit

------

(1) Ce Mémoire a été protocolisé en l'étude de M. Hurtado, notaire à Iquique.

qu'à la suite de dénonciations répétées de ses supérieurs (1) et du
vif désir manifesté par un grand nombre de Français et
étrangers, amis de la France, il avait à cœur de constituer à
Iquique un groupement de l'Alliance Française pareil à ceux
des autres grandes villes du Chili. Plusieurs des assistants
ayant prié M. Lelorrain de les renseigner sur les ressources
avec lesquelles on comptait pour accomplir ce projet, il
répondit *qu'il se chargeait d'obtenir du Ministre de l'Instruction
publique de France trois mille francs et du siège central de
l'Alliance Française de Paris une somme égale et des livres et
textes nécessaires à l'enseignement du français;* d'autre part,
ajouta-t il, les cotisations des membres parmi lesquels il y
aura sans doute des adhérents protecteurs et bienfaiteurs
constitueront une recette considérable. — M. Gilles Galté
(Président alors de la Société française La Bienfaisance)
indiqua que pour donner plus d'importance à l'œuvre qu'on
se proposait d'entreprendre, il croyait indispensable l'installation d'un Collège français de premier ordre avec internat,
lequel serait la source permanente sous tous les rapports,
pour le maintien de l'Alliance Française à Iquique, puisque
tout en procurant à l'élève une éducation nettement française,
il fournirait des bénéfices pécuniaires qui permettraient de
payer de bons professeurs qui s'occuperaient aussi des cours
d'adultes pour les membres adhérents. — L'idée de M. Gilles
Galté fut accueillie avec enthousiasme par le représentant de
la France. L'Assemblée procéda à l'organisation du premier
Comité dont nous ne pouvons pas citer ici la composition
complète à cause de l'impossibilité de nous procurer le livre
des procès-verbaux. Nous pouvons seulement assurer que
M. Gilles Galté fut nommé président, M. Firmin Vigrous
secrétaire, M. Bernard Castex trésorier et M. Michel Berthin
pro-trésorier. *Le Comité, sous la présidence nominale de M.
Gilles Galté, devint dès ce moment l'exécuteur aveugle des
volontés de M. Lelorrain qui, en sa qualité de Vice-Consul et
Président honoraire s'imposa adroitement. Les convocations,
rédactions de procès-verbaux, circulaires, etc., etc... tout se
faisait au Vice-Consulat et sous sa dictée.* — Dans une des
premières séances, M. Lelorrain dit qu'il fallait faire venir un

---

(1) On voit que l'élan est parti d'en haut et c'est pourquoi le Gouvernement Français devait intervenir pour la réparation des dommages, alors
même que le Vice-Consul d'Iquique et le Ministre de France n'auraient pas
commis les fautes qu'ils ont commises.

professeur de France et qu'à cet effet M. Firmin Vigrous lui
lui avait recommandé M. Boucabeille, licencié ès-lettres,
avocat à la Cour d'appel de Paris et ex-professeur, comme
personne réunissant les qualités voulues pour le perfection-
nement de notre œuvre. *La majorité de l'auditoire, saisie par
la parole persuasive du Vice-Consul, par les promesses de subvention faites dans les séances antérieures et, surtout croyant à
la puissante influence morale qu'il promit d'exercer auprès du
Ministre de l'Instruction publique et au siège social de l'Alliance
Française de Paris* (¹), *accueillit sa proposition.* Le procès-
verbal fut dicté par M. Lelorrain au secrétaire M. Vigrous et
nous ne nous expliquons pas la raison pour laquelle on nous
le fit signer. — Plus tard et en dehors de toute intervention
M. Berthin s'approche de M. Gilles Galté pour lui dire qu'il
considérait prématuré le projet de faire venir un professeur de
Paris sans compter encore avec le local pour l'installation du
Collège et sans avoir en notre pouvoir les subventions promises et les cotisations des adhérents ; mais que ne doutant
pas que ces ressources nous parviendraient, il serait prudent,
en attendant, d'obtenir un crédit d'une banque garanti par les
signatures de certains membres du Comité. M. Gilles Galté
répondit qu'il considérerait son observation et se mettrait
d'accord avec le Vice-Consul afin d'aviser aux premiers frais
d'installation du local pour l'Alliance Française, Collège,
annexe, professeurs, etc... Dans la séance suivante, M. Gilles
Galté exposa au Comité le manque de moyens pécuniaires
pour obtenir un local approprié et contracter des professeurs,
proposant en même temps d'emprunter de la Société Française de Bienfaisance six mille piastres qui seraient restitués
aussitôt les subventions obtenues. M. Lelorrain trouva
magnifique sa proposition. Quelques jours après, la Société
de Bienfaisance se réunissait en Assemblée générale sous la
présidence d'honneur du Vice-Consul de France et avec

---

(1) Le Ministère de l'Instruction Publique et l'Alliance Française encou-
ragent, par leur pression auprès des agents de protection à l'étranger, cette
sorte de propagande qui devient vite fallacieuse et dolosive. Il est défendu aux
consuls de carrière de faire du commerce : cela leur est défendu en principe,
mais en fait l'Alliance Française leur dit ; « Fondez des œuvres de
l'Alliance Française » et le Ministère leur dit : « Patronnez l'Alliance Française » et les consuls deviennent, par la force des instructions qu'ils
reçoivent, propagandistes et commerçants pour le compte de l'Alliance
Française. L'État qui profite des succès doit payer le prix des échecs,
surtout lorsque l'échec a donné le bénéfice d'une expérience intéressante.

l'assistance de M. Gilles [Galté, président et autres membres munis'de ¡procurations des absents. *Comme d'habitude, M. Lelorrain domina l'auditoire par son influence faisant ressortir le but si français et patriotique qu'on se proposait* (¹) et le prêt, sous la dénomination de placement, s'effectua, contrevenant ainsi les règlements qui statuent que la Société Française de Bienfaisance « *ne pourra jamais s'occuper d'affaires qui la détourneraient de ses vues non moins importantes que sacrées. Les fonds ne devant servir qu'à des œuvres de bienfaisance, le Comité ne pourra sous aucun prétexte faire des prêts ou avances, offrit-on les meilleures garanties* ».

La séance fut levée à 11 h. 30 du soir, le 4 janvier 1913, et à même heure, par insistance de M. Lelorrain, un câblogramme fut transmis à M. Boucabeille pour lui demander s'il serait disposé à accepter la direction de l'Alliance Française (²). Sur ces entrefaites, une maison très appropriée au but qu'on se proposait fut louée.

Avec les six mille piastres obtenues de la Société la Bienfaisance Française on commença les réparations et l'ameublement. M. Boucabeille câbla de préciser conditions. Réponse fut faite par la même voie. Après acceptation de M. Boucabeille, mille francs lui furent remis par ordre câblographique et il annonça toujours par câblogramme son départ de Paris, — En attendant on annonçait par la voie de la presse sa prochaine arrivée et des adhérents parmi lesquels bienfaiteurs, protecteurs et perpétuels ne manquèrent pas. La nouvelle institution promettait beaucoup et on croyait son succès presque assuré. *L'arrivée du professeur tant proclamée dans les journaux de cette ville eut lieu* (³). Pour le faire arriver huit jours plus tôt on lui avait câblé à Montevideo d'abandonner son bâteau et de passer directement par «Los Andes».

---

(1) « Nous travaillons pour la patrie », voilà ce que le Vice-Consul a répété sans cesse. « Nous travaillons pour la patrie, donc acceptez qu'on diminue votre traitement », me disait plus tard le Vice-Consul. Et quelques mois avant, il avait fait augmenter son propre traitement !

(2) C'est le Vice-Consul qui m'a fait adresser ce câblogramme et les suivants ; le Comité n'a été que sa couverture.

(3) Ce battage avait commencé longtemps avant mon départ de Paris. Je n'avais pas encore accepté la direction du Collège que mon nom figurait déjà dans les réclames au titre de Directeur !

Il fut reçu avec enthousiasme (¹) *par les membres de l'Alliance Française.*

La Commission voulait le loger en attendant à l'hôtel, *mais le Vice-Consul l'emmena chez lui, malgré le désir de M. Boucabeille d'avoir son indépendance* (²). Quelques jours plus tard, M. Boucabeille pria le Comité de le mettre en possession de son poste de Directeur et de lui désigner son appartement. Des incidents personnels entre le Vice-Consul et le Directeur de l'Alliance Française survinrent et celui-ci exigea d'être logé au local du Collège. On accéda à ses désirs et il s'y installa tant bien que mal, à cause des préparatifs, réparations et ameublements qui s'y faisaient en ce moment. Les relations entre le Vice-Consul et le Directeur devinrent de plus en plus tirantes et celui-ci fut brusquement délogé, avec violation de domicile de son appartement, sans que le Comité eût été consulté ³). M. Boucabeille protesta énergiquement contre cet acte arbitraire et des scènes de violence s'en suivirent. M. Berthin, commissaire de service en ce moment, fit son possible pour rétablir l'ordre, mais il se heurta à l'intransigeance du Vice-Consul et de M. Gilles Galté, ce qui l'obligea à présenter sa démission. M. Boucabeille fut provoqué d'une manière indigne et frappé dans la rue par un individu, ex-commis du Vice-Consulat, que M. Lelorrain avait imposé au Collège de l'Alliance Française.

Celui-ci convoqua à une réunion du Comité comportant un ordre du jour vague, indéfini. Dans cette réunion à laquelle manquait un grand nombre de ses membres, les assistants présentèrent leur démission pour donner lieu, disaient-ils, à la constitution d'un nouveau Comité homogène en harmonie avec la volonté du Vice-Consul qui s'intitulait le « père » (textuel) de l'Alliance Française. Par cet acte, préparé d'avance par le soi-disant « père » qui, au demeurant n'était

---

(1) Ce n'était pas de l'enthousiasme. C'était du délire. Je ne pouvais pas ouvrir un journal sans y lire mon nom à une page ou à l'autre. « Llegada de un notable profesor » écrivait-on en grosses lettres et on lisait au-dessous une vingtaine de lignes de prose consulaire.

(2) Si des conflits se sont produits, c'est donc parce que le Vice-Consu n'a pas respecté ma liberté — liberté dont j'avais absolument besoin pour assumer toutes les responsabilités de la Direction.

(3) Il est exact que le Comité n'a pas été consulté sur ce point. Mais le Comité avait été consulté le 9 mars, lorsque fut jouée au Consulat la comédie dont j'ai parlé.

qu'un dictateur qui se maintenait habilement derrière la coulisse, le Comité fut virtuellement dissout et par conséquent déjouées les aspirations de M. Berthin et de M. Castex qui, indignés par la conduite du représentant de la France vis-à-vis d'un honorable Français exigeaient les réparations, dédommagements ou tout au moins transaction que le plus rudimentaire principe d'équité aurait dû conseiller en cette circonstance. Immédiatement après la réalisation de cette burlesque intrigue qui nous éliminait de toute ingérence dans les rapports de la prétendue Alliance Française avec sa victime (mais qui en même temps venait nous délivrer providentiellement de toute responsabilité quand l'heure des réparations aurait sonné (1) les triomphateurs convoquèrent, en date du 30 mars par la voie de la presse, à une Assemblée générale afin de renouveler le Comité. Il fut renouvelé avec les éléments désignés par l'influence du Vice-Consul. M. Boucabeille fut qualifié, d'anarchiste, d'internationaliste dangereux et les soussignés d'anti-français se laissant traîner à la remorque par lui. Les plus basses intrigues furent mises en jeu pour nuire à notre réputation, mais elles ne servirent qu'à mieux faire comprendre au public que la justice était de notre côté. M. Boucabeille continua à être hostilisé par tous les moyens. Le propriétaire de l'hôtel où il logeait fut prévenu, de la part de M. Gallé, que l'Alliance Française ne reconnaîtrait aucun compte pour logement et nourriture donnés au prétendu directeur. Celui-ci vint m'exposer sa situation et je garantis personnellement le payement de son séjour à l'hôtel.

Pour ne pas continuer à augmenter ces frais, on emménagea pour lui un appartement indépendant dans une position centrale afin de l'aider à trouver des leçons particulières. *Le Vice-Consul intrigua d'une manière odieuse pour lui empêcher de gagner sa vie en donnant des leçons de français.* Il le dénonça aux autorités comme personne dangereuse qui portait sur lui des armes et l'attaquerait d'un moment à l'autre. Le chef de la police ne doutant pas de l'accusation faite par le représentant de la France, mit à ses trousses ses

---

(1) Je ne suis pas de cet avis et j'ai dit pourquoi. Il est regrettable que MM. Berthin et Castex soient juridiquement responsables, mais leur responsabilité juridique est certaine. Cela ne m'empêchera pas, plus tard, de leur tenir compte de leurs bonnes intentions.

agents secrets qui le saisirent, lui demandant de se laisser fouiller. M. Boucabeille leur dit de ne pas lui faire cet affront dans la voie publique et les invita à le suivre jusqu'au magasin de M. Castex qui n'était pas loin et où ils pourraient s'acquitter de leur tâche. Sa proposition fut acceptée et une fois dans l'endroit indiqué, *les agents de la Secrète, non seulement ne trouvèrent pas d'armes sur lui, mais constatèrent qu'ils avaient à faire à un homme correct sous tous les rapports.* Ils s'excusèrent lui disant qu'ils ne faisaient qu'exécuter les ordres de leurs supérieurs.

. . . . (1)

M. Boucabeille et ses loyaux protecteurs furent dénigrés et signalés comme une clique suspecte au moyen de circulaires envoyées par le Vice-Consul aux agents consulaires de la côte du Chili. Les griefs du Vice-Consul s'acharnèrent depuis lors d'une manière odieuse, surtout contre les soussignés qui jusqu'à présent ne cessent d'être ennuyés par lui quand il peut saisir la moindre occasion.

Les subventions tant promises qui avaient servi d'appât pour attirer des adhérents ne sont pas arrivées. Les aura-t-on seulement demandées ?

Contrairement à ce que le Vice-Consul assurait et était répété par les personnes de son entourage, afin de saisir l'opinion publique, *il n'a jamais été fait à M. Boucabeille offre de transaction ou arrangement quelconque* (2) : — C'est M. Berthin qui, en un moment donné, conseillé par l'avocat de M. Boucabeille, essaya vainement de faire comprendre au Président M. Gilles Galté, l'avantage tant moral que matériel qu'une transaction avec M. Boucabeille rapporterait à l'institution qu'il présidait. Après l'insuccès de cette démarche et comme M. Boucabeille persistait à exiger l'accomplissement des propositions (acceptées par lui qui lui avaient fait abandonner sa situation à Paris) une nouvelle tentative fut faite par quelques Français qui parvinrent à

---

(1) Je supprime ici un passage dans lequel les auteurs du Mémoire rappellent des services qu'ils m'ont rendus. Je reconnais ces services et, je l'ai dit au cours de mon livre, compte en est gardé en vue du règlement quand on me paiera ce qui m'est dû.

(2) Le Vice-Consul s'excusait auprès des tiers en disant qu'il m'avait fait offrir une transaction. Or, la vérité est que l'offre de transaction avait été faite au début par les adversaires du Vice-Consul et que le Vice-Consul avait fait échouer cette offre.

réunir sept membres du Comité dont plusieurs munis de lettres-pouvoir qui accorda, dans cette réunion, d'offrir à M. Boucabeille 2.500 piastres qui seraient réunies en faisant contribuer l'Alliance Française et la Société Française de Bienfaisance et le reste par souscription. MM. Bernard Castex et Frank Bebin furent chargés de faire la collecte. *Ils butèrent aussi contre la négative de M. Gilles Galté, ce qui fit échouer la dernière espérance de conciliation. Dans l'espace d'à peu près quatre mois, on ne laissa jamais tranquille M. Boucabeille,* qui était sans cesse insulté dans la rue par le déjà nommé et autres individus auxquels on avait monté la tête. *Il fut poursuivi par la police, jusqu'au moment où il s'embarquait de retour en France.* Tout ceci à cause d'inventions calomnieuses de la pire espèce.

Nous adjoignons à la présente les pièces justificatives

1° Une lettre de M. G. Lelorrain à M. Castex;

2° Une lettre de M. G. Lelorrain à MM. Galté, Berthin, Castex, P. Galté, conjointement.

3° Deux lettres de M. Berthin au Ministre de France à Santiago (qui furent envoyées sous pli recommandé et *restées sans réponse*).

Nous témoignons être l'expression de la vérité tout ce que nous venons d'exposer dans la présente déclaration. En foi de quoi nous signons

M. Berthin, B. Castex (Signés).

Certifico que don Miguel Berthin y don Bernard Castex firmaron ante mi.Iquique Marzo diez de mil noveciente quince.

J. Hurtado (Signé).

Deux timbres oblitérés par le sceau du notaire

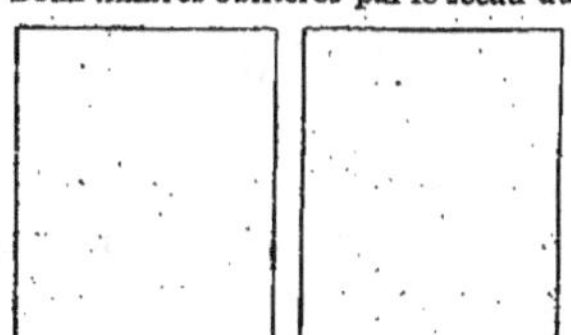 

El que suscribe Intendente interino de la Provincia de Tarapaca, certifica la autenticidad de la firma que antecede de don Francisco J. Hurtado, notario publico de este departemente.

Iquique, Marzo 10 de 1915.

XXXVII

Pièces jointes au Mémoire

ALLIANCE FRANÇAISE
Comité Régional
D'IQUIQUE

Iquique, le 11 février 1913 (1)

Monsieur et cher collègue,

Au moment où notre Comité s'impose le plus lourd sacrifice pour faire venir à Iquique trois professeurs aussi distingués que MM. Boucabeille, Vernay et Madame Vernay, permettez-moi de faire appel à toutes vos énergies pour assurer à la dernière heure la propagande individuelle, active et persuasive qui est la condition indispensable de notre réussite.

Apporter l'indifférence en pareille occurrence serait apporter de l'hostilité. Laissez-moi donc vous prier instamment d'obtenir sans retard, de vos amis, soit qu'ils s'inscrivent aux cours d'adultes (Section des caballeros — Section des dames et jeunes filles), soit qu'ils inscrivent leurs enfants aux cours du Collège. Les registres matricules sont ouverts, 93, calle Baquedano, au Vice-Consulat de France.

Dans notre réunion d'hier nous avons décidé qu'un « Kindergarten » serait organisé sous la direction de Madame Vernay, pour garçons et petites filles de moins de huit ans.

Nous ne négligeons donc rien pour donner satisfaction aux aspirations des parents. Mais encore faut-il que nous le leur fassions connaître : nous devons être les meilleurs avocats de notre cause.

Dans l'espoir que vous voudrez bien nous apporter votre précieux concours, veuillez agréer, Monsieur et cher collègue, l'expression de mes sentiments les plus distingués.

Le Président d'honneur,

G. LELORRAIN (Signé).

Monsieur Castex, du Comité de l'Alliance Française à Iquique

---

(1) Lettre du Vice-Consul adressée à M. Castex avant l'ouverture du Collège, c'est-à-dire avant mon arrivée à Iquique.

Enveloppe portant l'adresse suivante :

« Monsieur Gil Gallé, Messieurs Bertin, Castex et P. Gallé,
« Président et membres de l'Alliance Française à Iquique. »

VICE-CONSULAT de FRANCE
à IQUIQUE (Chili)

Iquique, le 12 février 1913 (1).

Mon cher Président,
Messieurs et chers collègues,

Je reçois à l'instant votre lettre collective en date d'aujourd'hui.

Permettez-moi de vous dire qu'elle obéit à un malentendu et que votre susceptibilité est sans base.

Ni dans le fond ni dans la forme, ma lettre du 11 février ne ressemble à une admonestation. Soyez persuadés que je n'en ai pas même effleuré l'idée.

Nous avons tous travaillé pour l'Alliance Française et chacun a apporté sa pierre à l'édifice. Mais au moment où je vous ai écrit, hier, pour vous supplier tous et chacun de faire de la propagande individuelle, pas un nom encore n'était inscrit dans nos registres matricules. Nous sommes à quinze jours de l'ouverture des cours ; je me suis effrayé et j'ai jeté un cri d'alarme. J'ai été le trop laborieux ouvrier de l'Alliance Française pour que vous puissiez persister à commettre une injustice à mon égard en considérant comme un blâme ce qui n'est qu'une exhortation de la dernière heure.

Nous sommes tout près de la réussite : en 24 heures, vingt personnes pressenties instamment par moi ont accepté de s'inscrire à nos cours. Travaillons sans division au moment psychologique. Croyez bien que nul mieux que moi n'apprécie la valeur de vos efforts dans le passé, le présent et l'avenir.

Non seulement, je poursuivrai mes démarches en faveur du Comité de l'Alliance Française auprès du Ministre des Affaires Etrangères, du Ministre de l'Instruction Publique et du Conseil d'Administration de l'Alliance Française, mais même dans les moindres détails (2), comme je l'ai fait pour la rédaction des statuts et du programme de l'enseignement et

(1) Lettre du Vice-Consul adressée à divers membres du Comité avant mon arrivée à Iquique et par conséquent avant l'ouverture du Collège.

(2) On voit que de son propre aveu le Vice-Consul s'occupait des moindres détails... Mais plus tard, à l'heure des responsabilités, le Vice-Consul a prétendu qu'il ne s'occupait de rien...

comme je le fais pour la tenue des registres matriculés, ma bonne volonté vous est acquise à toute épreuve.

Veuillez agréer, Monsieur et cher Président, Messieurs et chers collègues, l'expression de mes sentiments les meilleurs et les plus dévoués,

G. Lelorrain (Signé).

XXXVIII

DUPLICATA (1)

Iquique, le 27 Avril 1913.

Monsieur le Ministre de France à Santiago

Monsieur le Ministre,

Persuadé que vous avez été mal informé sur les événements qui se sont déroulés dernièrement à Iquique parmi les membres de la colonie française et pour que votre religion ne soit pas trompée, j'ai l'honneur de vous exposer les faits suivants : Il fut résolu, sur les insinuations du Vice-Consul de France, de fonder à Iquique « l'Alliance Française ». Tous les Français rivalisèrent d'enthousiasme pour l'installation de cette œuvre patriotique et la « Bienfaisance Française leva de ses fonds sacrés 6.000 piastres pour former sa première base. Des adhérents de toute nationalité répondirent à l'appel.

Le Comité, sur l'indication de M. Lelorrain, approuva et décida de faire venir au plus vite un professeur de Paris. M. Boucabeille fut indiqué par lui. On câbla lui faisant des conditions engageantes. Une réclame éblouissante fut faite dans les journaux de la ville en attendant le professeur. Celui-ci arrivé fut logé au Vice-Consulat, sur l'insistance du Vice-Consul. Des incidents personnels se produisirent quelques jours après entre eux. M. Boucabeille quitta le Vice-Consulat pour loger au siège de l'Alliance Française, d'où il fut délogé ignominieusement par le Vice-Consul, d'accord avec M. Gil Galté, sans consulter le reste du Comité et sans considérer les égards que l'on doit au public. M. Boucabeille protesta énergiquement de ces arbitrariétés et pour toute

---

(1) Duplicata d'une lettre adressée par M. Berthin à M. le Ministre de France pour lui exposer la situation au moment où des conflits se produisirent entre le Vice-Consul et moi.

réponse il fut frappé brutalement en pleine voie publique, par un individu ex-employé du Consulat, que M. Lelorrain avait imposé au Collège de l'Alliance Française, malgré les protestations du Comité.

En ma qualité de commissaire de service, je m'adressai aussitôt par écrit au Directeur du Collège lui donnant l'ordre de suspendre de ses fonctions le soi-disant professeur qui se permettait de produire des scandales publics. Les copies des lettres échangées entre moi et le Directeur, que veuillez trouver ci-incluse, vous fixeront sur les motifs qui ont déterminé ma démission.

Aucune offre de transaction n'a jamais été faite à M. Bouca-beille dans les termes et conditions que les délinquants s'efforcent de faire apparaître. Les faits sont comme suit et je les expose, non point dans l'intérêt de M. Boucabeille, mais dans celui de vérité et de la justice. Des pourparlers transactionnels ont été engagés entre M. Boucabeille ou plutôt entre M Viera Gallo, son avocat, et M. le Docteur Neurhaus, parlant au nom de M. Gilles Galté. Ces pourparlers ont abouti à une conclusion ferme. M. le Docteur Neurhaus avait accepté une transaction sur une base de trois mois de traitement à payer à M. Bouca-beille plus le prix de son voyage de retour en première classe, c'est-à-dire environ 4.000 fr. En vue du retard que M. Neurhaus mettait à la confirmation de cet arrangement, M. l'avocat Viera Gallo me fit appeler à son bureau où se trouvait aussi M. Boucabeille et me pria de lui dire si en ma qualité de membre du Comité je savais si la transaction proposée par l'entremise du Docteur Neurhaus avait été acceptée, ce à quoi je répondis que rien ne m'avait été dit à ce sujet par M. Neurhaus duquel je venais de me séparer à l'instant. *L'avocat Viera Gallo fut indigné de cette façon de traiter les affaires* et me pria d'écrire sous sa dictée une minute dans les mêmes termes déjà proposés. Celle-ci terminée, M. Bouca-beille la signa, non sans faire remarquer qu'il ne tenait pas compte des frais extraordinaires qu'il avait faits en obéissant à l'ordre qui lui avait été imparti en cours de route d'aban-donner son bateau à Montevideo pour venir par la Cordillère, frais qui ajoutés à ceux de son entretien à Iquique étaient à peu près de 1.000 fr. Quand il fallut s'exécuter, je me présen-tai chez M. Gilles Galté, tout heureux d'avoir obtenu un résultat aussi satisfaisant pour l'Alliance, mais je me heurtai à une opposition catégorique de M. Galté qui me dit : « Non seulement nous n'avons rien à payer à M. Boucabeille, mais vous pouvez lui dire de nous rendre les 1.000 fr. que nous lui avons avancés pour son voyage » (1).

Enfin, comme M. Boucabeille persistait, avec raison, à réclamer le remboursement de ce qui lui était dû, on accorda de réunir le Comité pour déterminer. La réunion eut lieu avec assistance de sept membres, la plupart munis de lettres-pouvoir pour former quorum. Il fut résolu dans cette séance qu'on donnerait à M. Boucabeille 2.600 piastres et que sur cette somme 1.000 piastres devraient être versées par l'Alliance Française et le reste réuni par une collecte entre les membres de la colonie française et un don de la « Bienfaisance Française », nommant à cet effet, comme délégués du Comité M. Bernard Castex et M. Franck Bebin, lesquels commencèrent à chercher des adhérents à la collecte. Etant parvenus à obtenir les adhésions suivantes :

P. 200 M. Castex
100 M. Bebin
100 M. Berthin
100 M. Cattey
100 M. Neuhaus
50 M. Gomiers

650 ils se présentèrent chez M. Galté qui consentit à donner 100 pour son compte particulier et
200 pour la Bienfaisance Française.

950 en tout, somme insuffisante pour mener à bonne fin l'arrangement projeté. Les deux délégués firent alors appel aux bons sentiments de M. Galté pour terminer cette affaire, mais il refusa. MM. Castex et Bebin donnèrent alors pour terminées leurs démarches et les choses en sont là.

Je vous demande pardon, Monsieur le Ministre, de vous distraire de vos importantes occupations en vous exposant ces faits dont le seul but de la justice est de vous assurer que, malgré ce qui a pu vous être rapporté les Français qui ont accordé protection à M. Boucabeille sont de bons Fran-

---

(1) La colonie française d'Iquique sait très bien que si M. Galté n'a pas accepté de transaction à ce moment-là, c'est parce que le Vice-Consul est intervenu auprès de lui pour lui dire qu'avec les 4.000 fr. qu'on allait me verser je pourrais fonder un Cours de français et faire concurrence au Collège de l'Alliance Française.

çais et travaillent consciencieusement au succès de l'Alliance
Française.

Veuillez agréer, Monsieur le Ministre, mes respectueux
hommages.   M. Berthin (Signé).

XXXIX

DUPLICATA (1)

Iquique, le 26 juillet 1913.

Monsieur le Ministre de France à Santiago
Monsieur le Ministre,

J'ai l'honneur de vous exposer les faits suivants que je
soumets respectueusement à votre haute appréciation.

Le samedi 19 courant, vers quatre heures du soir, le
dénommé M... attaqua, calle « Luis Uribe, devant mon
magasin, M. Boucabeille qu'il avait déjà provoqué plusieurs
fois, aux abords du Lycée de jeunes filles où M. Boucabeille
allait donner une leçon particulière.

A la suite d'une plainte de M. Boucabeille, citation a eu
lieu pour l'audience du 21 juillet. A l'audience, le Juge allait
appliquer la « multa » à M....., M. Boucabeille, que j'assistais
comme interprête, renonça à sa plainte pour éviter l'amende
à son agresseur et demanda seulement au Juge de lui faire
comprendre qu'il devait rester tranquille et ne plus attaquer
M. Boucabeille.

Le dossier contenait aussi une plainte du Vice Consul
pour injures sur la voie publique. La vérité sur ces injures
est que M. Boucabeille passant à cinq heures sur la place
« Prat » (une heure après l'agression de M....), entendit le
Vice-Consul lui dire en se tournant vers lui, alors qu'il se
trouvait dans un groupe où était M... « Voilà votre agresseur ».

A ces paroles offensantes, d'autant plus offensantes que
M. Boucabeille était la victime, M. Boucabeille répondit :
« Je vous défends, Monsieur de m'adresser la parole. Vous
montez la tête à ce jeune homme et quand je vous accuse
par la voie de la presse, c'est lui qui vous défend avec des
coups de poing. Vous m'avez attiré ici dans un guet-apens ;
vous feriez beaucoup mieux de me payer ce que vous me

---

(1) Duplicata d'une nouvelle lettre adressée par M. Berthin à M. le Ministre de France. Cette lettre, comme la précédente, est restée sans réponse.

devez que de me faire attaquer dans la rue. Vous n'êtes pas
digne d'être Consul. Vous n'assurez pas la protection française à Iquique. C'est devant l'opinion publique française que
nous réglerons nos affaires ». — Et comme M..... intervenait
encore pour défendre le Consul en menaçant M. Boucabeille,
celui-ci dit encore au Consul : « Vous n'êtes pas même capable de vous défendre tout seul. Il faut que vous coalisiez
toutes les forces contre moi ! »

Le Juge n'ayant pas compris pourquoi le Vice-Consul
compliquait l'affaire en greffant là-dessus son affaire propre,
alors qu'il ne comparaissait pas à l'audience, dit à M. Boucabeille que le lendemain il devait revenir à l'audience pour
l'affaire du Consul. Le 22 juillet M. Boucabeille a été exact à
l'audience. Il a demandé la comparution du Consul absent. Il
ne l'a pas obtenue. Je n'insisterai pas là-dessus, mais je
tiens à vous signaler ceci : — Le 21 juillet, dans l'après-midi,
le Vice-Consul interprétait le résultat de l'audience du matin
en disant que M. Boucabeille comme M..... étaient menacés
de prison pour la prochaine fois qu'il se produirait du scandale. Cette interprétation était complètement fausse. Je ne
tiens pas à flatter M. Boucabeille, mais je regrette qu'il n'ait
pas laissé appliquer l'amende au provocateur puisque les
choses sont interprétées avec un machiavélisme révoltant
contre la généreuse victime et puisque les journaux portent
les indications suivantes : « Audience du 21 juillet; Boucabeille contre M.; Vice-Consul contre Boucabeille. — Après
tous ces scandales, je viens de recevoir une lettre de menaces
signée du pseudonyme « Cyrone », dont l'auteur n'est autre
que M....., puisque dans la lettre il fait allusion au secours
que je prêtais à M. Boucabeille au moment qu'on le frappait
avec une canne devant mon magasin, au nom d'un mandant
aussi habile que méchant. Ce n'est pas la première fois que
cette invention de lettres anonymes se produit. L'année dernière, à la veille du 14 juillet aussi M. Lelorrain saisissait le
public en criant à tous les vents que des lettres anonymes
lui avaient été adressées critiquant sa vie privée et sa victime
fut alors M. Bébin, qu'il fit rayer arbitrairement de la liste
des adhérents au banquet, pour plus tard lui dire qu'il s'était
trompé. — Si la lettre en question n'émane pas directement
du Consulat, elle a dû du moins y être élaborée par des individus suspects, sans talent ni métier, qui le fréquentent et se

vantent d'être les gardiens du drapeau menacé par les anti-
français (épithète donnée à ceux qui n'ont pas fait cause
commune avec eux pour sacrifier aux fureurs d'un chef de
tribu arabe un digne Français).

M. Boucabeille est parti samedi dernier et a été poursuivi
jusqu'au moment de s'embarquer. La mauvaise impression
faite par la conduite de notre représentant ne se modifiera
que par son départ.

Croyez, Monsieur le Ministre, à la sincérité de nos sentiments et veuillez accepter mes respectueux hommages.

M. BERTHIN (Signé).

XL

Autres pièces qui démontrent la persistance du Vice-
Consul d'Iquique à employer le Drapeau Français pour
aider l'Alliance Française à se tirer d'embarras.

Il ne m'a pas été possible de me procurer toutes les lettres
et circulaires que le Consulat de France à Iquique a répan-
dues dans le public pour défendre l'Alliance Française.

Mais voici quelques extraits de la correspondance adressée
par le Vice-Consul au Président de la Bienfaisance Française.

Je ne publie que des extraits de cette correspondance à
cause des calomnies et diffamations qu'elle contient.

VICE-CONSULAT de FRANCE

à IQUIQUE (Chili)

Iquique, le 10 septembre 1913.

Monsieur le Président,

Au moment où M. le Ministre de France à Santiago a
décidé de faire appliquer les articles 222, 223 et 228 du Code
Pénal à M. Boucabeille (¹), il est navrant de constater que
M. Castex, qui fut le complice moral de ce dernier, renouvelle
cette fois, en tant que trésorier d'une œuvre française, le
délit d'outrages envers un magistrat de l'ordre administratif.

LE VICE-CONSUL (Signé).

______

(1) Le Ministre de France n'a jamais pris cette décision. Il ne pouvait
d'ailleurs pas me faire appliquer les dits articles. Le Ministre de France ne
pouvait que faire poursuivre le Vice-Consul. Il le pouvait et le devait,
mais le Vice-Consul travaillait pour l'Alliance Française !

VICE-CONSULAT de FRANCE   Iquique, le 7 février 1914.
à IQUIQUE (Chili)

Monsieur le Président,

Depuis longtemps tous trois (Bebin, Castex, Cattey) auraient dû se présenter à ce Vice-Consulat pour m'exprimer le regret pour s'être fourvoyés dans la triste aventure Boucabeille, qui tourne maintenant au chantage puisque cet internationaliste réclame maintenant 75.000 fr. à l'Alliance Française. Quand donc leurs yeux seront-ils dessillés et nos trois compatriotes égarés voudront-ils enfin tourner leurs regards vers le Drapeau ? (1)

LE VICE-CONSUL (Signé).

P. S. — Je vous prie de donner lecture de cette lettre à l'Assemblée générale. Elle expose les raisons pour lesquelles je ne puis y assister.

VICE-CONSULAT de FRANCE   Iquique, le 10 février 1914.
à IQUIQUE (Chili)

Monsieur le Président,

Monsieur le Président de l'Alliance Française me donne à l'instant communication d'une lettre où vous mettez cette

(1) Il y a là, de la part du Vice-Consul, une odieuse tentative de pression morale par la calomnie et l'invocation ridicule du Drapeau.

Je réclame à l'Alliance Française ce que j'ai le droit de lui réclamer, et le Vice-Consul d'Iquique n'a pas à apprécier ma réclamation dans les termes diffamatoires dont il se sert. Si le Ministre de France au Chili et le Ministre des Affaires Étrangères avaient pris contre ce fonctionnaire les sanctions qui s'imposaient en 1913, il ne se serait pas permis, en 1914, l'attitude que révèle ce document. La tolérance de ses chefs a été pour le Vice-Consul un encouragement. Il y a eu des récidives multiples dans la diffamation et je n'ai jamais obtenu, malgré mes protestations réitérées, aucune mesure répressive. Le Ministère Public lui-même, saisi de mes plaintes et sollicité d'intervenir, a refusé de poursuivre le Vice-Consul. Cependant le délit de diffamation était certain. Les lettres du Vice-Consul avaient été lues en séance publique de la Bienfaisance Française et on ne pouvait pas dire que le Vice-Consul avait été provoqué, puisqu'il ne peut y avoir provocation dans le fait de réclamer, par les voies légales, le payement d'une dette. Pas plus qu'il n'a poursuivi le Vice-Consul, le Ministère Public ne m'a poursuivi pour délit de presse : c'est que le Ministère Public savait que je pouvais apporter au Jury les preuves exigées par la loi ; le Ministère Public redoutait mon acquittement et redoutait davantage encore un débat public en Cour d'Assises autour d'une affaire que l'Alliance Française avait intérêt à enfouir dans la poussière des dossiers.

œuvre patriotique française en demeure de restituer à la Bienfaisance Française une somme de 6.000 francs dans les trois jours.

Il va sans dire que l'Alliance remboursera la Bienfaisance dès qu'elle le pourra ; mais il va sans dire aussi que le gouvernement français ne pourra accepter que deux œuvres françaises donnent à l'étranger le spectacle antipatriotique d'un procès que l'autorité judiciaire chilienne pourrait classer sous la rubrique sacrilège : « France contre France » (1).

Il est regrettable que ce soit vous, ancien agent consulaire de France, qui assumiez pareille responsabilité. Je vous prie de venir me voir au Vice-Consulat, d'urgence, afin que je ne vous laisse pas vous égarer plus longtemps dans une voie où vous prêteriez vraiment à rire aux ennemis de notre patrie.

Je n'hésiterai pas, d'ailleurs, à demander, le cas échéant, l'intervention diplomatique pour arrêter cette triste campagne anti-française (2).

Veuillez agréer, Monsieur le Président, l'assurance de ma parfaite considération.

LE VICE-CONSUL (Signé).

XLI

Pendant que j'étais injurié par le Vice-Consul unhomme indépendant qui voyait les choses de haut, M. Recabarren, ancien député au Parlement chilien, écrivait l'article ci-après:

---

(1) Si le Vice-Consul ne s'était pas senti d'accord avec le Gouvernement il n'aurait pas eu ce langage. Et comment peut-on qualifier d'anti-patriotique une demande judiciaire de la Bienfaisance Française pour obtenir le remboursement des sommes qu'elle a avancées? Ce qui est anti-patriotique c'est l'attitude du Vice-Consul qui a fait consentir à la Bienfaisance Française, au profit de l'Alliance Française, un prêt anti-statutaire et qui a empêché la Bienfaisance Française d'obtenir d'abord les garanties qui lui avaient été promises et ensuite le remboursement de son prêt.

(2) Ni le Vice-Consul ni le Ministre n'avaient à intervenir pour arrêter un procès intenté par la Bienfaisance Française à l'Alliance Française. Cette intervention consulaire et cette menace d'intervention diplomatique sont contraires aux devoirs des plus élémentaires de la neutralité administrative.

On voit d'autre part que d'après le Vice-Consul la campagne « anti-française » consiste dans le fait d'obliger les débiteurs à payer leurs dettes, quand ces débiteurs sont le Vice-Consul lui-même et ses amis de l'Alliance Française.

On voit aussi que le Vice-Consul a eu vis à vis de la Bienfaisance Française l'attitude qu'il a eue vis à vis de moi et qu'il avait eue vis à vis de beaucoup d'autres, qu'il a eue *plus tard vis à vis du nouveau Directeur du Collège.*

Era nuestro Amigo

Con sorpressa hemos leido en algunos diarios el parrafo que sigue.

Cartas lligadas de Paris nos dan la grata nueva de que nuestro amigo M. Boucabeille que residio algun tiempo entre nosotros acaba de ser reintegrado por el Ministerio de Instruccion publica de Francia, nombrandolo professor en el liceo de Luxeuil, en el departemento de Haute-Saóne, donde pide ordenes a sus amigos de Iquique.

Nos alegramos sinceramente de esto feliz cambio de situacion de M. Boucabeille. Sabe el publico que situacion tu vo que suportar en Iquique el distinguido abogado Boucabeille?

Nunca la prensa quiso dicirlo.

Pero nosostros todo lo sabiamos. M. Boucabeille fué aqui una 'victima con quien se cometieron los mas inauditos abusos.

Fué asaltado en las calles centrales con tolerancia de la policia porque los asaltos eran determinados por personas de posicion.

Fué maltratado por la seccion de seguridad, allanado en la calle publica, ajado en todos sus derechos de transeunte hunrado.

En una palabra en el concepto de la autoridad chilena de aquella epoca de la barbaria, M. Boucabeille era indigno de las garantias que por patriotisma debe brindarse com mas delicadeza a un estranyero.

Pero las autoridades de aquella epoca no entendian las cosas asi y accequibles a los capriches de un mal Francés que vulneraba todos los derechos M. Boucabeille fué privado de todas las garantias que nuestras leyes acuerdan.

Pero el publico buscara la causa de esos atropellos

Muy sencillo saberlo.

Boucabeille vino coniratado a la Allianza Francesa como profesor y director de esa escuela y una vez aqui no li cumplieron lo prometido.

Esta informalidad fué la que alejo á Boucabeille de ese plantel francés y que dio orijen a la persecution de que se hizo victima quedando ante sus ojos nuestro pais como un

pueblo de barbaros y algunos de sus connacionales complices
de la barbaria.

Con tristeza recordamos la estadia de Boucabeille entre
nosotros.

Pero bien claro le dijimos que entonces atraversabamos
por un periodo de crisis moral, en que las autoridades solo
eran instrumentos del vicio.

Poco antes de irse Boucabeille asistio al banquete que se le
daba a Victor Domingo Silva y pronuncio un hermoso brin-
dis que tuvimos la satisfaccion de publicar, recibiendo por
esto del diario de las coimas los ultimos brochasos de la
incultura.

La nueva situacion en que Boucabeille se encuentra en
Francia es una reparacion a las ofensas que sus mismas
compatriotas ocasionaran en Iquique.

La demoralisacion no es pues privilejio de una raza deter-
minada.

Llégue nuestra alegria hasta al amigo que en tierra lejana
no nos olvida.

XLII

Note. — Plus d'un an après mon départ d'Iquique, j'ai
reçu en France des articles de journaux que je ne reproduis
pas ici parce qu'ils mettent des tiers en cause, mais qui
prouvent que les troubles ont continué par la faute du Vice-
Consul, au Collège de l'Alliance Française.

Il a paru notamment des articles dans « *El Despertar* » et
dans la « *La Provincia* », en novembre 1914, sous le titre :

OTRAS VICTIMAS DEL

VICE-CONSUL DE FRANCIA

L'une des autres victimes du Vice-Consul a été le Directeur
du Collège, celui-là même dont le Vice-Consul s'était servi
pour me remplacer!

Le nouveau Directeur du Collège a été très mécontent du
Vice-Consul et n'a pas pu supporter la tutelle dominatrice

que la Protection Française faisait peser sur l'Alliance Française. Le Vice-Consul s'est séparé de ce nouveau Directeur dans des conditions que j'ignore mais qui n'ont pas dû être brillantes, si on en juge par les conflits et les scandales qui ont suivi cette séparation.

Quant à la Bienfaisance Française, elle attend toujours le remboursement des 6.000 piastres que le Vice-Consul lui a fait avancer à l'Alliance Française. Elle attend, comme sœur Anne, sans rien voir venir. Le Vice-Consul a procédé avec le Comité de la Bienfaisance Française comme il avait procédé avec le Comité de l'Alliance Française. Il a fait exclure du Comité les empêcheurs de danser en rond. Et comme le Comité de la Bienfaisance Française est à peu près le même que le Comité de l'Alliance-Française, le Vice-Consul peut obtenir que la Bienfaisance Française renonce à ses 6.000 piastres pourvu qu'il continue à protéger l'Alliance Française contre mes revendications. C'est le Vice-Consul qui devrait tout payer, mais il a le Drapeau, il l'agite et cela lui tient lieu de payement !

Et pour prouver que l'Alliance Française a continué à faire montre du Collège d'Iquique, voici, à titre de specimen, le fac-simile de la couverture des prospectus qu'on a continué à répandre dans le public.

L'Alliance Française peut-elle dire que si on se sert ainsi de son nom pour couvrir de mauvaises affaires ce n'est pas sa faute ? L'Alliance Française ne peut pas dire cela. Si on se sert de son nom c'est qu'elle le veut bien.

ALLIANCE FRANÇAISE

COLEGIO

Orella 121 entre Vivar y Barros Arana

CASILLA 457-TÉLÉFONO 451

IQUIQUE

Tacna 85 — Imprenta de « El Nacional » — Tacna 85

1913

L'Alliance Française a connu et encouragé cette propagande.

Le Vice-Consul a cessé de signer la réclame. Mais il n'a pas cessé de l'inspirer et même de la rédiger.

Il a versé des flots d'encre dans le sable de Tarapaca.

Il a inondé la ville d'Iquique d'éloquence consulaire.

Cependant le Collège a échoué. Il a dû fermer ses portes. C'était à prévoir.

J'avais dit, dès le principe, que l'œuvre du Vice-Consul n'était pas une œuvre durable.

CONCLUSION

Conclusion

Le Collège de l'Alliance Française d'Iquique avait, ainsi que je l'ai dit, un palmier dans son jardin.

Ce palmier symbolisait l'œuvre du Vice-Consul de France.

Voilà pourquoi le Vice-Consul s'extasiait devant cet arbre qui était « peut-être le seul du pays ! »

Ce palmier qui s'était égaré dans les sables de Tarapaca et qui rêvait encore des troupeaux de palmiers de la terre natale, ce palmier domestiqué et rabougri n'était pas pour le Collège de l'Alliance Française le symbole qu'il fallait.

Quand on est un palmier il faut être un palmier.....

Sinon il vaut mieux ne pas viser si haut mais pouvoir tenir bon.

Ainsi que le palmier qu'il avait pour symbole, le Collège de l'Alliance Française d'Iquique devait être éphémère.

S'il se fût satisfait à des destins plus humbles, ce Collège eût vécu — et peut-être par la suite prospéré dans la mesure où les contingences l'eussent permis.

Le Vice-Consul de France a, dès le principe, compromis son œuvre en la rêvant trop grande.

Puis il l'a compromise par toute une série de fautes dont chacune aggravait la précédente sous prétexte de la couvrir.

La Légation de France au Chili et le Ministère des Affaires Etrangères ont laissé faire le Vice-Consul.

L'Etat Français est civilement responsable des dommages qui ont m'ont été causés.

Il partage cette responsabilité avec l'Alliance Française et avec le Comité de l'Alliance Française d'Iquique.

Cela résulte des documents que j'ai reproduits et de ceux que le Ministère des Affaires Etrangères possède et refuse de me communiquer.

Quant aux conclusions d'ordre plus général, le lecteur les dégagera facilement de ma Relation de Voyage, de mes Notes et Documents et des lignes que j'écris ci-après au sortir de la lecture d'un livre de M. André Bellessort sur le Chili et la Bolivie.

Ma Relation de Voyage était écrite quand j'ai pu lire « La Jeune Amérique », de M. André Bellesort.

M. André Bellesort est allé en Amérique du Sud en 1895. Il y a séjourné dix-huit mois. La Protection Française ne l'a pas tourmenté. Aussi n'avait-il pas fait ce voyage pour le compte de l'Alliance Française... Il avait fait ce voyage en qualité de correspondant du *Temps*, et vous pensez si cette qualité a dû impressionner nos diplomates et nos consuls et s'ils ont dû se tenir en présence d'un homme qui enverrait des no'es à un grand journal français ! Devant un Représentant de la Presse française nos Représentants ont dû représenter en faisant trève à la « Représentation », c'est-à-dire en se montrant réservés, respectueux de la Liberté et du Droit. M. Hébrard lui-même avait accrédité M. André Bellessort en Amérique du Sud. Le voyageur était de marque, et il était littérateur ! La Protection Française aime la littérature. Même elle sait composer des vers ou de la prose. M. André Bellessort était un confrère !

Et un maître ! Car M. André Bellessort est un maître, en l'art d'écrire. Et il faut lui rendre cette justice que si les conditions exceptionnellement avantageuses de son voyage en Amérique du Sud lui ont facilité ses études et si ses relations lui ont ont ouvert beaucoup de portes, lui ont donné libre accès sur la vie chilienne principalement, il ne doit qu'à lui-même, à son talent si personnel, d'avoir pu écrire sur la jeune Amérique le livre solide et plein qu'il a écrit.

M. André Bellesort a vu la jeune Amérique non pas en visionnaire, comme nos consuls et nos diplomates, mais en observateur exact, en réaliste.

Rien d'essentiel ne lui a échappé de l'aspect des choses et de la physionomie des hommes.

Et il a su faire revivre, en les dépeignant, les réalités qu'il a vues. Sa plume est un pinceau.

La jeune Amérique chevauche à travers les pages de son livre comme elle chevauche, entre la Cordillère implacablement grise et la Mer Pacifique implacablement bleue, par les champs et par les grèves, par le sable des pampas.

Et quand il s'agit d'entrer au cœur même des choses et dans l'âme des hommes, M. André Bellessort se montre psyc-

hologue très concret et analyste pénétrant. Sa plume alors
est un stylet, comme, par exemple, quand elle écrit à
l'Avant-propos du livre : « La lèpre morale qui s'étend sur
ce coin de l'Amérique m'a vivement ému. Les progrès
industriels n'affinent pas la conscience d'un peuple. Les
machines de fer et tout l'attirail des faiseurs d'or ne donnent
point de noblesse à sa conception de la vie. On voit toujours
rôder autour des excessives richesses l'âme humaine
diminuée ».

La lèpre qui ronge cette rôdeuse apparaît, à Iquique, dans
toute sa hideur. « Tout l'effort de la vie moderne aboutit là :
une ville de joie, bâtie dans du sable, moitié casino, moitié
bouge, où des hommes acharnés les uns contre les autres,
tripotent des millions, se dupent, s'enivrent, deviennent fous,
alcooliques ou pires, et souvent tombent avant d'être mûrs ».

Ici, M. André Bellessort exagère, mais il est vrai de dire
qu'Iquique étant une ville de bois, une ville où toutes les
maisons sont faites avec du bois, une ville où on n'a eu que
du bois pour faire la cathédrale, c'est peut-être aussi avec du
bois que les habitants de ce pays ont dû faire quelquefois la
charpente de leur âme. Pourtant, même à Iquique, toutes les
âmes ne sont pas fixées avec des planches.

Le livre de M. André Bellessort méritait d'être signalé à ma
curiosité par le Secrétaire général de l'Alliance Française,
avant mon départ pour le Chili.

Puisque le Secrétaire général de l'Alliance Française
n'a pas cru devoir, avant mon départ pour le Chili, signaler à
ma curiosité le livre de M. André Bellessort, je peux me permettre de signaler moi-même à la curiosité du Secrétaire
général de l'Alliance Française les pages suivantes qui sont
extraites de « La Jeune Amérique ».

(Page 68) (¹)

« Il y a bien un lycée à Iquique, mais, loin de répandre le
goût de l'instruction, ce lycée ne fait qu'y accentuer le
mépris des études libérales. Les professeurs, mal payés,
traînent une existence précaire et servent d'illustration aux

---

(1) 3ᵉ édition. — Perrin et Cⁱᵉ, libraires-éditeurs, 35, quai des Grands-
Augustins, Paris.

grossières théories des habitants. Un de ces derniers disait
devant moi à son fils : « Les meilleurs livres sont ceux de
comptabilité. Avec de l'audace et la connaissance des quatre
règles, on est toujours assez instruit. Une bibliothèque ne
vaut pas une estaca de salitre et j'aimerais mieux te voir
garçon de magasin que recteur d'Institut ». Et se tournant
vers moi : « Car enfin, ils tirent le diable par la queue, les
recteurs ! Et je vous demande un peu à quoi sert une science
qui n'enrichit pas ? » Ce raisonnement, les vingt mille
citoyens d'Iquique le mettent en pratique. Je ne pense pas
qu'il existe un canton de l'Univers où les œuvres de l'esprit
soient plus décriées. On traite un homme de voleur : cette
insulte ne nuit point à son avancement. Elle lui assure même
une certaine déférence s'il est dûment prouvé qu'il a volé
sans se faire prendre. Mais murmurez - sur son passage :
« philosophe » ou « poète », il ne trouvera pas une mule à
étriller. Je n'ai pas vu dans toute la ville une seule librairie
S'il y en a, elle n'ose exhiber de livres à son étalage. Elle les
cache derrière des marchandises plus courantes ou des denrées d'un ordre supérieur ».

Et c'est dans ce pays-là, dans un pays où une bibliothèque ne vaut pas une estaca de salitre, dans un pays où les
recteurs tirent le diable par la queue, dans un pays où les
voleurs sont entourés de la déférence publique et où les
philosophes et les poètes ne trouveraient pas une mule à
étriller, c'est dans ce pays-là que l'Alliance Française a rêvé
de fonder un Collège français où on enseignerait le latin et le
grec ! Noble chimère peut-être, mais chimère quand même !

M. André Bellessort n'a pas vu dans toute la ville d'Iquique
une seule librairie. Pourtant il y en a deux. Et elles exhibent
leurs livres à leur étalage sans éprouver le besoin de les cacher
derrière des pantoufles. Il y a là des bottins commerciaux,
des almanachs illustrés et même des missels...

M. André Bellessort a assisté au premier lancement de
l'Alliance Française à Iquique. L'Alliance Française a été lancée à Iquique bien longtemps avant l'expérience de 1912. Dès
1892 je crois, M. Duclos, que M. André Bellessort a connu, avait
essayé de rallier à l'œuvre de l'Alliance Française les amis de
la France à Iquique. Et M. André Bellessort admire que
« dans cette ville où la lutte pour l'existence ne laisse aucun
répit à ses farouches boxeurs, dans cette ville qui ne compte

pas plus de cinquante Français dont trente-cinq émigrants, M. Duclos recrute à l'Alliance Française plus de six cents adhérents ! Six cents personnes ont consenti à souscrire pour une œuvre de propagande intellectuelle et morale ! » Ces six cents adhésions, ces six cents souscriptions ont-elles eu d'autre réalité qu'une réalité d'écritures ? Sans doute, quand M. Duclos demandait aux amis de la France : « Serez-vous des nôtres à l'Alliance Française ? » ils ne pouvaient pas répondre non, ils répondaient oui par politesse (car on est très poli à Iquique), ils répondaient ce qu'on répond là-bas à toutes les questions : « Como no ? », c'est-à-dire : « Pourquoi pas ? » Mais le « como no ? » est une réponse qui sert de passe-partout et qui n'est pas bien compromettante, car vous pourriez demander n'importe quoi à un habitant d'Iquique, vous ne vous heurteriez jamais à un refus et vous obtiendriez de tout le monde ce « como no ? » qui n'engage personne.

Les six cents adhésions et souscriptions obtenues par M. Duclos ont-elles rapporté à l'Alliance Française quelque chose d'effectif ? M. Duclos a-t-il fondé des œuvres ? Non. L'Alliance Française de 1892 a disparu un beau jour comme par enchantement après avoir vainement essayé d'entrer dans la voie des réalisations par la création d'un Collège. Un local avait été loué pour ce Collège, mais la location fut résiliée et l'Alliance Française sombra dans le nirvana pour ne se réveiller que vingt ans après, en 1912.

Le Secrétaire général de l'Alliance Française aurait pu me faire connaître, avant mon départ pour le Chili, le précédent fâcheux de l'Alliance Française d'Iquique de 1892. Mais il ne demandait pas mieux que de provoquer à Iquique une expérience nouvelle.

Et veut-on savoir maintenant pourquoi, d'après M. André Bellessort, les Français ne réussissent pas en Amérique du Sud ?

(Page 321)

« Si les émigrants français ne réussissent ni aussi vite ni aussi bien que les Allemands, cette infériorité provient de notre absence presque complète de solidarité (1). Nous som-

---

(1) La colonie française d'Iquique, considérée dans l'ensemble et la part étant faite à quelques exceptions, illustre brillamment l'affirmation de M. Bellessort.

mes si peu habitués à nous expatrier, que ceux-là mêmes
d'entre nous qui l'ont fait ne comprennent pas que d'autres
suivent leur exemple. À l'étranger, les Français gardent la
même défiance envers leurs concitoyens qui vont les rejoindre, que nos provinciaux à l'égard de ceux qui reviennent des
contrées lointaines (1). Le Français ne trouve en débarquant
aucun encouragement, aucun appui (2). Si ses compatriotes
soupçonnent en lui un concurrent futur, ils le dissuaderont
de s'attarder dans leurs parages. S'ils prévoient un appel à
leur bourse, ils se claquemureront chez eux. C'est d'un indi-
vidualisme inintelligent. L'Allemand, au contraire, est
accueilli par les siens comme une nouvelle recrue, dont le
concours leur servira à propager l'influence germanique et à
consolider la colonie. On lui vient en aide ; on ouvre des
débouchés à son activité. Il se sent en pays ami, presque en
terre allemande. Les Allemands songent d'abord à l'intérêt
supérieur de leur race. Les Français sont absorbés par le
souci du bénéfice immédiat et personnel. Les uns se disent :
conquéronsune nouvelle province ; les autres : amassons de
quoi retourner vite chez nous.

Si le Français a besoin de capitaux ou d'une avance de
marchandises, les maisons françaises auxquelles il s'adresse
restent sourdes. Mais, du soir au lendemain, l'Allemand qui
a prouvé son courage et son intelligence obtient des fabriques
de Berlin et de Hambourg le crédit qui lui est nécessaire. Il
suffit d'avoir habité Valparaiso ou Santiago pour s'en rendre
compte. La prospérité de la plupart des commerçants allemands n'a d'autre origine qu'un crédit parfois audacieusement
accordé à de pauvres gens pleins de bonne volonté. Au Chili
ou en Bolivie, le Français devra plus espérer des Chiliens ou des
Boliviens que de ses compatriotes. Son isolement l'expose à
tous les déboires dont la solidarité allemande préserve son
rival. Ajouterai-je que du côté même des Américains le Français aura moins à attendre que l'Allemand ou l'Anglais ? Si les
étrangers préfèrent nos modes et nos livres, nous avons une
sorte d'esprit qui les indispose à notre égard. Pourquoi ne
pas le dire ? Notre chauvinisme est souvent indiscret. L'An-

____

(1) C'est bien cela — et les agents de protection française qui devraient
s'employer à dissiper cette défiance ne font que l'aggraver.

(2) Ou bien il s'agit d'encouragements astucieux et malsains, et d'appuis
intéressés et dolosifs.

glais est assez porté au mépris de l'étranger, mais il le méprise silencieusement. L'Allemand, tenace, patient, obséquieux, flatte ses hôtes en s'adaptant à leurs coutumes et en s'assimilant leur manière de penser. Le Français, lui, éprouve le besoin de gouailler, de critiquer et de mener une petite Fronde. Le dernier émigrant se pose en réformateur.

M. Wiener (1) se plaint que les émigrants français frappent trop souvent à la porte de leur Légation ou de leur Consulat. « Ils considèrent leurs consuls et leurs ministres comme des dieux protecteurs et sauveurs ! » En effet le Français, né dans le respect de ses administrations, d'ailleurs reçu froidement par ses compatriotes, se tourne vers le représentant de son pays et attend de lui son salut. Mais là encore, quelle déception !

Notre organisation consulaire est tout simplement déplorable. Le plus souvent nos Consuls n'ont ni connaissances ni aptitudes commerciales. Les agents consulaires s'occupent de leur négoce et s'inquiètent peu des intérêts de leurs nationaux, dont la défense pourrait les brouiller avec leurs voisins et nuire à leur maison. Quant à nos ministres, ils s'enferment dans la tour d'ivoire de la diplomatie, et, s'ils mettent le nez à la fenêtre, c'est pour guetter, aux jours de paquebot d'Europe, la nouvelle d'un congé ou d'un avancement. Ils passent pour ne rien entendre aux affaires, et la plupart sont incapables de fournir des renseignements précis sur l'état commercial du pays où ils exercent leurs nobles fonctions. Or, dans ces Républiques hispano-américaines, les diplomates qui ne sont que des diplomates jouissent en paix de la douceur des sinécures. Une Légation dans l'Amérique du Sud équivaut à une abbaye sous l'ancien régime. Le Ministre préside quelques banquets et entretient des relations amicales avec les membres du gouvernement. De temps en

(1) M. Wiener, dont il est question ici, est un ancien Consul de France en Bolivie. M. Bellessort dit, dans son livre, comment ce Consul fut attaqué par la presse bolivienne qui l'accusait d'avoir raillé la Bolivie. Nos Consuls en sont presque tous là : ils ne veulent pas admettre qu'un de leurs nationaux, qui n'engage que lui, critique les étrangers (et surtout les consuls français), mais ils se reconnaissent à eux-mêmes, qui engagent la responsabilité nationale, le droit de dauber à tort et à travers sur les indigènes du pays où on les a accrédités. M. Wiener daubait sur les Boliviens et aussi sur les Français de Bolivie, mais il ne pouvait pas, étant Consul de France, dire leurs vérités aux Consuls français, ses frères, ni surtout aux Ministres de France, ses maîtres.

temps il adresse à ces derniers une légère réclamation ou
essaie de les amener à conclure un petit traité de commerce.
Du reste, mal lui en prend de faire du zèle. Si par hasard ce
traité de commerce favorise les habitants de France aux
dépens des colons français, ceux-ci s'agitent et le Ministre ne
sait plus où donner de la tête. A Santiago la contrefaçon
règne en souveraine : notre Ministre, dans l'intérêt de notre
exportation, entreprit de faire adopter par le gouvernement
chilien une loi contre les fausses marques. Mais ses efforts
soulevèrent d'énergiques protestations chez plusieurs de nos
compatriotes qui contrefont habilement des étiquettes de
savons et de liqueurs. On les allait ruiner. De leur côté les
Chiliens élevèrent la voix et se retranchèrent derrière l'exemple des Grecs et des Romains pour adjurer le gouvernement
de ne pas étrangler une « industrie nationale ». On comprend que nos ministres, mal soutenus dans leurs tentatives,
se découragent aisément et s'en tiennent, les uns par désir de
tranquillité, les autres par ignorance, à leur farniente diplomatique. Quand un Français se présente à la Légation, on
l'y reçoit quelquefois bien, mais il n'en sort presque jamais
avec des conseils pratiques et l'indication d'une route à
suivre. Voilà ce que ne dit pas M. Wiener. Je regrette
qu'après avoir comparé les émigrants de Hambourg à ceux
du Havre, il n'ait pas tracé un parallèle entre les Consuls
envoyés de Paris et les Consuls nommés de Berlin. Nous y
aurions appris comment ces derniers savent ménager à leurs
nationaux les sympathies des Républiques américaines, les
poussent, les soutiennent et concourent au triomphe du commerce allemand sur toute la côte du Pacifique.

M. Wiener, qui a passé une dizaine d'années en Amérique
du Sud, s'est fait donner une nouvelle mission par le gouvernement français. Au moment où je quittais le Chili, il cin-
glait vers Valparaiso et revenait y étudier les causes de notre
décadence commerciale. Si dix ans ne lui ont pas suffi pour
les connaître, je doute fort qu'un séjour de six mois les lui
révèle. C'est un voyage d'agrément que lui offre la République. »

M. Bellessort a bien raison de dire que si dix années de
séjour en Amérique du Sud n'ont pu suffire à M. Wiener
pour connaître les causes de notre décadence commerciale au
Chili, il est fort douteux qu'un séjour de six mois les lui
révèle.

Mais aussi pourquoi le Minis're des Affaires Etrangéres a-t-il chargé un Consul d'étudier les causes de notre décadence commerciale au Chili ? Un Consul était-il qualifié pour cette étude ? Un Consul avait-il l'indépendance nécessaire pour déclarer que la médiocrité consulaire était, il y a vingt ans comme aujourd'hui, la cause principale de notre décadence commerciale au Chili ?

Un Consul pouvait-il dire que nos Consuls sont, pour la plupart, de beaux parleurs mais ne sont pas des hommes d'affaires ? Ils n'ont pas de sens pratique et quand il faut mener à bonne fin la moindre affaire ils commettent les bévues les plus énormes parce qu'ils ne savent pas s'adapter aux réalités. Si cousus qu'ils soient de titres et de diplômes, ils n'ont qu'un savoir abstrait qui est comme une roue qui tourne dans le vide ; ils n'ont pas de savoir technique ; ils n'ont pas de compétence professionnelle ; ils ignorent leur métier. Ils sont ferrés sur l'étiquette et sur le protocole, mais ils ne savent rien des choses du commerce et négligent de se documenter sur les ressources agricoles et industrielles du pays qu'ils habitent, sur ses importations et ses exportations, sur les débouchés que ce pays pourrait offrir aux produits français, aux capitaux français, au travail français.

Un Consul pouvait-il dire que nos Consuls sont, pour la plupart, licenciés ou docteurs en droit mais n'entendent rien à la pratique judiciaire bien qu'ils dussent y entendre quelque chose pour remplir leurs fonctions accessoires d'officiers de l'état-civil, notaires ou arbitres ?

Un Consul pouvait-il dire que nos Consuls ne connaissent pas, pour la plupart, l'*a b c* de l'art d'administrer, qu'ils ne savent pas ce que c'est que le « service administratif », qu'ils mêlent continuellement leur personne à leur fonction parce qu'ils ne savent pas distinguer entre le « fait personnel » et le « fait de fonction » ?

Un Consul pouvait-il dire que pour enrayer notre décadence commerciale au Chili et ailleurs il faudrait commencer par une révolution dans le système de recrutement du personnel de nos Consulats, par une révolution qui nous débarrasserait des hommes de « Représentation », des Consuls qui ne sont Consuls que pour se prélasser dans les galas, pérorer dans les cérémonies, plastronner dans le

monde, et qui remplacerait ces hommes de « Représentation » par des hommes d'énergie et d'action?

Si on laisse à la Représentation toutes ses aises, le Représentant ne représente plus que pour représenter. Il se dilate,
s'épanouit, s'hypertrophie et s'évapore.

Pour s'enivrer de gloire et de toute-puissance il lui suffit
d'une signature présidentielle au bas d'un exequatur !

La signature le faisait, par exemple, vice-consul. Il se fait
vice-roi.

Il dit, en parlant des Français de sa colonie: « Mes
sujets » Quelquefois il dit : « Mes moutons ».

Il domine, il subjugue, il encombre. Il entrave le libre
développement des énergies et l'harmonieuse collaboration
des efforts.

Il gêne toutes les initiatives, envahit tous les droits, boule-
verse l'ordre légal.

Il substitue au régime de la loi, qui est l'expression de
la meilleure justice possible, le régime du bon plaisir, qui est
l'expression de la plus grande force.

La Protection, sous ce régime, si elle n'est pas anéantie,
n'apparaît guère que sous la forme d'une tutelle dominatrice
qui est faite pour des serfs, qui n'est pas faite pour des
Français.

Si on laisse à la Représentation toutes ses aises, le Représentant représente aux dépens du Drapeau. Il ne le sert pas
Il s'en sert.

Il s'en sert pour les besoins de sa personne ou la satisfaction de ses amis.

Il le profane en s'en servant, en y enveloppant des intérêts,
des passions et des scories.

Il le dépouille de l'idéal qui le décore, de l'âme même qui
le tisse.

Il lui ôte ce qui fait son essence impérissable.

Et voilà ce que M. Wiener, s'il n'avait été Consul, aurait
dit à son Ministre.

Quand on n'est pas Consul, quand on est simplement ce
que je suis, on peut dire ceci au Ministre des Affaires
Étrangères :

« Monsieur le Ministre, le commerce français vit de protection française. Donc, ne laissez plus représenter la France à l'étranger par des représentants qui ne pensent qu'à représenter.

Rendez au mandat consulaire sa signification traditionnelle.

Donnez au commerce français des Consuls qui soient des Consuls.

Abolissez le système actuel de recrutement du personnel consulaire.

Faites adopter une réglementation nouvelle qui assure un recrutement moins aristocratique, qui tienne en tout cas très soigneusement à l'écart les aristocrates qui ne sont qu'aristocrates et qui ne le sont que par la fortune, qui ne le sont pas par le mérite.

Fermez la porte des Consulats aux hommes de parade. Ne laissez entrer dans la carrière que des hommes de caractère, de méthode et de métier, des hommes qui comprennent que le mandat de protection française est un mandat de confiance nationale extrêmement lourd de responsabilités diverses et qui est très honorifique mais n'est pas purement honorifique, ayant été institué non pour satisfaire des goûts de représentation personnelle mais pour permettre la consolidation et le développement de l'influence française dans le monde.

Faites dire aux candidats à la carrière consulaire que les Consuls ne sont pas des agents diplomatiques, qu'ils ne sont ni ambassadeurs, ni ministres plénipotentiaires et que leur mandat est un mandat de travail, qui comporte des prérogatives sans doute, mais qui impose surtout des devoirs, et qui ne confère ni représentation ni inviolabilité au sens qu'il faut donner à ces mots-là d'après les principes et les coutumes du Droit international public.

Que les candidats à la carrière consulaire s'instruisent sur ces principes et ces coutumes, ainsi que sur les règles plus précises du Droit international privé.

Qu'ils s'instruisent sur le Droit civil, le Droit pénal, le Droit militaire et le Droit maritime.

Qu'ils s'instruisent sur la législation particulière de tel ou tel pays et qu'ils fassent leurs débuts dans ce pays, qu'ils y fassent aussi leur fin, qu'en tout cas ils se résignent à ne jamais exercer leur fonction dans des pays dont la législation leur serait complètement inconnue. Point n'est besoin, bien entendu, qu'ils se farcissent et qu'ils se bourrent avec des articles de code ; mais il faut qu'à travers le prisme des lois étrangères ils aperçoivent assez bien cette chose, mouvante et bizarre comme les hommes qui la font, aussi imparfaite qu'eux et aussi nécessaire, qui s'appelle la légalité.

En même temps que la législation de tel ou tel pays, que les candidats à la carrière consulaire étudient l'histoire politique et économique, morale, industrielle et commerciale de ce pays-là. Qu'ils soient fixés sur ses mouvements intérieurs et sur sa force ultramontaine.

Qu'ils étudient sa langue et sa littérature et toutes sortes d'autres choses.

Qu'ils acquièrent surtout les connaissances que donne la pratique.

Quand ils seront Consuls, ils se trouveront aux prises avec ce qu'on nomme les réalités, autrement dit avec des choses qui sont ce qu'elles sont.

Les stages actuellement organisés pour les élèves-consuls ne donnent pas de résultats concluants pour l'appréciation de leurs qualités professionnelles parce que les élèves-consuls font généralement leur stage dans les bureaux du Ministère des Affaires Etrangères ou dans les ambassades, c'est-à-dire dans le monde de la théorie et des transcendances. Le stage près de l'Administration centrale ou près de Leurs Excellences MM. les Ambassadeurs développe surtout chez les élèves-consuls l'aptitude à paraître dans le monde, à s'y faire des relations, à jouer des coudes pour aller de l'avant : on devient vice-consul et puis consul, non par la force du talent mais par la force de l'intrigue.

Réorganisez les stages, Monsieur le Ministre, de manière à ce que les élèves-consuls que vous enverrez soit dans les Consulats, soit, mieux encore dans les terres vierges de Consuls, apprennent le métier consulaire au contact des réalités.

Jugez ces jeunes gens sur leurs œuvres ; voyez ce qu'ils font ou ne font pas à l'étranger ; demandez-leur des rapports sur les mœurs et les coutumes du pays qu'ils examinent, sur son commerce et sur son industrie, sur son agriculture, sur sa politique intérieure et extérieure, etc.., et tenez-leur compte de leur documentation beaucoup plus que de leur splendeur.

Passez au crible de l'expérience professionnelle tous ceux qui débutent dans l'exercice du mandat consulaire.

Recrutez les compétences.

Jetez les non-valeurs par dessus bord.

Ainsi l'Administration consulaire ne sera plus ce qu'elle est — le refuge d'une aristocratie qui recherche dans le minimum d'efforts le maximum d'honneurs — mais elle sera une Administration où l'on travaille avec ardeur au bien de la France, par la protection exacte, indépendante et énergique des intérêts français ».

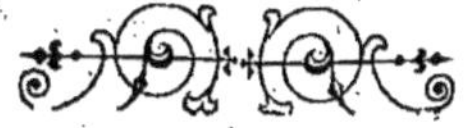